성공할 수밖에 없는

대학생활과 진로설계

이태현
김경진
김명진
정은희
허현자
최인희
지음

양 성 원

머리말

탈무드의 격언 중에 이런 말이 있다. '항아리를 보지 말고 그 안에 든 것을 보라.' '마치 성공한 것처럼 행동하라 그러면 어느새 성공한 사람이 된다. 스스로를 무지하게 여기면 그렇게 인생이 만들어질 뿐이다.' 라는 말은 이 책을 쓰는 내내 떠나질 않았다. 겉모습에 치중하다보니 속을 채우지 못한 것도 있지만 드러나는 스펙만 쌓다보니 실제 필요한 자기를 잃어버린 학생들을 많이 봤기 때문이다. 또한 성공은 먼 곳에 있거나 갑자기 생겨나는 것처럼 여겨 '과연 내가 성공할 수 있을까?' 라는 의문 아닌 의심을 품고 있는 학생들도 많았다. 그러나 명품 가방을 들고 다니는 것보다는 스스로 명품이 되는 것이 더 중요하다. 그래서 성공하기 위해서는 뇌를 잘 활용해야 한다. 뇌는 현재형으로 과거나 미래의 언어보다는 '지금 여기에'라는 지금 현재형의 언어에 익숙하고 그렇게 생활하기 때문에 성공한 것처럼 행동해야 한다.

저자는 학생들에게 내가 지금 다니고 있는 학교와 학과를 명품으로 만들기 위해서는 '나'부터 명품이 되어야 한다고 늘 이야기하고 있다. 특히 우리가 사는 사회는 빠른 변화와 다양한 위기로부터 자유로울 수 없다. 아날로그에서 디지털로 변화되고 디지털의 진화는 AI(인공지능)와 IoT(사물인터넷)이라는 새로운 시대가 도래했다. 더 복잡해지고 더 다양해지는 사회에서 변화와 위기를 극복할 수 있는 방법을 찾아야 한다. 그러기 위해 가장 중요한 것은 세상의 중심이 바로 '나' 임을 잊어서는 안 된다. 어쩌면 가장 좋지 않은 말일 수도 있다. 그러나 자존감이 낮아지고, 자아정체성을 찾지 못하는 상황에서 가장 영향력 있는 타자에 의해 무언가를 결정하는 상황에서 어쩌면 가장 중요한 말일 수도 있다. 이기적인 '나'가 아닌 공동체 의식을 갖고 자신의 문제를 스스로 해결해 나가는 '나'임을 말하고 싶다.

이에 본 저서의 주요 특성은 다음과 같다. 첫째, 자기알기를 토대로 자신에게 직면한 문제를 바로 인식하는데 있다. 그러기 위해 자기이해에 대한 객관적인 방법과 주관적인 방법을 병행하는데 도움을 주고자 했다. 더불어 대학에서의 학습은 고등학교 때까지의 학습과는 다소 차이가 있어 학습법과 보고서작성에 대한 팁을 제공함으로 서툴지 않은 대학생활을 하는데 도움을 주고자 했다. 또한 성공에 대한 인식을 모방적 성공에서 '왜?'에 대한 의문을 갖고 목표를 설정하고 계획을 수립해서 스스로 문제를 해결해 나갈 수 있는 문제의식을 갖을 수 있도록 했다. 둘째 무엇보다도 이 교재의 활용은 자기이해를 바탕으로 진로탐색이 빠질 수 없다. 그러므로 미래 직업의 변화를 하도록 구성하였다. 자기를 알고 미래 직업에 대한 이해가 되었다면 의사결정이 중요할 것이다. 이에 올바른 진로의사결정을 통해 대학생활 동안 필요한 자기계발과 리더십, 시간관리 등을 통해 삶의 주체자가 될 수 있도록 했다. 마지막으로 대학생활 동안 갖춰야 할 다양한 능력과 방학동안의 경력개발, 커리어 포트폴리오 제작방법을 통해 자신의 과저, 현재, 미래를 성찰하고, 점검하고 설계할 수 있도록 했다. 실제 대학생활은 학문 영역을 넓히는 중요한 시기이기도 하지만 자신의 삶을 준비하는 시기이기도 하다. 더불어 전 생애에 걸쳐 대학생활만큼 자유롭고 시간적 여유가 많은 날도 없을 것이다. 그러므로 이 시기에 충분한 에너지 충전은 물론 다양한 경험과 활동, 충분한 사고와 도전도 매우 중요하다.

이런 전체적인 내용을 바탕으로 각 챕터 구성을 매우 많은 시간 걸쳐 만들었다. 자기 이해가 부족한 사람, 미래 직업세계가 궁금한 사람, 어떻게 대학생활의 고수가 될 수 있는지 궁금한 사람들에게 자기를 발전시키고 깨달을 수 있는 출발점이 되었으면 좋겠다.

2018. 2.

저자 일동

Contents

차례

Contents

Chapter 1

성공하는 대학생활

학습목표

1. 성공하는 대학생활을 하기 위한 자기만의 방법을 찾을 수 있다.
2. 학습력을 높일 수 있는 노트 필기법과 보고서 작성법을 알 수 있다.
3. 학교 정보를 통해 다양한 대학생활을 누릴 수 있다.

01

인생에서 행복은 목표를 세우고 그것을 달성하기 위해 힘쓸 때 생긴다.

-나폴레온 힐-

1. 성공하는 대학생활을 위한 3요소

사람은 무엇인가를 열심히 하고 있다. 왜 열심히 하는가 하는 질문에는 '성공'하기 위해서 열심히 한다고 한다. 이처럼 사람은 누구나 성공을 꿈꾸고 성공을 향해 달려간다. 그렇다면 '성공'이란 무엇인가. 많은 사람들이 '성공의 법칙'에 대해 말하고 있다. 그 중 '나폴레온 힐의 성공의 법칙'은 스터디 셀러로 현대인들에게도 좋은 교훈을 주고 있다. 나폴레온 힐은 「Think and Grow Rich」에서 성공의 원리를 말하고 있다. 20세기 성공 철학서로 평가받고 있는 성공법칙은 명확한 중점 목표, 자기 확신, 저축하는 습관, 솔선수범과 리더십, 상상력, 열정, 자제력, 보수보다 많은 일을 하는 습관, 유쾌한 성품, 정확한 사고, 집중력, 협력, 실패로부터의 교훈, 인내, 황금률의 이행의 15가지이다. 또한 성형외과 의사로 수많은 상담과 수술을 한 맥스웰 몰츠는 사람들에게 절실한 것은 외모의 교정보다는 '실패'와 '부정적 신념'으로 왜곡된 내면의 자아 이미지를 바꾸는 것이라 했다. 그의 성공 법칙은 자아 이미지, 자아혁명, 상상력, 잘못된 믿음, 합리적 사고, 정신적 습관, 위기연습, 생명력 창출 등을 말하고 있다. 우리가 지금껏 쉽게 접했던 '꿈꾸는 다락방, 리딩으로 리드하라, 3으로 생각하라' 등의 책도 자기계발과 관련된 성공방법을 이야기하고 있다. 유명한 저자들이 말하는 성공의 법칙, 그리고 실제 성공한 사람들이 말하는 성공의 법칙에는 몇 가지 공통점이 있다. 공통점을 추려보면 긍정적 자기 이미지와 구체적인 목표를 토대로 생활패턴을 점검하는 것으로 볼 수 있다. 결국 성공은 먼 곳에 있지 않았다. 어느 인디언 부족의 추장은 비가 오지 않을 때마다 기우제를 지낸다고 한다. 그런데 그 추장이 기우제를 지내면 결국엔 비가 내린다고 한다. 어찌된 일 일까? 그건 바로 인디언 추장은 비가 올 때가지 포기하지 않고 계속해서 기우제를 지내기 때문이다. 결국 비가 올 때까지 기우제를 지낸다는 말이다. 이처럼 믿음을 갖고 무언가를 이룰 때까지 포기하지 않고 도전하는 것이 성공의 비결은 아닐까 싶다.

이 책에서 이렇게 원론적인 이야기로 성공을 이야기하려고 한 것은 아니다. 성공의 법칙은 누구나 다 알고 있다. 자기가 무엇이 부족하고 무엇을 못하는지 이미 그 누구보다도 잘 알고 있는 것처럼 말이다. 대부분의 학생들은 무엇을 잘하는지 잘 모르지만 자기가 무엇이 부족한지는 알고 있다. 지금 이 글을 읽고 수업에 참여하는 학생들도 충분히 공감할 것이다.

이제부터 이 책에서 말하는 성공의 3가지 법칙을 알아보자.

우선 옛날 이야기 하나를 들려 주겠다.

고구려 25대 평원왕에게는 여러 명의 자식이 있었다. 그 중 평강공주는 어려서부터 울기를 잘해서 평원왕이 공주를 자주 놀리곤 하였다. "네가 항상 울어서 내 귀를 시끄럽게 하니 커서는 좋은 데 시집 보낼 수 없겠구나. 자꾸 우니 바보 온달에게나 시집보내야겠다."라고 했다. 온달은 평양성 주변에 사는 사람으로 얼굴은 비루먹은 당나귀처럼 파리하고 우습게 생겼으며 집은 가난하여 밥을 빌어다가 앞을 보지 못하는 어머니를 봉양했다고 한다. 온달은 그런 상황에서도 남들이 뭐라해도 밝게 웃으면서 받아넘겨 사람들이 그를 바보 온달이라고 했다. 평강공주가 16세가 되자 당시 권력을 가진 상부 고씨 집안의 아들과 혼인을 시키려했던 평원왕은 결국엔 고씨 집안으로 시집을 보내지 못했다. 평강공주의 말을 들어 말하자면 "대왕께서는 항상 저를 온달에게 시집보낸다고 하시고서 이제 와 어찌 다른 이에게 시집을 보내신다고 하십니까. 보통 사람도 거짓말을 하지 않으려 하는데 대왕께서 거짓말을 하신다면 누가 왕명을 따르오리까. 지금 대왕의 명령은 잘못된 것입니다. 저는 온달에게 시집을 가겠습니다." 물론 아버지인 평원왕은 대단히 역정을 냈으나 평강공주는 자신의 뜻을 굽히지 않고 궁궐을 나와 온달에게 시집을 간 것이다. 이후 평강공주는 온달이 훌륭한 무사가 되도록 열심히 도와주었다. 온달은 글 공부와 말타기, 활쏘기도 열심히 했다. 그렇게 열심히 한 온달은 578년경 북주의 무제왕의 군사가 고구려를 공격했을 때 큰 공을 세웠고, 평원왕은 대신들 앞에서 자신의 사위라고 치켜세워 크게 기뻐했다.

왠지 어린 시절 전래동화로 들을 때와는 느낌이 다르기도 한 것 같다. 성공이라는 주제를 놓고 이야기를 들으려니 꼭꼭 숨겨놓은 성공비결을 찾아야 할 것 같은 생각도 든다. 모든 이야기는 읽는 시기와 자기의 상황 그리고 환경에 따라 감정과 생각이 달라진다. 이 이야기를 듣고 무엇을 생각했었는지 어릴 적을 회상해보자.

이야기를 성공의 법칙을 하기 위해 꺼낸 이유는 딱 하나다. 배경도 좋지 않고 그렇다고 공부를 한 것도 아닌 사람이 고구려의 장군으로 성공할 수밖에 없었던 이유를 풀어내기 위해서다. 물론 역사적 관점을 들어 설명하자는 것은 아니다. 단순하게 이야기가 주는 성공의 비결을 다른 형식으로 풀어내고자 한다.

성공법칙 1 '말이 씨가 된다.'

'말이 씨가 된다.' 삶을 성공으로 이끄는 귀한 말 중의 하나다. 국어사전에 보면 늘 하던 말이 마침내 사실대로 되었을 때 이르는 말이다. 그러나 이 말은 과학적 근거도 있다. 평소에 자주하는 말이나 행동이 우리의 몸과 마음에 큰 영향을 주는데 이것을 '심층언어'라고 한다. 자주 화를 내기나 짜증이 난다고 말하는 사람은 스트레스 호르몬이 분비되어 웃으려다가도 화를 내는 상황을 만든다고 한다. 이는 우리가 익히 알고 있는 '시크릿'이라는 책에 잘 나와 있다. 말에는 각인효과가 있고, 그것은 생각을 만들어내고 행동으로 이어진다는 중요한 이야기다. 평원왕은 어릴 때부터 평강공주에게 바보 온달에게 시집보낸다는 말을 해왔다. 그 말은 아마 평강공주에게는 각인이 되었을 것이고 혼령기에 접어들었을 때 실제 행동으로 나타나게 되었던 것이다. 또한 말을 했을 땐 약속의 의미도 있다. 그래서 자신이 무엇을 하고 싶은데 의지가 부족하다면 주변 사람들에게 자기가 하고 싶은 것을 이야기 하라고 한다. 그러면 주변 사람들이 그것을 하고 있는지 가끔씩은 관심을 갖고 물어올테니 긴장하고 조금이라도 시도하기 마련이다. 이처럼 성공에 있어서 말은 매우 중요하다. 최근 청년층들은 흙수저, 금수저 논란이 있었고, 감정노동, 열

정패이 등등 사회적으로 스스로 좌절시키는 말들로 인해 많이 힘들었다. 물론 처음 그런 말을 들었을 땐 흥분되기도 했다. '그래 맞아, 열정페이로 인해 나의 가치를 떨어뜨리고 있어. 나쁜 사람들...' 이런 식으로 타인을 향한 화로 나타났으나, 시간이 흐르면서 '그러니까 역시 난 안 돼, 해봐도 소용없어' 등의 자기 스스로 자기의 가치를 평가절하시키고 있다. 이처럼 처음엔 상대방 탓에서 결국엔 그 화살이 나에게 오는 것도 모르고 있다. 그러니 말이 씨가 된다는 것을 잊지 않았으면 좋겠다. 말이 생각을 만들어 내고 행동을 하게 한다는 것을 명심했으면 좋겠다.

성공법칙 2 '21세기 성공은 인간관계가 답이다.'

평강공주는 그 당시 가장 높은 신분의 사람이다. 그런 사람이 평민과 결혼을 했다. 바보 온달은 처음엔 평강공주의 이야기를 믿지 않고 귀신인줄 알았다. 그의 어머니도 마찬가지였다. 그러나 그녀의 이야기를 듣고 그 말을 믿고 평강공주를 신부로 맞이했다. 공주는 왕가에서 글공부 및 다양한 경험을 하면서 자랐다. 그런 공주는 바보 온달을 가르치기 시작했다. 성공의 비결 중에 숨어있는 한 가지는 자기노력이다. 공주가 아무리 열심히 가르쳐도 난 왕가에 장가를 들었으니 이제 먹고 놀아도 되겠지 하고 아무것도 하지 않았다면 성공하지 못했을 것이다. 또한 공주가 알고 있는 다양한 정보를 통해 바보 온달을 가르치지 않았다면 그 역시 성공하지 못했을 것이다.

요즘 상황이 그렇다. 무턱대고 스펙을 쌓는 것보단 정보를 통해 스펙을 쌓는 것이 중요하다. 그래서 내 주변엔 어떤 인물들이 있는지 찾아봐야 한다. 대학에 입학한 학생들의 경우 제일 중요한 것은 바로 학과 교수님과 조교선생님들이다. 교수님을 통해 전공과 교양지식을 쌓고 조교와 선배들의 조언을 통해 학교 생활에 대한 다양한 정보를 얻을 수 있다. 그러나 대학생활동안 교수님과 조교, 선배, 직원선생님들만 중요한 것은 아니다. 그보다 더 중요한 사람은 바로 동기들이다. 동기들은 같이 입학한 친구들로 대부분의 수업을 같이 듣는다. 만약 동기들 대부분이 열심히 공부하고 다양한 활동에 참여한다면 나는 어떻게 할 것인가? '첫째, 그냥 그런가 보다 한다. 둘째, 재들 너무 과한 거 아니야 한다. 셋째, 나도 동기부여가 되어 함께 열심히 해본다. 넷째, 난 여기서 안 되는구나 하고 수업에 점차 빠진다.'

너무 쉽게 4가지만 나열해 봤다. 어떤 것을 골랐는가? 그래서 사람은 나서 서울로 보내고 말은 나면 제주도로 보내라는 말이 있다. 내가 어디에 속해 있느냐에 따라 나의 모습이 달라지는 것이다. 친구들 대부분이 열심히 하는데 나만 빠지지 않을 것이다. 나도 함께 뭔가를 하려고 노력할 것이다. 그러나 만약 내 동기들 대부분이 수업에 잘 참여하지도 않고, 과제도 잘 제출하지 않는다면 나는 어떤가? 처음엔 열심히 해야지 했다가도 점차 느슨해질 것이다. 그러니 내가 성공하는 데 무엇보다 중요한 사람은 동기들이다. 동기들과 으쌰으쌰하면서 열심히 해보자. 내가 공부하고 싶어도 친구들이 자체휴강하자고 하면 곤란해지니까 말이다.

성공법칙 3 '시대를 바라보는 정확한 눈'

마지막 성공법칙은 시대를 바로 보는 눈이다. 바보 온달은 매년 있을 사냥대회를 준비했다. 정보를 알고 있기 때문에 준비도 할 수 있었던 것이다. 준비한 것이다. 그리고 사회의 혼란과 전쟁에서의 승리다. 만약 전쟁이 무섭다고 출정하지 않았다면 이 이야기는 전해오지 않았을 수도 있다. 바로 그것이다. 지금의 우리사회는 그 어느 때보다 혼란스럽다. 경제도 좋지 않다. 점점 심각해지는 세대 간, 계층 간 간격은 저자도 가끔은 버거 울 때가 있다. 그러나 그것을 두려워하여 나아가지 않는다면 결코 성공의 맛은 볼 수 없을 것이다. 바보 온달이 해왔듯이 성공은 하루아침에 만들어지지 않았다. 수많은 시간을 들여 노력했다. 매일매일 조금씩 꾸준히 노력해 왔다. 우리가 부딪혀야 하는 시대는 무엇을 준비해야 하는가? 그것을 알고 있다면 성공의 반은 이룬 샘이다. 미래 사회가 어떻게 변화하는지 시대적 배경을 잘 알아야 한다. 그렇게 하기 위해서는 익숙하진 않겠지만 신문을 통해 정보를 습득하고 뉴스나 포럼 세미나 등에 참여해서 자기 분야의 발전 방향에 대해 꾸준히 학습해야 한다. 만약 인터넷에서 정보를 찾고 싶다면 삼성경제연구소(www.seri.org), LG 경제연구원(www. lgeri.com) 등 우리가 알고 있는 기업의 경제연구소나 연구원을 추천해 주고 싶다.

우리가 성공하기 위해서는 충분한 것을 더 채우기보다는 부족한 것을 알고 그것을 보충해나가는 것이 무엇보다 중요하다.

2. 보고서 작성과 학습법

1) 보고서 작성법

대학에서의 보고서는 자신의 학습능력을 향상시키고 이해의 정도를 표현할 수 있는 가장 우수한 자료라고 생각한다. 보고서의 내용을 확인하는 순간 잘했다고 생각하는 학생들과 부족하다는 학생들의 성적엔 분명 차이가 있다. 보고서 작성은 매우 다양하게 펼쳐질 수 있다. 전공에 따라 다르게 나타나는데 이공계전공의 경우 실험과 실습위주의 보고서를 많이 작성하고, 인문사회계열은 일반적으로 스스로 수집한 정보와 학문을 사실적 근거를 통해 자기주장을 하는 보고서가 대부분이다.

지금부터 보고서 작성법에 대해 알아보도록 하자. 이공계학생들이나 인문사회계열 학생들의 보고서 작성방법은 크게 다르지 않다. 다시 말해 보고서의 기본적인 틀은 존재한다.

보고서 '왜 작성하는가?, 누구에게 무엇을, 어떻게 전달할 것인가?'라는 것을 머릿속에 넣고 시작해 보자. 이것은 아주 기본적으로 생각해야 할 프레임과 같다. 또한 이런 내용들을 뒤죽박죽 작성하는 것이 아니라 서론, 본론, 결론으로 이어져야 한다. 그러므로 보고서는 문제에 따른 원인을 발견하고 해결책을 제시한 후 그것에 대한 효과, 제언으로 구성된다. 서론에는 문제제기와 배경 그리고 이론의 틀을 넣고, 본론은 그 틀을 바탕으로 조사된 핵심 내용을 크게 3가지로 정리해서 놓는다. 그리고 마지막 결론 문제제기에 대한 결과를 제시하고 앞으로의 발전방향이나 제언으로 마무리한다.

보고서를 작성은 크게 2가지 방법으로 한다. 파워포인트를 통해 발표용 보고서를 작성하거나 한글이나 워드로 제출용 보고서를 작성한다. 어느 것도 상관없지만 분명 작성하는데 큰 차이가 있다. 만약 파워포인트로 작성된 보고서를 제출한다면 의미전달을 제대로 하지 못할 수 있다. 즉, 파워포인트의 형식은 분명 자세한 내용보다는 핵심 키워드를 통해 부연설명을 해 나가는 식으로 작성되기 때문이다. 반대로 워드로 작성해서 발표를 한다면 불필요한 부분까지 다 놓여지게 되어 집중이 떨어질 수 있다. 그러므로 내가 지금 어떤 형식으로 작성해야 하는지도 분명 명심하고 보고서를 작성해야 한다. 그렇다면 지금부터 각각의 강점과 단점에 대해 알아보도록 하자.

2) 보고서 작성 순서

(1) 주제선정

주제는 일반적으로 교수자가 정해 주는 경우가 많으나, 만약 자유 주제로 리포트를 작성해야 한다면 해당강좌와 관련 있는 내용을 토대로 수업 중에 배우면서 가장 흥미가 있었던 부분이나 잘 이해가 되지 않았던 부분을 파악하여 주제를 결정하면 된다. 학습자가 주장하고자 하는 것이 핵심 주제가 되며 주어진 시간(기간)이나 분량, 자기 능력을 충분히 고려해서 선정한다. 리포트를 작성할 때 가장 먼저 주제를 선정하는 이유는 주제가 명확해야 필요한 자료수집은 물론 콘텐츠를 만들고 내용을 정확히 명시할 수 있기 때문이다.

(2) 자료 수집 및 정리

최근 학생들의 보고서를 보면 대부분은 리포트 대행을 하거나 포털사이트에서 찾아 작성하는 경우가 많이 있었다. 보고서를 작성하는데 가장 좋은 것은 직접 찾아가 조사하는 방법 및 관찰, 측정 등을 생각할 수 있다. 2차적으로 수업시간에 나눠줬던 유인물이나 교재를 토대로 개념 정리에 도움이 될 만한 자료를 찾거나 사전을 통해 개념을 이해하고 정리하면 된다. 또한 선정된 주제어를 통해 대학도서관에서 학위논문이나 학술지, 관련 잡지 및 전문서적을 통해 얻는 방법이 있으며 전문기관인 통계청과 관련 조사기관의 통계 및 리서치회사 혹은 기관이나 단체에서 설문조사결과 등도 자료로서의 가치가 있다. 즉, 보고서와 관련된 자료를 검색하고 수집할 수 있는 최고의 장소는 학교 도서관이다. 도서관에 소장된 자료만으로도 리포트를 충분히 작성할 수 있고 전산화된 시스템으로 자료를 검색하고 수집하는데 많은 시간이 걸리지 않기 때문이다.

조사된 자료를 정리할 때 주의할 점은 수집된 자료의 출처를 분명히 밝힐 수 있어야 한다. 보고서를 작성할 때 출처를 분명히 적어두는 것이 좋으며 자료를 읽고 참고해야 할 자료의 해당 페이지와 일부분을 그대로 기록하기도 하고 요약하여 기록하는데 자신의 의견이나 견해를 적어두면 리포트를 작성할 때 많은 도움이 된다.

(3) 보고서 전체 구성

보고서의 구성 중에 가장 중요한 부분은 일반적으로 전체 글의 흐름을 알아볼 수 있는 목차 부분이다. 자신이 이야기 하고자 하는 부분으로 글의 전체적인 구상을 결정 짓기도 한다. 일반적으로 보고서는 표지, 목차, 본문내용, 부록, 참고문헌으로 구성된다. 표지는 주제와 제출자 이름, 소속, 전공명, 담당교수명, 제출일 등을 기재하며 주제에 맞는 양식이나 이미지를 넣는 것이 좋다. 목차는 보고서의 전체적인 흐름을 한눈에 볼 수 있는 페이지로 읽는 사람으로 하여금 어떻게 내용을 구성했고 그 내용이 어디에 수록되었는지 안내하는 역할을 한다. 본문내용은 크게 3단 구성으로 서론, 본론, 결론으로 되어 있다. 서론에는 보고서 주제의 필요성, 목적, 문제제기 등을 기재한다. 보고서 작성의 목적은 주제와 관련된 현상이나 일반적 사건, 사실을 소재로 시작하는 것이 좋으며, 중요한 개념이나 정의로 시작해도 좋다. 더불어 소주제로 이야기의 흐름을 전개하면 좋은 보고서가 될 수 있다. 본론에는 보고서의 전체적인 내용을 전개하며 목차부분에서 열거된 세부항목들의 순으로 단락을 구분해야 한다. 또한 단어와 도표, 그림, 사진 등의 적절한 조화를 이루어 작성하는데 참고한 내용을 정리한 후 자신의 생각을 정리하거나 실험 후 확인된 내용에 자신의 의견을 보충하면 된다. 결론은 보고서 내용을 요약하고 학습자의 의견을 제시하여 발전성을 도모하는 부분이다. 그러므로 전체 내용을 간추려서 정리하고 부연설명을 하면 된다. 부록을 사용할 수도 있고 그렇지 않을 수도 있다. 부록에는 덧붙이고 싶은 내용이나 참고사항, 주의점 등을 기재하고 참고문헌은 발제하기 위해 검색한 자료, 인용된 문헌 등을 명시해야 한다. 특히 요즘은 지적재산권이 강화되어 표절에 대한 위험도가 높아지고 학문적으로 도덕적으로 헤이해지는 현상이 발생됨에 따라 반드시 출처를 밝혀줘야 한다.

(4) 보고서 작성 및 제출하기

대체적으로 보고서를 작성할 때 진술 방식은 서사나 묘사, 설명, 논증이 있다. 어떤 방식이든 리포트를 작성하는데는 한 가지의 방식을 주로 사용하며 여기에 다른 진술방식을 병행하기도 한다. 리포트를 작성할 때 어떤 내용으로 구성되었는가 혹은 어떤 과목의 리포트인가에 따라 구분하면 되는데 서사나 묘사는 문예창작과 같은 문예문의 대표적인 방식으로 리포트를 작성할 때는 피하는 것이 좋다. 일반적으로 리포트를 작성할 때는 주로 설명이나 논증의 진술방식을 사용한다. 이때 실험이나 연구 등의 보고서 등에는 설명문이 주로 사용되고, 논리적인 근거를 제시하면서 자신의 견해를 나타내는 리포트에서는 논증의 방법이 필요하다. 보고서 작성 중 소홀하기 쉬운 부분이 바로 주석과 참고문헌을 작성하는 일이다. 특히 다른 자료의 내용을 인용했거나 기사의 내용이나 서적에서 찾아 활용한 경우에 인용한 자료의 출처를 반드시 밝히고 주석이나 각주 등을 달아 놓아야 한다. 참고문헌을 작성할 때는 저자, 참고자료 명, 출판사, 출판년도가 기본 항목이다. 이렇게 구분된 것은 저자의 이름순으로 적는다.

이렇게 내용의 구성에서 내용정리까지 끝났다면 이제 보고서를 재검토하기 바란다. 보고서를 제출하기 전 확인해야 할 사항은 첫째, 보고서의 주제가 명확하게 드러났는지 확인한다. 둘째, 보고서의 구성이 적절한지 검토한다. 셋째, 목차와 주제에 맞게 일관되게 기술되었는지 검토한다. 넷째, 문체와 문장, 용어, 오탈자 등을 확인하면 된다.

e-mail로 보낼 때 tip

1) 제목에 이름과 해당 내용수록
   (예) 자기계발과 진로탐색-홍길동
2) 메일 내용에 아래와 같이 간단한 요약정보 기재
   (예) 안녕하십니까? 자기계발과 진로탐색 2차 과제 제출하는 홍길동입니다. 교수님 강의를 통해 하루하루 새로운 도전을 하고 있습니다. 감사합니다. 첨부된 파일을 아래와 같이 요약했습니다. 다음 주 수업시간에 뵙도록 하겠습니다. 안녕히 계세요.
   - 주제 : 미래 이력서
   - 전공 : 컴퓨터공학과
   - 학번 : 11020836
   - 이름 : 홍길동
   - 기타 : 총 10장 분량이며, 파워포인트로 작성했습니다.
   - 1장 : 목차
   - 30대 : 평생직업 찾기 & 행복한 가정 꾸리기 & 중국어 시작
   - 40대 : 직장 이직 & 아이들 성장 & 중국지사 발령... 등
   - 년 월 일, 홍길동 올림.

구분	워드프로세서(한글)	파워포인트
분량	• 대체로 분량에 제한이 없다. • 단, 교수님이 정하는 분량은 지키는 것이 좋다.	• 대체로 분량에 제한이 있다. • 파워포인트는 너무 많은 양을 하면 발표할 때 걸림돌이 된다. ※ 발표시간이 제한되기 때문
내용	• 내용이 서술적이다. • 기승전결이 명확해야 읽는 이로 하여금 좋은 평가를 받는다. • 글을 작성할 때 단락구분이 필요하다. • 마지막에 결론을 명확하게 요약해 주면 좋다. • 참고문헌 및 각주 등을 달아준다. • 중요한 문장이나 단어에 색을 입히거나 볼딕체로 한다.	• 내용을 구성할 때 그림이나 그래프 활용이 많다. • 간단한 도형을 활용해 축약해서 설명한다. → 시각적 요소가 중요 • 긴 글보다는 간단하면서 축약한 내용으로 작성한다. • 참고문헌을 달아준다. ※ 애니메이션 효과는 되도록 사용하지 않으나 적절한 곳에 사용하면 효과가 배가 된다.
사용색	• 빨강색과 파랑색을 사용해서 전달하려는 메시지를 강조하는 것도 좋다. 또한 같은 검은 색이라도 볼딕체(진하게)를 사용하여 중요한 단어를 강조하는 것도 좋다. • 뿐만 아니라 사진자료나 그림 등을 넣어 설명력을 높이는 방법도 좋다.	• 기본 색은 3가지 이내다. • 그라데이션이나 무채색의 사용으로 색깔 수를 제한하는 것이 좋다. • 강조 부분에 반대색을 사용하여 변화를 주는 것이 좋다. • 동적인 것에는 난색 계열을, 정적인 것에는 한색 계열을 사용한다.
tip	• 한 문장은 두줄 이상 넘지 않도록 한다. • 문단과 문단 사이를 정확히 구분한다.	• 주제가 한눈에 보이도록 해라. • 본문 슬라이드는 원인과 해결책으로 구성해라. • 부록은 자료집과 같다. • 예상 질문을 만들어라.

3) 학습법

그동안 어떤 방법으로 학습해 왔으며 그 학습방법이 딱 맞았는지 고민해 본 적이 있는가? 만약 지금까지의 학습 방법이 자신과 맞다면 괜찮겠지만 그렇지 않다면 또다시 대학생활의 난관이 하나 생길 수 있다. 그러니 지금부터라도 학습법을 한번 수정해 보면 어떨까 한다. 우선 학습의 가장 중요한 주체를 기억해라. 학습의 주체는 누구인가? 바로 자기 자신이다. 그러니 자기에 대한 이해가 매우 중요하다. 대부분 자신의 강점과 단점은 잘 알고 있다. 특히 단점은 알고 있으나 인정하지 않으려는 경향이 크다. 그러나 그 단점을 인정하는 순간 대부분의 문제를 해결하는 방법도 알 수 있다. 이번 장에서는 학습에 관한 것이니 학습과 관련된 이야기만 하려고 한다. 학습의 주체이자 장학금을 받은 나는 학습법부터 달라져야 한다. 학습하기 위해서는 구체적인 목표를 통해 계획을 실행할 능력이 있어야 하고, 자기주도적 삶을 살기 위해 합리적인 의사결정을 내려야 한다. 대학은 고등학교 때와는 다르게 교과가 구성되어 있다. 전공과목도 필수와 선택이 있고, 교양과목도 필수와 선택으로 구성되어 있다. 무엇을 들어야 할지 모를 땐 필수부터 선택하면 되지만 매번 그럴 수도 없다. 그러니 전체적으로 졸업학점을 먼저 생각한 후 학년별로 어떻게 구성할지 메모해 놓으면 된다. 대학에서의 학습은 무턱대고 외우는 방법인 암기식 학습은 탈피해야 한다. 물론 암기해야 할 것도 있지만 대부분은 그렇지 않다. 문제를 스스로 해결해 나가는 과정과 그 과정에서 얻어지는 학습으로 수용이나 비판 그리고 제언 등이 주가 된다.

학습의 1단계는 왜 공부를 하는가. 내가 공부하는 이유가 분명한가 그렇지 않는가에 따라 학습력은 달라진다. 학습의 2단계는 매일 규칙적으로 공부하는가. 학습은 습관이 중요하다. 많은 양은 아니더라도 매일 같은 시간에 같은 양의 공부하는 습관을 갖는다면 분명 학습력은 향상된다. 학습의 3단계 복습은 바로 해라. 대학은 일주일에 한 번 정도 그 과목 수업을 하게 된다. 그러니 복습을 한 번 놓치면 계속해서 누적되어 과목을 이해하기가 매우 어려워진다. 그러니 그날 배운 과목은 그날 반드시 복습하고 배우기 전날 한 번 더 읽고 가면 학습력은 상승될 수밖에 없다. 학습의 4단계는 누군가를 가르치고 있는가이다. 학습에서 중요한 것은 자기가 알고 있는 것을 타인에게 가르쳐 줄 때 비로소 학습력은 배가 된다. 주변에 내가 알려줄 사람이 없다면 자기를 대상으로 설명하면서 가르치는 연습을 해 보기 바란다. 그렇다면 분명 좋은 성과를 올릴 수 있을 것이다. 마지막으루 학습의 5단계는 바로 성찰이다. 학습의 잘된 점과 부족했던 점, 새롭게 시도하고 싶은 것 등을 되새겨 보자. 또한 스스로에게 칭찬을 통해 자존감을 높여 스스로 학습할 수 있는 힘이 강해질 수 있다.

학습력 향상시키는 방법

1단계 : 공부를 왜 하는지 의미를 새겨봐라.

2단계 : 매일 규칙적으로 공부해라.

3단계 : 일주일, 한 달 간격으로 복습해라.

4단계 : 누군가를 가르쳐라. 대상이 없다면 자기를 가르쳐라.

5단계 : 무엇을 모르고 무엇을 알고 있는지 성찰해라.

학습법은 개인마다 큰 차이가 있다. 어떤 사람은 직접 경험을 통해 학습하는 방법을 선호하고, 또 어떤 사람은 책을 통해 학습하기도 한다. 그러니 어떤 학습법이 정확히 옳다고는 할 수 없지만 늘 어른들이 말씀하신 내용 중에 엉덩이를 누가 오래 붙이고 앉아 있느냐가 문제는 될 수 있다. 다시 말해서 학습은 인내력이 매우 중요하다. 그러나 무턱대고 앉아 있다고 되는 것이 아니기에 학습방법을 연구해볼 만하다.

위의 학습력을 향상시키는데 매우 중요한 역할을 하는 것이 바로 필기법이다. 그 중 노트필기법을 통해 학습력을 높일 수 있는 코넬식 노트작성법과 마인드 맵이 있다. 코넬식 필기법은 코넬대학에서 만들어진 방법이다. 실제 이 노트방법은 에빙하우스의 망각곡선 이론에서 비롯되었다. 에빙하우스의 망각곡선을 보면 사람은 학습을 한 후 20분이 지나면 학습내용 중 50%를 망각하고, 하루가 지나면 학습내용 중 30%만 기억에 남는다고 한다. 공부를 잘하는 학생들을 보면 계속해서 반복하는 것을 알 수 있다. 바로 에빙하우스의 망각곡선 이론을 잘 알고 코넬식 노트 필기법으로 수업이 끝난 직후, 하루 경과 후, 일주일 경과 후 그리고 한 달 경과 후로 반복적으로 학습을 하기 때문이다.

노트필기 방법은 다음과 같다.

노트필기는 대체로 비슷하다. 그러나 노트필기를 보면 개인의 성향이나 취향이 나타날 정도로 매우 다를 때가 많다. 노트필기법을 바꾸고 싶다면 그동안의 자신이 작성했던 노트를 들여다보면서 노트필기 방법의 좋은 점 및 문제점을 찾아 좋은 점은 그대로 활용하고 문제점을 개선시켜 학습력을 높이는 방법으로 활용하면 좋다. 학습력을 높일 수 있는 노트필기 방법은 크게 4가지로 구분할 수 있다. 코넬 노트필기법, 마인드 맵, 오답노트, 수업일기이다. 대학에서는 코넬 노트필기법과 마인드 맵을 가장 많이 활용하고 있으며 우리는 코넬식 노트필기 방법에 대해 알아보도록 하겠다.

(1) 코넬식 노트필기 방법

코넬대학교에서 개발한 노트필기 방법으로 노트를 정리하는 양식이나 방법이 매우 효율적으로 되어 있어 전 세계 많은 학교에서 사용하고 있다. 특별히 정해진 형식은 없지만 기본 틀은 단서칸과 수업내용으로 구분되어 있어 나머지는 자신이 필요한 내용을 채우면 된다. 아래 노트 양식은 코넬 노트의 기본 구조에 꼭 필요한 사항을 넣어 만든 것이다.

<table>
<tr><td>1. 복습일</td><td colspan="2"><table><tr><td>1일
(월 일)</td><td>7일
(월 일)</td><td>15일
(월 일)</td><td>30일
(월 일)</td></tr></table></td></tr>
<tr><td colspan="3">2. 학습주제(단원명) 월 일 요일 □</td></tr>
<tr><td>4. 〈단서칸〉
• 핵심단어
• 질문
• 그림 또는 도표</td><td colspan="2">3. 〈수업내용〉
• 수업 시간에 강의 하는 내용 : 최대한 교수자의 설명을 빼먹지 않고 기록하는 것이 중요하다.
• 번호를 붙여 내용을 조직화
• 글자색 또는 형광펜을 활용 중요도 표시
• 주요 내용 사이에 칸 비워두기</td></tr>
<tr><td colspan="3">5. 〈요약칸〉
• 수업 후 가장 중요한 내용을 1~2문장으로 요약
• 문제풀이 및 오답 노트로 활용가능</td></tr>
</table>

위의 노트를 잘 살펴보면 시중에 나와 있는 노트의 대부분이 이것과 비슷하게 만들어졌으나 요약칸과 위의 복습일이란 칸은 없다. 그러므로 학습주제, 복습일과 요약칸을 만들어 활용해 보면 학습하는데 많은 도움을 얻을 수 있다.

① 복습일

에빙하우스 박사의 망각실험을 바탕으로 복습하는 날을 구성하면 좋다. 수업한 다음날부터 약 한 달 정도 시간의 간격으로 복습한 날과 복습한 시간도 같이 기록하면 좋다.

② 학습주제(단원명)

수업의 주제 또는 단원명을 작성하면 학습하는 것이 무엇인지 인지할 수 있다. 학습주제는 포인트를 주거나 색이 있는 펜으로 작성하면 한눈에 알아보기 쉽다. 학습한 날의 가장 중요한 핵심 내용이 학습 주제이기 때문에 적어놓는다.

③ 수업내용

강의 시간에 가장 적극적으로 활용하는 부분으로 강의 내용을 간단명료하면서도 빠짐없이 기록해야 한다. 고등학교와는 다르게 대학의 강의는 대부분 파워포인트나 교재를 직접 활용 또는 유인물로 대체하는 경우가 대부분이다. 그러므로 교수자의 강의만 듣고 필기를 제대로 하지 못했다면 내용을 기억하기 힘들다. 수업 내용의 노트필기는 수업의 흐름에 따라 단원을 구분해 준다. 수업내용은 나만의 기호나 부호 등으로 축약하는 것이 좋다. 축약 문자를 보면 공통적으로 사용할 수 있는 것으로 'vs=대립', 'cf=비교', '&=그리고', 'ex=예문(시)' 등이 있다. 축약 기호로는 '=(같다), ≠(다르다)', '※=주의', '☆=중요' 등이 있다. 펜의 색도 3가지 정도의 컬러를 사용해서 강조한 부분을 표시하거나 어려운 부분을 표시해 둔다.

④ 단서칸

단서칸은 학습을 이해할 수 있는 단서를 제공하는 곳이다. 단서칸은 수업을 마친 후 추가적으로 기록하는 부분으로 수업시간에 기록한 내용을 바탕으로 핵심단어와 질문내용을 작성한다. 핵심단어는 수업시간에 강조한 내용 및 표현할 수 있는 간단한 도표나 그래프, 그림을 활용한다.

⑤ 요약칸

요약칸은 수업 후에 전체 내용을 1~2문장으로 정리한다. 특히 수업내용을 가려놓고 그날 가장 강조했던 부분이나 단원에 맞는 핵심내용을 문장으로 작성하면 좋다. 요약칸은 한 장 한 장마다 필요한 부분이 아니며, 단원별로 정리하거나 소단원마다 정리한다. 단 자신의 필요에 의해 정리할 수 있도록 한다.

3. 학교정보 활용하기

학교에 대해 안다는 것은 크게 자기를 아는 것과 같다. 학교에 있는 다양한 정보를 알지 못하면 당연히 학교 밖에서도 얻지 못하는 경우가 많다. 학생들을 상담하고 교육하면서 관찰해보면 정보를 알고 있는 학생들은 늘 정보를 통해 다양한 활동을 하지만 학교 및 외부 정보를 하나도 습득하지 못하고 졸업 즈음에서야 상담을 받으면서 아쉬워하는 경우가 많았다. 어떻게 정보의 습득이나 활용도 빈익빈 부익부일지 참 안타까운 일이다.

학생들은 우선적으로 학교에 대해 잘 알아야 한다. 내가 다니고 있는 학교의 다양한 부서에서는 무엇을 하고 있는지, 그 부서들은 어디에 있는지, 어떤 시기에 어떤 프로그램이나 일을 할 수 있는지 등을 알아야 한다. 최근 학교에서는 학생들을 위한 다양한 활동 프로그램 및 취업과 관련된 프로그램을 많이 운영하고 있다. 그 밖에도 교내에서 스펙을 쌓을 수 있는 다양한 교육 컨텐츠도 운영하며, 장학제도도 매우 유용한 정보일 수 없다. 누가 얼마나 많은 정보를 알고 있는 것이 중요할 수 있다. 그 후엔 정보의 효용가치라 할 수 있다. 그 정보가 나에게 얼마나 맞는지 정보 활용은 어느 시점에 어떤 방법으로 할 것인지 구체적인 계획을 세워 하나의 표로 만들어 보는 것이다. 한눈에 볼 수 있어야 정보를 활용할 수 있는 기회가 늘어간다. 그렇다면 우리가 다는 학교에서는 주로 어떤 정보가 있고 어떻게 활용할 수 있는지 지금부터 알아보도록 하겠다.

학교의 전체적인 전경을 떠올려보자. 대부분 학교는 몇 개의 건물들로 구성되어 있다. 그 건물들은 주로 행정을 하는 행정동과 수업을 하는 단과대학별 건물이다. 그럼 지금 내가 다니는 학교는 어떻게 되어 있는지 그림으로 그려보자. 학교 전경이 있는 학교 안내 지도를 펼쳐 놓아도 좋다. 일단 내가 있는 곳(현재 다니고 있는 학과나 전공)부터 표시해 보자. 그런 다음 내가 있는 곳엔 어떤 부서가 있는지 알아보자. 그 중 가장 관심있는 곳을 선정하여 그곳의 정보를 알아보도록 하자.

실제 우리가 알아봐야 할 곳을 아래의 표로 설명하고자 한다.

공통적으로 수집해야 하는 정보는 기관의 위치(장소), 운영시간, 담당자(연락처), 홈페이지(사이트)이다

부서	알아봐야 할 것	시기
전공학과 사무실	주로 하는 일(학과 행사, 수강신청, 실험실습(인턴)정보, 장학금 등)	학기 초(입학하고 1개월 이내) 그 후 매학기(혹은 학년) 시작 전
학사부서	주로 하는 일(전과, 복수전공, 다전공, 학점이수, 졸업여건 등)	학기 초(입학생들은 1학년 2학기에)
장학부서	주로 하는 일(장학제도, 장학혜택, 근로장학, 학자금 대출 등)	년 4회(학기 초, 학기 중간)
외국어 교육원	주로 하는 일(교내 외국어 강좌 신청 및 어학프로그램 활용 방법 등)	학기 초(입학 후 1개월 이내) 매 방학
교수학습지원센터	주로 하는 일(멘토링, 튜터링, 학습법 등)	학기 초(입학 후 1개월 이내) 매 방학
IT교육원	주로 하는 일(OA자격증, ICT 자격관련 등)	학기 초(입학 후 1개월 이내) 매 방학

부서	알아봐야 할 것	시기
도서관	주로 하는 일(서고의 위치, 활용할 수 있는 것, 도서관 프로그램 등)	학기 초(입학 후 1개월 이내) 매 방학
학생식당	주로 하는 일(학생식당마다 주 메뉴 및 추천메뉴, 분비는 시간 등)	학기 초(입학 후 1개월 이내) 그 후 매학기(혹은 학년) 시작 전
셔틀버스 정류장	주로 하는 일(셔틀버스 및 통학버스 운영에 대한 전반적인 사항)	학기 초(입학생들은 1학년 2학기에)
기숙사	주로 하는 일(기숙사 제공 프로그램, 기숙사 인원, 기숙사 비용, 식사방법 등)	년 4회 (학기 초, 학기 중간)
학생편의시설	주로 하는 일(동아리 방이나 학생회 사무실, 이미용 서비스, 오락실, 복사실, 문구 등)	학기 초

사실 이것도 중요하지만 우리에게 있어 중요한 것은 또 있다. 바로 맛집, 혹은 학식이 맛있는 곳, 편안히 쉴 수 있는 곳 등을 알아보는 것도 중요하다.

동아리, 학생회 등도 알아봐야 한다.

| 요약정리 |

1. 성공적인 대학생활은 누구의 것을 따라하는 것이 아닌 자기만의 방법을 간구해야 한다.
2. 성공하기 위해서는 자기의 환경을 돌아보고 자신의 생활습관을 점검하는 것을 먼저 해야 한다.
3. 성공의 트라이 앵글을 그려 보면 주변의 인물, 시대를 읽을 수 있는 정확한 정보력, 끊임없이 도전하고 인내가 필요한 자기 노력이다. 이 세 가지를 대학생활동안 준비하고 연습한다면 삶의 절반은 성공한 샘이다.
4. 대학에서의 학습은 암기식 학습보다는 이해를 바탕으로 응용할 수 있는 능력을 배양하는 것이다. 그러기 위해서는 기존의 학습법을 탈피해야 한다. 그러므로 수업하는 동안의 필기습관과 마인드 맵을 활용한 학습, 스스로 문제를 해결할 수 있는 PBL의 학습법등을 활용할 수 있어야 한다.
5. 대학에서의 성공은 학교에 대한 애정이다. 자기가 다니는 대학에서 정보를 얻을 수 없다면 더 큰 곳에서 얻기란 힘들기 때문이다. 그러므로 자기 전공 뿐만 아니라 학교생활에 필요한 정보를 학기 초에 알아두고 서비스를 이용한다면 등록금이 결코 아깝지 않을 것이다.

[쉬어가기]

수많은 실패를 거듭한 후에야 성공을 누린 토마스 에디슨은 유년기엔 친구들과 선생님으로부터 '멍청하다'라는 말을 많이 들었다. 그러나 지금은 전구를 발명한 토마스 에디슨의 이름을 모르는 사람은 없다. 토마스 에디슨은 전구를 만들기 위해 1,001번을 시도했고 성공은 한 번뿐이었다. 그리고 그는 "난 실패를 천 번한 것이 아니라 가능하지 않은 것이 무엇인지 천 번 발견했을 뿐이다."

Worksheet 1 ▸ 당신 주변에 금맥 같은 인재가 있다.

번호	이름	사는 곳	전공	닮고 싶은 사람	요즘 관심사	최고 칭찬	인증하기
1							
2							
3							
4							
5							
6							
7							
8							
9							
10							
11							
12							
13							
14							
15							

▣ 가장 기억에 남는 사람은?

▣ 이유?

▣ 미래 인재와 만난 후 한마디 혹은 느낀점

Worksheet 2

1. 지금까지 삶을 점수화 하면(해당점수까지 색칠하세요.)?

10	20	30	40	50	60	70	80	90	100

2. 점수를 주게 된 이유는?

____

____

____

____

____

3. 대학생활동안의 목표와 이유

1) 목표 :

____

2) 이유 :

____

____

____

4. 대학생활 동안 꼭 해보고 싶은 것?

꼭 먹고 싶은 것	꼭 가보고 싶은 곳	꼭 하고 싶은 것	꼭 읽고 싶은 책

Worksheet 3

■ 우리 학교 얼마큼 알고 있나?

1. 우리 학교에 도서관이 있다, 없다?

있 다. (　　)	없 다. (　　)

2. 우리 학교 취업관련 부서가 있다, 없다?

있 다. (　　)	없 다. (　　)
방문한 목적 :	

3. 우리 학교 취업부서에서 진행되는 프로그램을 알고 있다, 없다?

있 다. (　　)	없 다. (　　)
참여 프로그램 :	
참여하고 싶은 프로그램 :	

4. 내가 알아야 할 우리학교 주요 건물과 업무내용(지도와 설명넣기)

5. 내가 알아야 하는 학교부서 담당 선생님의 성함은? 연락처는?

성함						
담당업무						
연락처						

6. 기타 학교에서 참여할 수 있는 동아리 및 학생회 활동은?

기관명						
담당자						
연락처						

Chapter 2

지피지기 백전불패

〈자기이해 전편〉

학습목표

1. 자기이해의 의미를 말할 수 있다.
2. 자신의 흥미유형에 대해 설명할 수 있다.
3. 자신의 성격에 대해 말할 수 있다.

02

어떤 일을 하고 싶은가 자기 스스로 찾아내고 전력을 다해 몰두하라. 다른 사람보다 한 걸음 앞서고 싶으면, 자기 장래의 계획은 자기가 정해야 한다. 알맞게 몰두할 수 있는 일에서 의욕과 힘을 찾아내어 성공을 향한 길로 나아가라.

-그레이엄 벨-

1. 자기이해

자기 자신에 대한 진로의 항로를 설정하고 직업을 선택하는데 있어 우리는 무엇을 고려하고 있는가? 부모님의 결정에 의해 학교를 선택하고 자신의 적성이나 흥미 등을 고려하지 않고 군중심리 혹은 사회적 통념에 의해 직업을 선택하고 있지는 않은가? 행복한 삶을 살기 위해 무엇보다 중요한 것은 직업을 갖는 것이다. 그리기 위해서는 자기를 잘 알아야 할 것이다. 내가 좋아하는 것이 무엇이며, 하고 싶은 것, 잘할 수 있는 것, 해 보고 싶은 것들에 대해 정확히 파악하고 있어야 할 것이다. 또한 진로를 결정한다는 것은 누군가 대신 해주는 것이 아닌 스스로의 삶에 주인이 되어 결정해야 한다는 것을 잊어서는 안 될 것이다. 진로를 결정하는 데 영향을 미치는 요인은 여러 가지가 존재하며 다양한 견해가 있을 수 있는데 이재창(1988)은 개인의 진로발달에 영향을 미치는 요인을 고려하여 적성, 흥미, 성격, 가치관, 포부수준, 진로성취도, 가정배경, 의미있는 타자(他者) 등을 제시하고 있다.

2. 톡톡튀는 흥미와 꼭 맞는 적성

지금까지 어떤 흥미에 이끌려 살아왔는가? 우리는 시기에 따라 혹은 개인의 성향에 따라 다른 것에 이끌리곤 한다. 뭔가 꾸준하진 않지만 줄 곳 무엇에 재미를 느끼는 것, 관심을 보이는 것이 흥미다. 즉, 흥미(interest)란 어떤 사물에 대한 특별한 관심을 뜻하며 호기심을 불러일으키고, 관심을 자극하는 것이다. 특정한 활동이나 직업과 관련되는 일에 대한 흥미는 직업 발달에 있어서 중요한 변인으로 작용하고 있다. 또한 흥미는 직업선택이나 직업만족과 밀접한 관계가 있으며 욕구와 밀접한 관계가 있다. 흥미는 크게 표현된 흥미(expressed interest)나 행동화된 흥미(manifested interest)보다 검사된 흥미(inventoried interest)로 나타나는데 검사된 흥미가 더 일관성이 있고 직업과 관계가 있다. 흥미검사는 자기탐색의 도구라고 할 수 있다. 진로상담이나 진로에 관한 탐색의 결과는 분명한 직업 결정을 내리는 것이 아니고 자기 이해의 증진에 있다. 하나의 진로로 확정되기에는 많은 시간이 소요되고 여러 과정을 거치면서 수많은 의사결정을 하게 된다. 그러므로 학생들로 하여금 여러 가지 대안을 밝힐 수 있도록 광범위한 탐색을 하도록 해야 한다. 처음에는 광범위한 영역을 결정하도록 하고 다음에는 직업 영역과 자신의 전문 분야나 개인적 역할을 결정하도록 점진적으로 범위를 좁혀가야 한다(Cronbach, 1984).

흥미이론에서 대표적인 사람은 Holland로 인간의 흥미를 6가지로 유형화하여 육각모형으로 알려진 이론을 체계화하였다. Holland가 제시한 흥미유형은 인간의 직무환경에도 응용되면서 직업선택, 직업계획 등의 과정에서 실용적으로 적용되고 있다. 그가 제시한 이론의 주요개념은 다음과 같다.

첫째, 사람들은 현실형, 탐구형, 예술형, 사회형, 진취형, 관습형의 성격유형 중 어느 하나의 유형과 닮게 되며, 특정유형과 많이 닮을수록 그 유형의 성격특성과 관련된 행동이 더 많이 나타난다.

둘째, 성격유형과 마찬가지로 사람들은 자신이 생활하고 있는 환경이 6가지 환경모형으로 나타나며 환경유형과 닮은 정도에 따라 특징지을 수 있고 직업적 환경에 매우 큰 영향을 미친다.

셋째, 성격유형과 환경모형에 따라 사람과 환경을 연결 지을 수 있으며 이에 대한 지식을 쌓아감에 따라 미래를 예견할 수 있다. 이러한 결과는 직업선택, 직업의 안정성과 직업성취, 교육선택과 교육성취, 개인능력과 사회행동, 외부세계에 대한 민감도가 달라지기도 한다.

각 유형에 따른 특징은 다음과 같다.

1) 현장형(Realistic), 탐구형(Investigative)

구분	현장형	탐구형
흥미 특성	기계적 소질이 있는 반면 사교능력이 부족하고, 물질 지향적/구체적/실용적이며 기능성과 예측 가능성을 선호한다.	사람보다 아이디어를 중시하고, 높고 추상적 지능의 소유자이며, 사회적 관계에는 관심이 적다.
직업 활동	• 명확한 결과를 산출하는 일 • 고치기, 만들기, 수리하기 등 • 무거운 장비나 정밀한 기계를 작동하고 설계하는 일 • 섬세한 운동신경, 손재주를 요하는 일, 도구를 사용하는 일	• 독립적인 일, 조사 분석 업무, 자료수집과 조직하는 일 • 사고를 통한 문제를 해결하는 일 • 과학적 실험적인 일 • 애매하거나 추상적인 과제를 수행하는 일
잠재적 능력	• 기계적 재능과 연구 • 도구와 기계를 사용한 문제 해결 능력 • 정신 운동성 기술/신체적 힘 • 야외 작업이나 모험적 활동 시 침착성	• 과학적 능력, 분석적 수학적 능력 • 작문 능력 • 어렵고 추상적인 문제를 해결하는 인내심
자아개념/가치관	• 수줍음을 타고 겸손하다. • 실용적이고 검소하고 끈기 있다. • 정서가 안정되고 신뢰할 만하다. • 신체적 위험부담을 감수하려 한다. • 전통적 가치를 고수하려 한다. • 자신에 관해 이야기하는 것을 불편해 한다.	• 독립적이고 조심스럽고 내성적이다. • 학문적, 지적 능력에 자신이 있으며, 분석적이고 호기심이 많다. • 창조적이고, 과제 중심적이다.(일에 빠지는 형이다) • 관행을 싫어하고 가치/태도를 중시한다.
환 경	• 소규모 지역공동체 • 격식 없는 복장이 허용되는 상황 • 타인과 최소한의 교류가 필요한 상황 • 위계적 조직(군대, 집행부, 경호회사 등) • 유형 상품 제조, 건설업, 에너지 산업, 운송업, 공학/기술 회사	• 대학, 조사/기획 연구소 • 의료 기관 • 컴퓨터 관련 연구소 • 과학 재단이나 연구소 • 일 유형에서 자유를 허용하는 구조화되지 않은 조직
취 미	• 옥외스포츠, 차, 비행기, 배에 관한 책/잡지 읽기 • 낡은 물건 수리하기, 만들기, 탈것 작동하기 • 사냥, 낚시, 캠핑, 암벽등반, 신체 모험 활동	• 천문학/체스/새 관찰/독서/컴퓨터 프로그램 • 일에 열중하기(여가/가족/사회활동을 위해서는 시간을 적게 쓴다) • 많은 사색과 세부사항/원리학습이 요구되는 복잡한 활동
직 업	• 자동차엔지니어/정원사/용지관리인/배관공/경찰/목축업자/전기기술자/공학자 등	• 교수/의사/심리학자/약사/화학자/지압사/수의사/호흡치료사/과학교사/의류공학자 등

2) 예술형(Artistic), 사회형(Social)

구분	예술형	사회형
흥미 특성	창의성을 지향하며 아이디어와 재료를 사용하여 새로운 방식으로 표현하는 작업을 한다.	다른 사람과 협력하여 일하는 것을 좋아하고, 다른 사람의 복지와 교육에 관심을 갖고 있다.
직업 활동	• 작곡/작문/연기/공연/악기연주/장식/설계 등 예술 창작분야 • 독립적으로 일하기	• 가르치기/설명하기/계몽하기/안내하기/돕기/촉진하기 • 정보 제공하기/ 계획하기 • 문제해결/논의 주도 등
잠재적 능력	• 창조력 상상력 • 말 언어적 기술/연기술 • 예술적 재능	• 청취 및 구술, 교수 기술 • 다른 사람을 이해하고 공감하는 능력 • 사회 대인 관계에서의 수완
자아개념/가치관	• 독립적이고 낭만적이며 자유롭다. • 충동적이고 표현적이다. • 직관적이고 복잡하다. • 아름다움과 미학적 본질에 이끌린다. • 관습을 따르지 않고 독립적이다.	• 다른 사람의 복지에 관심이 있다. • 윤리적이고 책임감이 있다. • 재치 있고 협동적이며, 이해심과 통찰력이 있다. • 친절하고 다정하고 활발하고 감동적이다.
환 경	• 예술 작업실 • 극장/연주회장/박물관/도서관/화랑 • 예능지도학원 • 광고/홍보업무/실내장식 회사 • 자기표현을 허용해 주며 융통성 있고 비구조적인 조직	• 사회봉사 기관 • 의료부서와 보건 기관, 정신건강 클리닉 • HRD부서 • 종교조직/학교
취 미	• 데생/스케치/회화/악기연주/춤추기 • 춤/음악 콘서트 참석/극장/박물관/화랑 가기 • 독서/글쓰기/예술품 수집	• 다른 사람 즐겁게 하기/집회에 참석하기 • 자원봉사/사회적 행사 기획하기 • 예술적/현실적 활동
직 업	• 순수예술가/응용미술가/리포터/변호사/사서/음악가/미술교사/광고전문가/방송인/전문저술가/영어교사/건축사/사진작가	• 어린이보육자/초등학교교사/상담가/가정경제교사/공원책임자/체육교사/인사담당자/사회교사/간호사/농산물중개인/물리치료사

3) 진취형(Enterprising), 사무형(Conventional)

구분	진취형	사무형
흥미 특성	기업가적 기질이 강하고, 특정 목표의 달성을 위해 남을 통제하고 지배하는 데 관심이 있다.	잘 짜여진 계획으로 일하고 세밀하고 꼼꼼하며, 일에 능숙하고 정확하며 수리적 과제를 잘 해 낸다.

구분	진취형	사무형
직업 활동	• 판매/구입 업무/고객접대 하기 • 정치적 모의 활동/연설하기/회담하기/발표하기 • 위원회/단체/조직/회사 이끌기 • 사람/사업 관리하기	• 재정분석 수행/사무기계 작동 • 사무진행 과정 조직하기 • 기록/재정장부 정리/사업보고서 작성 • 차트와 그래프 만들기
잠재적 능력	• 연설/설득/판매를 위한 언어구사 능력 • 사회/대인관계 능력/리더십 • 쾌활/강력한 행동력/낙관주의 • 이윤추구나 조직/목표에 집중하는 능력	• 효율성 제고능력/조직 능력 • 시스템/자료관리 능력 • 수학적 기술/사무기계 작동 • 섬세한 업무 처리능력/완벽주의
자아개념/가치관	• 지위를 의식한다. • 야심적/경쟁적/공격적이다. • 사교적인 이야기를 좋아한다. • 논쟁을 좋아하고, 모험적이고 위험을 감내한다. • 낙관적이고 활동적이며 인기가 있다. • 돈/권력/물질적 소유에 집착한다.	• 성실하고 끈기 있다. • 실용적이다. • 침착하고 보수적이다. • 정돈되고 체계적, 정확하다. • 조심스럽고 통제가 가능하다. • 돈과 물건의 소유에 신경 쓴다.
환 경	• 기금 조성 기구/자영업 • 정부/정치조직/제조회사 등 • 도소매 회사(자동차 판매회사/백화점/부동산 회사 등) • 재정과 권력 있는 자리(법인회사/행정기관/증권 중개사 등)	• 대규모 번인회사 • 진취적 사무실 • 금융업(은행/사무실) • 회계회사/통제 감사 업무
취 미	• 정치적 활동/집회 참석하기 • 클럽이나 조직에 들어가기 • 유쾌하고 사교적인 것 스포츠 행사에 참여하거나 관람하기	• 우표/동전 수집/집안 개선 프로젝트 • 모형 만들기(비행기/인형집/전기작동차 등) • 시민적 우애적 조직/규칙이 확실한 게임
직 업	• 생활설계사/마케팅간부/여행사직원/부동산중개사/판매책임자/항공기승무원/구매인/농업관리인/치위생사/상점지배인/경매업자/식당지배인/원예업자 등	• 부기사/은행가/의료기록인/공인회계사/상업교사/사무직원/신용관리사/식품서비스경영인/판매업자/가정관리사/행정비서/보험계리사/법정서기 등

직업적성은 어떤 직업활동, 직업영역에서 중요한 기능 또는 특성을 학습해 내고 그 직업분야에 대해 적응할 수 있는 능력의 조직체를 말한다. 대체로 한 직업분야에 대한 적성은 개인의 신체적·감각적 조건, 일반지능, 특수지능, 성격적 조건 등에 의해 결정된다(김충기, 1986).

취업을 준비하는 학생들에게 직업을 선택할 때 가장 중요하게 생각하는 것이 뭐냐고 물으면 대부분 '적성에 맞는 것'을 선택한다고 한다. 적성(aptitudes)은 직업이나 전문분야에 알맞은 개인의 적합한 특성으로 한 개인이 역사적으로 형성해 가는

삶의 과정 속에서 이루어지는 독특한 성질·개성과 결합되어 있다고 할 수 있다. 이러한 적성은 어떤 특수한 활동분야에 종사하는 데 필요한 인간의 일반적인 정신능력이나 학업능력을 가리키는 지능과는 대립되는 개념으로서 체격, 운동기능, 감각기능, 일반지능, 특수능력, 성격 등에 근거하여 종합적으로 판정한다. 또한 적성은 특수 분야에 대한 능력의 정도나 그 권력의 발현 가능성을 의미하는 것으로 어떤 직업에서의 성공 가능성을 예언해 주는 요인이라고 할 수 있다(이정근, 1980). 현대는 다양하고 세분화된 직업의 세계를 보여주고 있으며 직업 환경에서 요구되는 일반적인 능력뿐만 아니라 직무 수행에 필요한 특수능력도 요구된다. 경우에 따라서는 특수능력이 더 중요하게 영향을 미치는 수가 있다. 따라서 직업이나 진로선택에 있어서 적성을 고려하는 것은 절대적으로 필요하다.

3. 드러나는 성격

성격(personality)은 각 개인이 가지고 있는 특유한 성질 또는 어떤 사물이나 현상이 지니고 있는 성질이나 경향을 뜻하는 것으로 진로 발달과 밀접한 관계가 있다. 우리는 흔히 타인을 이야기 할 때, '낙천적이다', '사교성이 좋아', '수줍음이 많다', '명랑해'라는 식으로 표현하기 쉽다. 이는 그 사람의 성격을 나타내는 말로 쉽게 사람을 평가하고 판단할 때 성격을 이야기하곤 한다. 특히 친한 친구들에게 물어보면 '우리는 성격이 잘 맞아요'라고 말하며, 헤어진 사람들은 대체적으로 헤어진 이유를 '성격차이'라고 말한다. 이렇듯 성격은 사람과의 관계를 좋게 하기도 하고 나쁘게 하기도 한다.

성격은 지필검사, 투사적 검사, 면접, 구조화되지 않은 자기보고 등에 의해서 측정될 수 있다. 에니어그램 성격유형검사와 Myers-Briggs Type Indicator(MBTI), DiSC 행동유형분석 등이 있다.

성격검사지는 저마다 특징을 있다. 우선 보편적으로 사용되는 검사지의 특성을 알아보고 자신에게 맞는 가장 적합한 검사지를 통해 자신의 내면 모습을 살펴볼 수 있는 기회를 갖도록 하자.

〈표 2-1〉 검사지의 종류

주제	검사명	소요시간	제공기관
직업흥미 및 인·적성검사	직업선호도검사	S25분/L60분	고용노동부-워크넷
	직업가치관검사	20분	
	구직준비도검사	20분	
	대학생진로준비도검사	20분	
	IT직무 기본역량검사	95분	
	성인용 직업적성검사	90분	
성격검사	MBTI검사	20분	어세스타
직업흥미검사	STRONG검사	30분	
행동유형검사	DiSC	20분	–
직업흥미검사	홀랜드 검사	30분	한국가이던스
진로검사	U&I검사	30분	연우심리연구소
성격검사	에니어그램	30분	–

각 검사지마다 장단점이 있으며 자신에게 가장 적합한 것을 찾기란 쉽지 않을 것이다. 근래에 들어 학교의 학생상담센터나 학생경력개발센터, 취업관련 부서에서 학생들에게 검사를 제공하고 있으며 전문 인력을 배치하여 검사내용을 토대로 상담을 하고 있다.

본 장에서는 가장 보편적인 MBTI를 활용해서 성격을 알아보도록 하겠다.

MBTI(Myers-Briggs Type Indicator)는 정신분석학자인 카를 융(Carl Jung)의 심리유형론을 토대로 딸인 마이어스(Myers)와 엄마인 브릭스(Briggs)가 자기 보고식 성격유형 검사도구를 개발하였다. MBTI는 4가지 분류기준에 따라 내담자의 심리유형을 16가지로 분류할 수 있다. 첫째는 외향-내향(E-I) 지표로 정신적 에너지의 방향성을 나타내고, 둘째 감각-직관(S-N) 지표로 정보 수집을 포함한 인식의 기능을 나타낸다. 셋째는 사고-감정(T-F) 지표로 수집한 정보를 토대로 합리적으로 판단하고 결정 내리는 것과, 마지막으로 판단-인식(J-P) 지표로 인식기능과 판단기능이 실생활에서 어떻게 적용되며 생활양식의 변화를 보여주는 것이다(심리학용어사전, 2014. 4., 한국심리학회).

〈표 2-2〉 융의 심리유형론

		기능유형			
		인식기능		판단기능	
		감각	직관	사고	감정
태도유형	내향성	내향적 감각형	내향적 직관형	내향적 사고형	내향적 감정형
	외향성	외향적 감각형	외향적 직관형	외향적 사고형	외향적 감정형

MBTI는 개인마다 태도, 인식, 판단기능에서 각자 선호하는 방식의 차이를 나타내는 4가지 선호지표로 구성되어 있다(Myers, Kirby, & Myers, 1998).

〈표 2-3〉 MBTI 4가지 선호지표

	선호경향	
외향(E) ⟵	에너지 방향(주의초점)	⟶ 내향(I)
감각(S) ⟵	인식기능(정보수집)	⟶ 직관(N)
사고(T) ⟵	판단기능(판단, 결정)	⟶ 감정(F)
판단(J) ⟵	생활양식	⟶ 인식(P)

1) 외향성(Extraversion)과 내향성(Introversion)

외향과 내향 지표는 심리적 에너지와 관심의 방향을 의미한다. 외향적인 사람은 주로 외부 세계에 관심과 주의를 기울이고 사교적이고 활동적이다. 외향형의 사람들은 말로 표현하고 외부의 자극을 통해 배우는 방식을 선호하기 때문에 경험한 후 이해하는 경향성이 두드러지며 자신을 잘 드러내는 편이다. 반면 내향적인 사람은 자신의 내면을 더 중요하게 생각한다. 조용하고 내적 활동을 즐기는 경향성이 높고, 생각이 많아 말보다는 글로 표현하는 것을 더 편하게 느낀다. 또한 생각을 마친 후에 행동하는 경향이 높기 때문에 이해한 후 경험하는 방식을 선호한다. 외향성과 내향성은 이렇듯 관심이 주로 내부와 외부 중 어느 쪽으로 향하느냐를 보여주는 지표이다.

2) 감각형(Sensing)과 직관형(Intuition)

감각과 직관 지표는 사람이나 사물 등의 대상을 인식하고 지각하는 방법이다. 감각적인 사람은 일반적으로 5관에 의존하여 현재에 집중하는 경향이 있다. 세심한 관찰력을 갖고 일을 사실적으로 묘사하며 매사에 철저하고 실제적인 것에 집중한다. 직관적인 사람은 상상력이 풍부하고 창조적이다. 육감에 의존해 가능성을 중요시하며 비유적인 묘사를 선호한다.

3) 사고형(Thinking)과 감정형(Feeling)

사고와 감정은 수집한 정보를 바탕으로 판단하고 결정을 내릴 때 어떤 것을 더 선호하는가에 대한 것이다. 사고형의 사람은 객관적인 사실에 주목한다. 분석적으로 판단하고 공정성을 중요한 가치로 여긴다. 원칙과 규범을 지키는 것을 매우 중요시하며 비판적이고 '옳고-그름'의 사고를 하는 경향이 있다. 감정형의 사람은 판단을 내릴 때 인간적인 관계를 중요시한다. 또한 전체적인 상황의 특성을 고려하여 사람들에게 어떤 결과를 가져올지 등을 더 중요시한다.

4) 판단형(Judging)과 인식형(Perceiving)

판단과 인식은 실생활에서 대처하는 방식을 의미하는데 판단형의 사람은 합리적이고 옳은 결정을 빠르게 내리고자 한다. 목적의식이 뚜렷하고 조직적이고 체계적으로 행동하는 경향이 있다. 인식형의 사람은 상황에 맞춰 활동하고 모험이나 변화에 대한 열망이 높다. 호기심이 많으며 계획을 세우기보다는 상황에 따라 유연하게 행동하는 경향이 있다.

구분	융의 유형	내용
ISTJ	내향적 감각형	• 조용하고, 신중하다. • 철저하고 확실성으로 좋은 결과를 얻고자 한다. • 구체적이고, 사실적이며 현실적이다. • 책임감이 강하고 해야 할 것을 논리적으로 결정하고 흐트러짐 없이 꾸준히 해나간다. • 체계적으로 자기의 일, 가정, 삶을 구성해 나갈 때 행복해진다. • 진로선택에 있어 매우 다양한 정보를 수집하고 구체적인 계획을 세워 진행한다.

구분	융의 유형	내용
ISFJ	내향적 감각형	• 조용하고 다정하다. • 세심하고 성실하며 책임감이 강하다. • 철저하고 노고를 아끼지 않으며, 사려깊고 정확하며 헌신적이다. • 자신에게 중요한 사람들의 느낌에 관심이 많고 직장과 가정에서 정돈되고 조화로운 환경을 만들기 위해 노력한다. • 진로선택에 있어 주변 사람들의 의견을 잘 들어준다.
ESFP	외향적 감각형	• 사교적이고, 다정하다. • 수용적이며, 긍정적인 성격으로 타인들과의 상호작용과 물질적인 편안함을 추구한다. • 융통성이 있고, 자발적이며 새로운 사람들과 환경에 빨리 적응한다. • 진로결정에 있어 타인의 하는 활동도 관심을 갖고 있다.
ESTP		• 감각적인 편안함을 즐긴다. • 상황에 유연하며, 즉각적인 결과에 초점이 맞춰 현실적 접근을 선호한다. • 이론과 개념적인 설명은 지루해하며 문제해결을 위한 직접적인 활동을 선호한다. • 진로를 결정하기 전에 다양한 경험을 하는 것을 선호한다.
INTJ	내향적 직관형	• 독창적이고 창의적인 마인드를 지니고 있다. • 아이디어를 실현하고 목적을 성취하고자 하는 욕구가 강하다. • 일의 패턴을 파악하고 앞으로의 전망을 제시한다. • 일을 조직화하고 포괄적 수행한다. • 회의적이고 독립적이며 자신과 타인에 대한 능력과 수행에 높은 기준을 갖고 있다. • 진로를 결정할 때 미래에 대한 계획을 갖고 체계적으로 수행한다.
INFJ		• 아이디어와 관계, 물질 안에서 의미와 연관성을 찾는다. • 자기의 확고한 가치를 양심적으로 수행한다. • 타인의 동기를 이해하며 통찰력을 지니고 있다. • 공동의 선을 추구하기 위한 명확한 비전을 개발한다. • 자신의 비전을 수행하기 위해 사람들을 조직화하고 동기화시킨다. • 진로를 선택할 때 모두가 행복해질 수 있는 방법을 모색한다.
ENFP	외향적 직관형	• 열정적이고 따뜻하며 상상력이 풍부하다. • 세상을 긍정적으로 바라본다. • 사건과 정보를 잘 연관 지으며 자기만의 패턴으로 일을 진행한다. • 타인들에게 칭찬받기 원하고 감사와 지지를 잘 표현한다. • 유창한 언변을 발휘하고 즉흥적이다. • 진로에 있어 자기주장이 강하고 융통성을 발휘한다.
ENTP		• 상황판단이 빠르고 활기차다. • 새로운 것에 도전하고 문제를 해결하는데 흥미를 느낀다. • 일상적인 일을 지루해 하고 똑같은 일을 똑같은 방식으로 처리하는 경우가 드물다. • 관심의 폭이 넓고 한 가지 새로운 흥미는 또 다른 것으로 바뀌기 쉽다. • 진로선택은 충분히 다양한 경험을 한 후 도전적이고 흥미로운 일을 선택한다.

구분	융의 유형	내용
ISTP	내향적 사고형	• 상황에 대해 관조적이고 유연하다. • 문제가 발생할 때까지 관찰하다가 일단 발생하면 실행 가능한 해결책을 찾기 위해 빠르게 움직인다. • 문제의 현실적인 원인을 분석하고 핵심을 구체적으로 파악하기 위해 많은 양의 정보를 처리한다. • 논리적으로 구조화하고자 하며 효율성에 가치를 둔다. • 진로를 선택할 때 매우 현실적으로 정보를 분석한다.
INTP		• 이론적이고 추상적이다. • 자신의 관심영역에 논리적이고 이론적인 설명을 한다. • 조용하고 보유적이며 적응력이 뛰어나다. • 관심분야의 문제해결에 깊이 집중한다. • 분석적이고 때론 비판적이다. • 진로선택에 있어 다양한 정보를 분석하고 융통성을 발휘해 문제를 잘 해결해 나간다.
ESTJ	외향적 사고형	• 구체적이고 현실적이다. • 결정된 것을 이행하기 위해 빠르게 움직인다. • 사람을 조직화하고 가능한 가장 효율적인 방법으로 결과를 얻는데 초점을 맞춘다. • 명확한 논리적 기준을 갖고 규칙적으로 그것에 따른다. • 자신의 계획을 추진해 나갈 때 영향력을 행사하고자 한다. • 진로선택은 최대한 계획을 갖고 다양한 경험을 통해 실행해 간다.
ENTJ		• 솔직하고 결단력이 있다. • 조직의 문제를 해결하기 위해 포괄적인 시스템을 개발한다. • 자기의 지식을 확장하고 타인에게 전달하는 것을 즐긴다. • 장기 계획과 목표를 설정하고 자기의 아이디어와 비전을 뚜렷하게 관철시킨다. • 진로선택은 매우 다양한 레이더를 통해 효율적으로 해결하고 리더의 역할을 좋아한다.
ISFP	내향적 감정형	• 조용하고 다정하다. • 정서에 민감하고 친절하다. • 자기만의 공간과 시간이 필요하며 혼자 일하는 것을 좋아한다. • 자기의 가치를 중요시 하고 의미 있는 사람들에게 충실하다. • 논쟁과 갈등을 싫어한다. • 진로선택은 융통성이 있으며 가치가 있다고 느끼는 것에 최선을 다한다.
INFP		• 이상주의자이다. • 자신의 가치와 조화를 이룰 수 있는 외부 세계를 추구한다. • 호기심이 많고 일의 가능성을 보는 경향이 있다. • 아이디어를 수행하기 위한 촉매 역할을 한다. • 사람의 본질을 이해하고 이들의 가능성을 성취할 수 있도록 돕는다. • 융통성이 있으며 수용능력이 있다. • 진로선택은 충분히 자신의 개성을 살릴 수 있는 것을 도전하고자 한다.

구분	융의 유형	내용
ESFJ	외향적 감정형	• 양심적이고 협조적이다. • 목표를 성취하기 위해 결정권을 가지고 일하기 좋아한다. • 혼자보다 타인들과 함께 일하는 것을 좋아한다. • 사소한 일도 성실히 끝까지 해낸다. • 자신의 존재를 인정받으려 한다. • 진로선택은 자기 존재와 기여를 인정해 주는 것을 좋아하고 타인을 돕는 일을 선택하려는 경향성이 높다.
ENFJ		• 따뜻하고 감정이입을 잘한다. • 책임감이 강하며 타인들의 정서, 욕구 및 동기에 대한 높은 관심이 있다. • 집단 안에서 타인들과의 상호작용을 촉진시킨다. • 빈전과 목표에 대해 사람들을 동기화 시킨다. • 진로선택은 리더십을 발휘할 수 있는 일을 하며 대학생활 동안도 다양한 활동에 관심을 갖는다.

| 요약정리 |

1. '자기'에 대한 이해가 충분히 이루어지지 않으면 진로를 선택함에 있어 도돌이표와 같은 현상을 겪게 될 수 있다. 물론 자기를 이해한다는 것은 그리 쉬운 일이 아니고 한 번에 다 알 수 없는 일이다. 그러나 최소한 내가 좋아하는 것과 싫어하는 것, 잘하는 것과, 못하는 것, 하기 싫은 것 등을 글로 적어 놓고 확인이 가능하다면 그것은 자기이해를 하는 가장 좋은 방법이 될 수 있다.
2. 자기이해는 정체성 확립에도 매우 중요하다. 이에 자기이해 방법은 스스로 탐색하는 방법인 100문 100답도 있을 수 있지만 객관적인 검사를 통해 알아보는 것과 주변 인물의 인터뷰를 통해 자기를 알 수 있다.
3. 직업선호도 검사나 스트롱 검사 등을 통해 객관적으로 자신의 흥미를 탐색할 수 있다. 흥미탐색은 크게 직업적 흥미유형과 직업환경에 대한 내용을 구분지을 수 있다. 흥미는 크게 6가지 유형 현실형, 탐구형, 예술형, 사회형, 진취형, 관습형으로 나눌 수 있다.
4. 성격검사는 매우 다양하다. 본 교재에서 사용된 MBTI 검사는 일반적으로 가장 많이 시행되는 검사이다. 성격은 크게 16가지 유형으로 ISTJ, ISTP, ISFJ, ISFP, ESTJ, ESTP, ESFJ, ESFP, INTJ, INFJ, INTP, INFP, ENTJ, ENFJ, ENTP, ENFP로 나눌 수 있다.
5. 각 흥미와 성격유형을 알고 진로선택에 활용하면 진로를 선택하는데 도움이 될 수 있다.

[쉬어가기]

'얼굴'에서 얼은 정신을 뜻하고 굴은 골을 뜻합니다. 다시 말해서 얼굴은 얼이 드나드는 곳을 말하지요. 대체로 사람들의 성격을 알 수 있는 곳이 바로 얼굴이랍니다.

Worksheet ▸ 흥미와 성격 알아보기

1. 나의 흥미와 성격유형

유형	
유형에 대한 자기의견	
프로파일 의견 정리	〈흥미〉
	〈성격〉

2. 자기 전공관련 희망직업 적어보기

전공	
희망직업	
흥미 및 성격과의 관계	
선정이유	

3. 배우고 싶거나 관심있는 전공은?

관심있는 전공	
희망직업	
흥미 및 성격과의 관계	
선정이유	

3. 내가 일하고 싶은 환경

1) 직장 생활할 때 입게 될 옷(출퇴근 포함 가능)

〈그림〉	〈설명〉

2) 근무환경

〈그림〉	〈설명〉

3) 이런 사람들과 일하면 편해요.

〈설명〉

4) 이런 사람들과 일하면 불편해요. 나라면 이렇게 대처할꺼에요.

〈설명〉

Chapter 3
지피지기 백전불패
〈자기이해 후편〉

학습목표

1. 자신의 재능을 발견할 수 있는 방법을 안다.
2. 자신의 삶의 가치관에 대해 이야기 할 수 있다.
3. 전체 자기 생애에 대한 역할을 이야기 할 수 있다.

03

길이 가깝다고 해도 가지 않으면 도달하지 못하며, 일이 작다고 해도 행하지 않으면 성취되지 않는다.

-순자-

1. 숨어있는 재능

재능이란 어떤 일을 하는데 필요한 재주와 능력을 의미한다. 이는 개인이 타고난 훈련에 의해 획득된 능력을 아울러 이르기도 한다.

사람은 누구나 하나의 재능을 갖고 태어난다. 그 재능을 빨리 알아차리는 사람이 있는가 하면 그렇지 못한 사람도 있다. 예를 들어 베토벤은 5살에 작곡을 했고, 아인슈타인의 어린 시절은 친구들로부터 놀림을 받았지만 어머니의 말 한마디는 그의 재능을 발휘하기 충분했다. 이희아 양의 경우 4손가락으로 장애를 갖고 있지만 훌륭한 피아니스트로 많은 사람들에게 희망을 주고 있다. 또한 박지성의 경우 왜소한 체격에도 불구하고 연습벌레로 틈만나면 축구공을 찼지만 어느 대학에서도 불러주지 않았다. 마침내 명지대에 들어갔어도 눈에 띄는 선수는 아니었다. 그러나 히딩크 감독의 '정신력이 훌륭한 선수'라는 한마디의 칭찬이 축구 천재로 만들었다. 재능은 어릴 때부터 나타나는 경우도 있지만 뒤늦게 자신의 재능을 알아차리는 경우도 있다. 박지성 선수도 대학을 졸업하고야 자신의 재능을 찾고 발휘했듯이 우리 각자는 스스로 혹은 누군가의 도움을 통해 재능을 찾을 수 있다. 그렇지만 재능이 있다 해도 계속해서 훈련하지 않으면 재능은 재능으로 발휘되지 못할 수도 있다. 그러니 지금부터는 혹시 지금껏 발견하지 못해 발휘하지 못했던 것들을 발견하는 시간이 되었으면 한다.

어떻게 하면 재능을 찾을 수 있을까? 스피노자는 "우리는 자신의 몸이 무엇을 할 수 있는지 알지 못하고 있다."고 했다. 실제 우리는 스스로의 모습을 찾을 시간도 없이 누군가의 바람 또는 사회에서 원하는 모습으로 살아가는데 급급했다. 그리고 재능은 학습에만 국한지어 이야기 했다.

지금부터는 하워드 가드너의 다중지능과 재능을 연결시켜 이야기 해보고자 한다. 다중지능은 지능이 높은 사람이 모든 영역에서 우수하다는 종래의 획일주의적인 지능관을 비판하고 있다. 또한 인간의 지적 능력은 서로 독립적이고 상이한 여러 가지 능력으로 구성된다는 하워드 가드너(H.Gardner) 박사의 이론으로 다중지능이라 부른다. 다중지능은 언어, 논리수학, 공간, 신체운동, 음악, 대인관계, 자기이해, 자연탐구 지능으로 8개 유형으로 구분할 수 있다. 언어지능은 생각하고 복잡한 의미를 표현하는 언어를 사용하는 능력이다. 논리수학 지능은 계산과 정량화를 가능하게 하며 명제와 가설을 생각하고 복잡한 수학적 기능을 수행하는 능력이다. 공간지능은 내・외적 이미지를 지각하고 재창조, 변형 또는 수정이 가능하도록 한다. 특히 자신이나 사물을 공간적으로 조정하는 것은 물론 그래픽 정보를 만들고 해석하는 능력이다. 신체운동지능은 대상을 잘 다루고 신체적 기술을 잘 조절하는 지능을 말한다. 음악지능은 리듬, 음의 높이, 음색에 대한 민감성을 보이는 사람들이 주로 갖는 지능이다. 대인관계지능은 타인을 이해하고 효과적으로 상호작용하는 능력이다. 자기이해 지능은 자신에 대한 정확한 지각과 자신의 삶을 계획하고 조절하는 능력이다. 자연탐구 지능은 자연의 패턴을 관찰하고 대상을 정의하고 분류하며 자연과 인공적인 체계를 이해하는 능력이다. 지금까지 간단한 설명으로 다중지능에 대해 이야기 했다. 이쯤되면 슬슬 '아~ 나한테 이런 능력이 있었네.' 혹은 '내 친구는 이런 능력이 있었구나!' 하는 생각이 들 것이다. 벌써 우리는 누군가 알려주지 않아도 자신의 재능을 찾았다. 이제 그 재능을 살리고 전공과 관련된 일을 찾아보면 된다. 전공이 아니어도 좋다. 그저 하고 싶은 일을 찾으면 된다.

2. 내 삶의 가치관

현대의 지식산업사회는 직업의 세계가 다양해지고 요구되는 역량도 고도화되는 사회로 직업을 바라보는 사람들의 관점도 계속 변화하고 있다. 특히 가치(Value)는 진로발달과 진로결정에 중요한 역할을 하는 요인으로 작용한다. 대부분의 사람들은 자신의 사고와 행동을 결정하고 삶의 방향을 결정하는데 있어 어떤 기준을 갖고 그 기준점을 고수하려고 한다. 이렇듯 기준이 되는 것은 자신이 살아온 환경, 종교, 물질, 대인관계, 사회적 배경과 같은 것을 포함한다. 사전적 의미에서 가치관이란 가치에 관한 관점이나 태도로 인간이 삶이나 어떤 대상에 대해서 무엇이 옳고, 좋고, 바람직한 것인지를 판단하는 관점을 말한다. 인간생활의 여러 국면과 과정에서 가치판단이나 가치선택을 행사할 때 일관되게 작용하는 가치기준과 그것을 정당화하는 근거, 혹은 신념의 체계적 형태라고 할 수 있다. 한마디로 사람으로 하여금 어떤 방식으로 행동하게 하는 원리, 믿음 또는 신념이다. 특히 청소년기에 지닌 태도와 가치관은 미래 진로발달에 중요한 영향을 주는 요인으로 간주되고 있다. Hoyt(1972)는 개인이 진로 결정을 하는데 있어서 제일 먼저 해결해야 할 문제는 '내가 중요시하는 것이 무엇이냐(what is important to me?)' 하는 질문에 대한 답이라고 하였다. 직업가치관은 한 개인의 직업적 발달에서 가장 중요한 변인 중의 하나로 여겨지고 있다(Huang, 1995). 가치관은 흥미·욕구와 밀접한 관계가 있고 직업선택에 결정적 역할을 할 뿐만 아니라 직업만족, 직업흥미, 직업적응 등 직업적 행동과도 밀접한 연관을 맺고 있다. 그러므로 개인의 가치관을 탐색하고 명료화하는 것이 현명한 진로 결정의 시작이라고 할 수 있다.

직업적 가치관의 유형을 살펴보면 다음과 같다. 먼저 Super(1970)는 Work Value Inventory(WVI)에 기초하여 직업가치관을 내재적 영역, 외재적 영역 및 병재적 영역으로 구분하고 다음의 15개 직업가치관 유형을 제시하였다. 내재적 영역에는 일 자체가 갖는 특정한 흥미 혹은 그 일이 사회에 기여하는 것과 관계가 있다. 즉, 기여, 창의성, 독립성, 지적 자극, 심미성, 성취, 관리 등이 포함되고, 외재적 영역에는 고용조건과 관계가 있다. 즉, 생활방식, 안정, 지위, 보수 등으로 구성되며, 병재적 영역은 환경, 경영주와의 관계, 동료와의 관계, 다양성 등으로 분류된다.

또한 직업가치관은 사회의 발전방향과 자신이 추구하는 것을 바탕으로 윤리성, 봉사성, 자기표현, 보상, 명예, 권력, 생활양식, 안정 등으로 분류할 수도 있다.

가치관을 알아보는 방법은 여러 가지다. 가치관 게임을 통해 알아보거나 워크넷에서 가치관 검사를 통해 알아볼 수도 있다. 객관적인 검사가 필요하다면 워크넷을 활용하는 것을 추천한다. 다음 내용은 워크넷을 통해 볼 수 있는 가치관과 그에 대한 설명이다. 천천히 읽어 보면서 자신이 중요하게 생각하는 가치는 무엇인지 생각해 보고 체크박스에 해당하는 것을 체크해 보자.

요인	설명	체크
성취	스스로 달성하기 어려운 목표를 세우고 이를 달성하면서 성취감을 맛보는 것을 중시하는 가치	
봉사	자신의 이익보다 사회의 이익을 고려하며, 어려운 사람을 돕고, 남을 위해 봉사하는 것을 중시하는 가치	
개별활동	여러 사람과 어울려 일하기보다는 자신만의 시간과 공간을 가지고 혼자 일하는 것을 중시하는 가치	
직업안정	해고나 조기퇴직의 걱정없이 오랫동안 안정적으로 일하며 안정적인 수입을 중시하는 가치	
변화지향	일이 반복적이거나 정형화되어 있지 않으며 다양하고 새로운 것을 경험할 수 있는지를 중요시하는 가치	
몸과 마음의 여유	건강을 유지할 수 있으며, 스트레스를 적게 받고 마음과 몸의 여유를 가질 수 있는 업무나 직업을 중시하는 가치	
영향력 발휘	타인에게 영향력을 행사하고 일을 자신의 뜻대로 진행할 수 있는지를 중시하는 가치	
지식추구	일에서 새로운 지식과 기술을 얻을 수 있고, 새로운 지식을 발견할 수 있는지를 중시하는 가치	
애국	국가의 장래나 발전을 위해 기여하는 것을 중시하는 가치	
자율	다른 사람들에게 지시나 통제를 받지 않고 자율적으로 업무를 해나가는 것을 중시하는 가치	
금전적 보상	생활하는데 경제적인 어려움이 없고 돈을 많이 벌 수 있는지를 중시하는 가치	
인정	자신의 일이 다른 사람들로부터 인정받고 존경 받을 수 있는지를 중시하는 가치	
실내활동	주로 실내공간에서 일할 수 있으며 신체활동을 적게 요구하는 업무나 직업을 중시하는 가치	

직업가치관은 앞서 설명한 직업흥미와 더불어 생각해 볼 수 있다. 다음은 직업가치관과 흥미와의 관계를 알아본 것으로 충분히 고려하면서 살펴본다.

구분	상대적으로 높은 가치	상대적으로 낮은 가치	관련된 직업
현실형	성취, 봉사, 직업안정, 변화지향, 애국, 자율성, 금적적 보상, 인정	몸과 마음의 여유, 지적 추구, 실내활동	경찰관, 농업관련 종사자, 엔지니어, 조경사, 직업군인 등
탐구형	지적 추구, 성취, 개별활동, 인정, 변화지향, 직업안정	봉사, 애국, 금적적 보상	물리학자, 의사, 수의사, 수학자, 심리학자, 통계학자 등
예술형	성취, 개별활동, 변화지향, 몸과 마음의 여유, 자율성	애국, 봉사, 영향력 발휘	건축가, 사진가, 성악가, 인테리어전문가, 음악가, 카피라이터 등
사회형	봉사, 변화지향, 자율성, 성취	금전적 보상, 개별활동	간호사, 사회사업가, 교사, 사회복지사, 상담사 등
진취형	성취, 영향력 발휘, 지식추구, 애국, 금적적 보상, 인정	개별활동, 실내활동	아나운서, 매니저, 변호사, 부동산 중개인, 여행가이드, 정치인, CEO 등
관습형	성취, 직업안정, 몸과 마음의 여유, 금적적 보상, 실내활동, 애국	변화지향, 지적 추구, 영향력 발휘	회계사, 사무관리자, 의료기록원, 인쇄업자 등

3. 생애진로주제로 알아보는 나

'생애진로주제'라는 말 자체가 이해하기 힘들다. 생애진로주제란 무엇인가 라는 궁금증을 풀어보기로 한다. 서점에 가서 책을 잡을 때면 어김없이 제목을 본다. 물론 책을 펼쳐보면서 꼼꼼히 따져보기도 한다. 그러나 그 꼼꼼함도 책을 볼 때 목차를 보는 정도지 책을 정독하지는 못한다. '주제'란 대화나 연구에서 중심이 되는 문제이다(국어사전, 2017). 책 제목이 그 책의 주제요, 책의 목차는 각 항목에 대한 주제가 되는 것이다. 또한 영화나 드라마를 보면 주인공이 나온다. 그 주인공을 중심으로 극이 펼쳐진다. 이처럼 내 삶에서의 주체가 누구이고 내 역할이 무엇인지 생각해 보는 게 바로 생애진로주제이다. 아마도 태어나면서 벌써 하나는 결정적으로 정해져 있다. 바로 자녀로서의 역할이다. 지금의 대학생들은 결혼을 하지 않겠다는 사람들이 많아서 누구나 변하지 않는 자녀로서의 역할이라도 생각해 보면 좋겠다. 지금부터 본격적으로 생애진로주제에 대해 이야기 해보자. 생애진로주제는 연령마다 혹은 시기마다 다르다. 생애진로주제의 역할 모형은 크게 세 가지로 나뉜다. 첫 번째 역할은 작업자의 역할이다. 작업자 역할은 어떠한 일을 통해 자신의 역할을 해낸다. 작업자의 역할을 수행하기 전에 우리는 자신의 성격, 가치관, 흥미, 역량 등을 세심히 찾아본다. 이는 가장 기본적으로 알고 있는 직업적 성격 및 작업 유형을 나타내기도 한다. 다음은 학습자의 역할이다. 학습자의 역할은 유치원부터 정규교육과정까지 혹은 대학 및 평생교육에 있어서의 학습을 의미한다. 일반적으로 우리는 대학까지의 과정에서 학습자의 역할을 강조하고 있다. 그러나 100세 시대를 사는 지금 평생교육의 중요성이 강조되고 있기 때문에 대학졸업 직후는 아니어도 삶을 살아가면서 다시 학습자의 역할을 강조할 때가 올 수 있다. 콜브는 학습자의 역할을 집중적 사고형, 적응적 사고형, 동화적 사고형, 확산적 사고형인 4가지 유형으로 나뉜다고 했다. 이 4가지 유형에서 자신의 유형을 생각해보는 것도 좋다. 마지막으로 개인 역할이다. 개인 역할은 아들러의 생애형태를 참고할 수 있다. 아들러의 생애형태는 세계와 개인과의 관계를 일, 사회, 성 세 가지로 구분했고 출생순위에 따른 인간의 위치를 이야기 하고 있다. 개인의 일과 이런 내용을 종합해 보면 개인의 생애진로주제는 크게 일과 학습, 개인의 일반적 역할로 나눌 수 있다. 우리가 이런 역할에 대핸 이야기 하는 것은 나에 대해 좀더 깊은 있는 내용이 필요하기 때문이다.

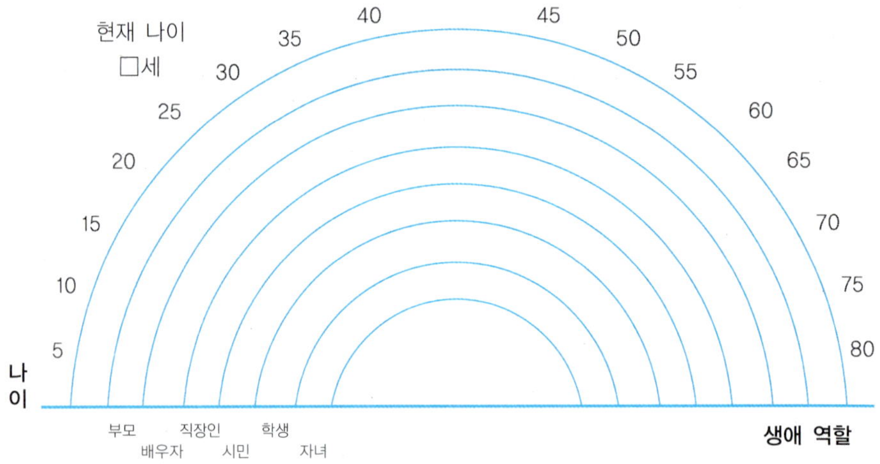

[그림 3-1] (   ) 의 생애진로무지개(슈퍼의 생애진로무지개 중)

생애진로주제를 통해 어떤 것을 자신의 역할과 책임 그리고 자유에 대해 생각해 보는 것도 좋다. 우리는 저마다의 역할이 있다. 부모는 부모로서의 역할에 충실히 하고자 열심히 일해 자녀들을 교육시킨다. 그러나 부모도 사회에서는 사회인으로, 직장에선 직업인으로의 역할이 있다. 그 어느 것 하나 중요하지 않은 것이 없다. 그러니 자신의 역할은 실제 연령이 증가함에 따라 혹은 환경의 상태에 따라 늘어나기 마련이다.

아래 질문에 대한 것을 생각해보면 좋겠다. 현재 나의 역할은 다양할 수 있다. 자녀, 학생, 학술부장 등 다양하다. 그런 개별적인 역할에 대한 것이 무엇이 있는지 작성해보면 좋다. 또한 그 역할 중에 가장 중요하다고 생각하는 역할과 그 이유에 대해서도 생각해보자. 그리고 각각의 역할에서 어려운 점이 무엇인지 생각하면서 주변의 협조를 요청할 수 있는 부분과 혼자 해결해야 하는 것을 구분해 봐야 한다. 또한 주변의 협조를 구할 때나 혼자 해결할 때나 누구한테 어떤 방법으로 할지도 생각해 보면 역할에 대한 충실성이 높아질 수 있다.

생애진로주제 질문

- 현재 나는 어떤 역할을 하고 있는가?
- 지금 하고 있는 역할 중 가장 중요한 것과 이유는 무엇인가?
- 다양한 역할을 수행하면서 예상할 수 있는 어려운 점과 그 이유는 무엇인가?

〈표 3-1〉 생애진로주제에 대한 나의 생각

구분	자녀	학습자	직업인(아르바이트포함)	배우자(애인)
핵심키워드				
내용				
잘한 점				
부족한 점				
보완 점				
기타				

4. 직업가계도

진로를 결정하는데 중요한 다른 방법은 바로 직업가계도를 보면 된다. 생애진로 주제를 살펴보면서 아마도 직업인(사회인)으로서의 역할이 매우 오랜 시간동안 걸쳐져 있다는 것을 알 수 있었을 것이다. 그러므로 그 직업에 영향을 주는 다양한 요소를 살펴봐야 한다. 그 중 부모님의 직업이나 친인척의 직업을 살펴봄으로써 직업을 선택하는데 어떤 도움을 받고 있는지 살펴보는 것도 중요하다.

왜냐하면 우리가 처음 직업을 접하는 곳이 바로 가정이기 때문이다. 부모의 직업이나 조부모의 직업, 친인척의 직업은 그 직업에 대해 흥미와 직업의 장단점을 알 수 있는 좋은 계기가 된다. 왜냐하면 성격과 지능의 절반 가량은 부모로부터 물려받고 친구나 선생님 등 환경에 의해 35% 정도의 영향을 받는다고 한다. 우리나라의 경우 정명훈씨 가족이나 궁중음식 전문가 한복려 자매 등과 같이 가족이 같은 직업이나 유사한 일을 하면서 성공한 예가 많다. 지금도 이렇게 알게 된 직업을 통해 자신의 꿈을 찾고 있어 직업가계도의 중요성은 지금까지도 매우 중요한 진로 선택의 통로가 된다.

물론 직업에 대한 정보는 가정에서만 받는 것은 아니다. 최근엔 미디어를 통해 드라마에 나온 직업을 알기도 하고, 소셜미디어(SNS)를 통해 접하기도 한다. 기관이나 단체에서 제공되는 홈페이지를 통해 알 수도 있다. 그러나 앞서 설명한 것과 같이 직업가계도는 직업선택에 있어 결정적인 근거가 될 수 있다.

다음은 직업가계도를 작성하기 위한 활동지이다. 직업가계도를 그릴 때는 직업과 전공 최종 학력 등을 기록하면 좋다. 왜냐하면 전공의 일치도나 선택한 직업에서 요구되는 기본적인 학력이 존재할 수 있기 때문이다.

물론 이 외에도 고모나 이모, 작은 아버지 등 많이 계실 것으로 안다. 알고 있는 친인척들을 활동지에 작성해 보면 된다.

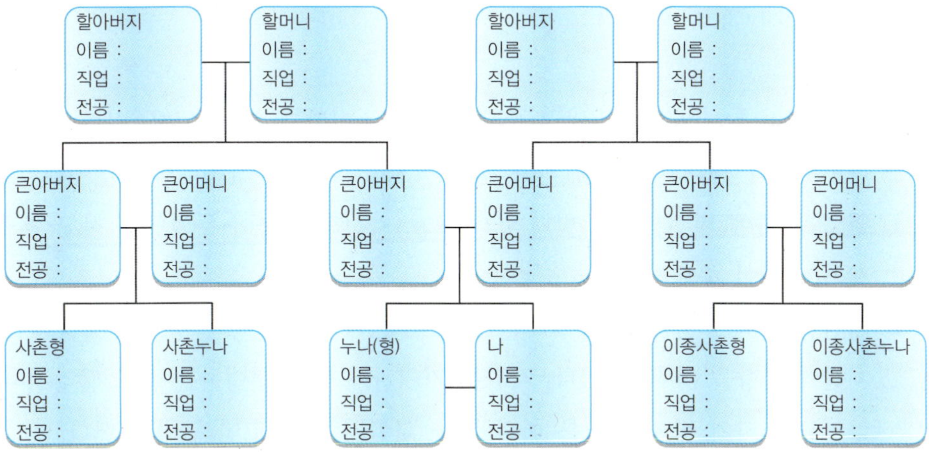

직업가계도 질문

- 가족들의 공통적인 직업분야는 무엇인가?
- 친형제나 (외)사촌형제들은 어떤 직업을 갖길 원하는가?
- 가족 중에 가장 닮고 싶은 사람은 누구인가?
- 가족의 직업 중 가장 나에게 영향을 미친 것은 무엇인가?

〈표 3-2〉 가장 영향력 있는 사람

내용 / 가족명&관계				
직업				
현 직업재직연수				
학력				
경력				
자격				
닮고 싶은 부분				
선택한 이유				
나와 비슷한 점				
나와 다른 점				

이런 내용을 토대로 자신의 미래 진로를 계획해 보는 것도 좋다.

| 요약정리 |

1. 타고 태어난 재능과 길러진 재능은 모두 재능이라고 할 수 있다. 사람은 태어나면서부터 하나의 재능을 갖고 태어난다. 그 재능은 처음부터 발휘될 수 도 있고, 나중에 발휘되기도 한다. 그러므로 자신의 재능이 무엇인지 찾고 계발시키는 것이 중요하다.
2. 사람은 저마다 삶에 대한 가치관이 다르다. 자라온 환경과 부모의 교육이 가치관에 영향을 미칠 수 있다. 사람은 가치관에 따라 선택하는 것도 달라진다. 그러므로 자기 삶의 가치를 어디에 둘 것인지 깊이 고민해 봐야 한다.
3. 한 개인의 역할은 성장에 의해 달라진다. 처음 태어나 첫 영아기 때는 자녀라는 한 가지 역할이었으나 자라면서 가정과 사회와의 관계에 따라 자신의 역할도 달라졌다. 또한 한 개인이 속해있는 사회의 크기에 따라 그 역할은 더욱 다양해지고 역할에 따른 책임도 달라진다. 그러므로 자신의 성장 발달을 통해 발생되는 필연적인 역할 뿐만 아니라 스스로 만들어가는 역할에 대해서 고민해 보고 그것에 맞는 품성을 키워야 한다.

[쉬어가기]

'달 항아리'라는 이야기 책엔 못생긴 항아리가 나온다. 그 어느 누구도 사가지도 않고 고물장수조차도 가져가지 않는 볼품없는 항아리다. 주인 할아버지는 그 항아리를 내다 버렸다. 그것을 본 아이가 항아리를 주워다 깨끗이 씻고 맑은 물을 담아 두었다. 아픈 엄마를 위해 예쁜 꽃을 꽂아 드리기 위해서였다. 새벽에 엄마에게 물을 갖다 드리려 나왔더니 그 항아리엔 노란색 보름달이 떠 있었고 그 항아리에 담긴 물을 마신 엄마는 시원하다고 하셨다. 이 이야기처럼 저마다 생김이 달라도 누가 어떻게 사용하느냐에 따라 용도도, 가치도 달라진다. 가치 있는 자신의 삶을 스스로 만들어 가면 어떨까?

Worksheet 1 ▸ 직업가치관 문장 완성하기

다음은 직업가치관 파악을 돕기 위한 활동입니다. 다음 빈칸을 완성하면서 자신을 모습을 점검해보는 시간을 가져 봅시다.

1. 내가 백만장자라면 ______________________를 할 것이다.
2. 내가 친구 __________를 좋아하는 이유는 _______________때문이다.
3. 내가 친구 __________를 싫어하는 이유는 _______________때문이다.
4. 내가 그 일하기를 좋아하는 이유는 _______________때문이다.
5. 내가 그 일하기를 싫어하는 이유는 _______________때문이다.
6. 내가 꼭 해보고 싶은 일은 ______________________이다.
7. 내가 정말 하고 싶지 않은 일은 ______________________이다.
8. 내가 인생에서 가장 원하는 것은 ______________________이다.
9. 여러 사람들과 같이 있을 때 나는 ______________________한다.
10. 혼자 있을 때 나는 ______________________한다.

▸ 위 문장을 완성해보면서, 전체적으로 자신이 어떤 사람으로 느껴지는지 적어 봅시다.

Worksheet 2

<table>
<tr><td colspan="7">한마디로 표현하기 : 나는</td></tr>
<tr><td colspan="2">하고 싶은 직업</td><td></td><td></td><td></td><td></td><td></td></tr>
<tr><td colspan="2">취업 가능한 직업</td><td></td><td></td><td></td><td></td><td></td></tr>
<tr><td rowspan="4">직업선호도검사
(유형 :)</td><td>장 점</td><td colspan="5"></td></tr>
<tr><td>단점&보완점</td><td colspan="5"></td></tr>
<tr><td>적합한 직업</td><td></td><td></td><td></td><td></td><td></td></tr>
<tr><td>가능한 직업</td><td></td><td></td><td></td><td></td><td></td></tr>
<tr><td rowspan="4">MBTI
(유형 :)</td><td>장 점</td><td colspan="5"></td></tr>
<tr><td>단점&보완점</td><td colspan="5"></td></tr>
<tr><td>적합한 직업</td><td></td><td></td><td></td><td></td><td></td></tr>
<tr><td>가능한 직업</td><td></td><td></td><td></td><td></td><td></td></tr>
<tr><td rowspan="6">직업가치관</td><td>가치 있는 것</td><td colspan="5"></td></tr>
<tr><td>가치 없는 것</td><td colspan="5"></td></tr>
<tr><td>장 점</td><td colspan="5"></td></tr>
<tr><td>단점&보완점</td><td colspan="5"></td></tr>
<tr><td>적합한 직업</td><td></td><td></td><td></td><td></td><td></td></tr>
<tr><td>가능한 직업</td><td></td><td></td><td></td><td></td><td></td></tr>
<tr><td rowspan="3">직업가계도</td><td>직업선택 영향을
준 가족과 가치관</td><td colspan="5"></td></tr>
<tr><td>적합한 직업</td><td></td><td></td><td></td><td></td><td></td></tr>
<tr><td>가능한 직업</td><td></td><td></td><td></td><td></td><td></td></tr>
</table>

순 위	1위	2위	3위	4위	5위
최종 관심 직업					
적합한 직업					

Chapter 4

지피지기 백전불패

〈알면 쉬워지는 직업세계 편〉

학습목표

1. 직업의 개념 및 직업세계의 변화를 이해할 수 있다.
2. 계열별 학과의 변화 및 융합학과에 대해 이해할 수 있다.
3. 핵심역량에 대한 이해와 희망직업의 핵심역량을 설명할 수 있다.
4. 효과적으로 직업정보를 탐색할 수 있다.

04

행복의 비밀은 자기가 좋아하는 일을 하는 것이 아니라 자기가 하는 일을 좋아하는 것이다.

-제임스 베리-

1. 직업과 미래직업세계

1) 직업의 이해 및 변화하는 직업세계

직업은 우리 생활에 아주 밀접한 관계 속에 있다. 여러분이 집에서 학교로 오면서도 수많은 직업들을 만나게 된다. 필자의 출근길을 예를 들어 살펴보겠다. 집에서 나오면 제일 먼저 마을버스를 타게 된다. 마을버스를 운전하는 운전기사를 만날 수 있고 지하철로 내려가면 역무원을 만날 수 있다. 또한 도착역에 내려 아침식사 대용으로 빵을 구입하게 될 때 만나는 빵집 점원들을 볼 수 있다. 그 길로 조금만 걸어가면, 인테리어 가게, 은행, 우체국, 헬스클럽, 꽃가게 등이 있고 그 안에는 인테리어전문가, 은행 텔러, 우체국직원, 트레이너, 플로리스트 등 다양한 직업들을 우리 일상생활에서 힘들이지 않고 접할 수 있다. 여러분들은 오늘 몇 가지의 직업들을 접하셨나요? 이렇게 직업은 우리 일상생활에 밀접하게 속해있다고 볼 수 있다.

그러나 요즘 이런 많은 직업들은 '변화'라는 흐름에 직면하고 있다. 10년 전, 20년 전의 직업에 대한 관심도 좋지만 현재의 직업들과 향후 미래에는 어떻게 직업이 변하게 될 것인지를 살펴보아야 한다. 로봇과 자동화기술이 직업세계에 영향을 미치고 있는 지금 4차 산업혁명에 대한 관심이 높아지고 있다. 4차 산업혁명은 인공지능, 로봇, 생명과학 등 정보통신기술(ICT)과 융합한 혁신적인 변화를 말한다. 4

차 산업으로 인해 어떤 직업이 4차 산업혁명에 영향을 많이 받고 어떤 직업이 덜 받는지, 얼마나 일자리가 증감할 것인지, 수행하는 업무는 얼마나 변화할 것인지, 변화가 시작된다면 그 시점은 언제인지, 그리고 4차 산업혁명에 대해서 어떻게 준비해야 하는지 등에 대해 많은 사람들의 걱정과 관심을 가지고 있다. 그럼 4차 산업혁명과 아울러 직업세계가 변화를 맞게 된 이유가 무엇일까에 대해 알아보고 우리가 어떻게 대처해야 하는지에 대해서도 함께 생각해보기로 하자.

(1) 세계화

IT기술과 교통수단의 발전으로 전 세계가 하나의 생활권, 경제권으로 빠르게 통합되고 있다. 세계화는 한 나라를 넘어 세계로 진출하고 세계를 무대로 경쟁하고 성공할 수 있는 발판을 마련했다. 직업에 대해서도 국경의 의미가 사라지고 한 개인이 선택할 수 있는 공간의 범위가 넓어졌다는 것을 의미한다. 이러한 현상과 관련하여 직업을 따라 유랑하는 유목민의 뜻인 '잡 노마드(job nomad)'라는 말이 생겼다. 그들은 자유의지에 따라 한 직장, 한 지역, 한 가지 업종에 매여 있지 않고 스마트 기기와 노트북 등 첨단 장비를 가지고 여러 나라를 옮겨 다니며 일을 하게 된다. 이렇듯 세계화로 인해 다양한 업무를 제한 없이 자유롭게 진행할 수 있는 반면, 많은 인재들이 세계를 대상으로 경쟁이 가열화되었고, 기업들도 고급 인력을 확보하기 위한 전략들을 세우게 되었다.

(2) 지식기반의 정보화사회

지식기반의 정보화사회는 컴퓨터 및 다양한 정보통신기술의 비약적 발전으로 지식과 정보의 가치가 정치, 경제, 사회 전반에 걸쳐 영향력이 커진 사회를 의미한다(지식경제용어사전). 이런 정보와 지식의 특징은 엄청난 양이 매우 빠른 속도로 생산된다는 점이다. 하나의 정보가 SNS, 블로그, 카페, 뉴스 등의 매체를 통해서 기존의 내용보다 더 새롭고 빠르게 확산될 수 있다. 이런 점들 때문에 정보도 음식에서의 유통기한처럼 유효기한이 나타나 정보의 업그레이드가 필수적인 상황이 되었다. 이러한 노동 시장의 변화 속에서 유연하게 대처하며 새로운 지식과 경험을 쌓고 이를 활용한 새로운 부가가치를 창출할 수 있는 인재의 요구는 계속될 것이며, 이전보다 많은 개인의 창의성을 요구하는 시대가 올 것이다.

(3) 인구구조의 변화

저출산, 고령화, 여성 인력의 대두는 직업세계에 중요한 영향을 미친다. 우리나라는 빠르게 고령사회에서 초고령사회로 가고 있다. 우리나라 기대수명을 예로 들자면, 1970년대 62.3세에서 2015년 82.1세로 45년 동안 약 20년이 늘어났다(통계청). 기대수명은 매년 증가하는 추세이고 말로만 이야기 했던 100세 시대가 곧 시작될 것이다. 한편, 출산율이 낮아 생산가능인구 숫자가 빠르게 줄어 들고 있어 우리나라 인구구조 자체가 바뀌는 현상이 곧 나타날지 모르는 상황이다. 그러나, 여성의 지위가 향상되고 여성의 경제활동 참여도 더욱 활발해지면서 생산인구 감소로 부족해진 노동력을 그나마 보완하고 있는 실정이다. 이런 인구구조의 변화와 긴 인생에서 생애별로 나의 직업을 어떤 시점에서, 어떻게 선택해서 유지해야 할 것인지에 대한 전략적인 생각이 필요하다.

(4) 다문화사회로의 변화

전문기술직 이주노동자 또는 외국인 투자자의 수는 2013년을 기준으로 5만 명을 넘어선 지금 우리는 다문화사회의 변화를 생각하지 않을 수 없다. 외국인 노동자 외에도 결혼이민자, 외국인 유학생, 북한 이탈주민 등의 증가는 빠르게 다문화사회로 변화하게 하고 있다. 그 원인으로는 우리나라가 외국에서 인력을 수입해야 할 만큼 인력이 부족하지는 않지만, 사무관리나 전문직종에서만 일자리가 몰리고, 생산직이나 단순기능직에 일할 사람이 부족한 일자리 불균형을 들 수 있다. 이런 상황에서 다문화사회의 성공적인 정착을 위해서는 '어떤' 외국인력을 '얼마나' 받아들여야 하는지가 중요한 상황이 되었다.

(5) 생활수준과 삶의 질 향상

우리사회는 일과 삶의 균형을 중시하고 개인의 가치를 존중하는 시대에 살고 있다. '건강하게 오래 사는 것'에 가치를 두고 사회적 성취, 성공뿐만 아니라 더 나아가 '삶의 질'을 추구하는 시대로 변화하고 있는 것이다. 삶의 질을 중시하는 가치 변화는 직업을 대하는 태도를 변화시키고, 새로운 일자리도 창출한다. 그 결과 의료, 건강, 복지, 레저, 게임, 영화, 문화산업, 정보통신업 등의 업종에 더 많은 일자리도 창출하게 되었다.

(6) 기후변화 및 에너지 위기

전 세계적으로 고도의 경제성장은 이뤘지만, 과도한 에너지 사용으로 인해 기후변화와 에너지 고갈의 환경문제가 대두되고 있다. 이에 에너지를 이용한 경제발전이 아닌 친환경적인 경제생활을 통해 대체에너지를 개발하려는 녹색성장의 개념이 중시되고 있다. 태양광 · 풍력 발전을 확대하고, 조력 · 파력 등 해양 에너지를 개발하여 새로운 에너지 자원을 개척해나가고, 바이오 연료와 무공해 석탄과 같은 그린에너지 기술의 개발, LED 조명과 같은 고효율 · 저탄소제품의 개발 확대, 녹색도시의 조성, 친환경 · 청정 농산물의 생산 증대 등으로 새로운 일자리가 증가할 전망이다.

(7) 일에 대한 사회적 변화

평생직장이라는 개념보다 평생직업이라는 개념을 사용한 지도 오래이다. 그러나 평생직업이라는 개념도 이제는 사라질 상황에 처해있다. 직업도 하나만 가지고 평생을 갈 수 없으며 상황이나 시기에 따라 2~3가지의 직업을 가져야 하는 시기가 왔다. 한 경제신문의 뉴스에 의하면 20~30대 직장인들이 자기계발을 위해 학원이나 대학, 교육훈련기관 등으로 관심을 돌리고 있다고 했다. 이 경우 자신의 직업과 관련해 학문을 전공해 현재 직장에서 자신의 몸값을 높이려는 경우도 있지만 이직이나 전직, 혹은 제 2의 직업을 위해 새로운 학문을 배우는 경우가 많다고 말했다. 따라서 일생을 걸쳐 꾸준히 자신을 계발하고 관리하는 일이 무엇보다 중요한 사회가 된 것이다.

지금까지 우리는 미래 사회환경에 따라 직업세계가 변화하는 이유에 대해 알아보았다. 이런 직업세계의 변화 속에서 향후 우리는 어떻게 직업세계를 이해하고 잘 적응하며 도전적으로 살아갈 수 있을까 하는 걱정이 되기도 한다. 하지만 유비무환(有備無患)이란 말도 있다. 이런 상황일수록 직업세계의 흐름을 잘 파악하고 나의 직업에 적용하여 미리 잘 준비해놓으면 걱정할 것이 없을 것이다.

2) 미래직업세계

구글이 선정한 세계 최고의 미래학자 토마스 프레이는 "2030년까지 전 세계에서 20억 개의 일자리가 사라질 것이다."라는 말을 했다. 그는 인공지능과 컴퓨터 알고 리즘, 로봇이 발전하면서 인간의 지식노동을 대체하게 될 것이라고 전망했다. 그러나 실제로 과거의 직업들도 그러하듯이 사라지는 직업과 새로 생겨나는 직업, 유망한 직업들은 항상 함께 존재해 왔다. 이런 현상은 앞으로도 계속될 것이다. 아래의 직업들은 한국고용정보원이 2016년도 신직업으로 제시된 직업들이다.

〈표 4-1〉 2016년 신직업목록

영역	직업명	직업수
사무, 경영, 행정, 금융 등	공공조달 지도사, 메이커스랩 코디네이터, 온라인자산 관리사, 엑셀러레이터 매니저, 공유경제 컨설턴트, 폐업전문 컨설턴트, 공공정책 감리사, 스마트 오피스 컨설턴트, 그린마케터	9
법률, 보건, 교육, 복지, 상담 등	성평등 전문가, 피해자 지원상담사, 양육비이행 관리전문가, SNS 불공정거래 감시자, 수학체험 코디네이터, 감정노동 상담사, 노노케어 매니저, 모바일 건강관리코치, 의료분쟁 조정상담원, 병영생활지도사	10
과학 및 기술 (기능 포함)	수학 코디네이터, 가속기 개발운영 연구원, 3D프린팅 모델러/3D프린팅 소재 개발자, 가상현실 개발자, 에너지효율 검증전문가, 로봇 윤리학자, 헬스케어 애플리케이션 개발자, 이산화탄소포집 연구원, 유전체 분석사, 스마트 의류개발자, 착용로봇 개발자, 스마트도로 설계자, 드론운항 관리사, 실험장비 세척전문가	14
방송, 예술, 스포츠, 판매 등	스포츠 에이전트, 크리에이터 매니저, 창작자 에이전트, 데이터 매니저, 스마트 웹툰 기획자, 출판콘텐츠 기획자, 디자인 에디터, 저작권 에이전트, 미술품 감정사, 소규모전력거래사업자, 게임번역사, 인포그래픽 기획자, 수면상담원, 김치소믈리에, 채소소믈리에, 밥소믈리에, 과채주스 전문가, 모바일 게임 등급 모니터요원, 하우스테이너, 웹툰 에세이스트, 소셜게임 큐레이터, 메디컬 에스테티션, 화장품상담원, 사이버 큐레이터, 온라인쇼핑 큐레이터, 전통주 스토리텔러, 화장실 특수관리사	27
환경 및 농림어업 등	애견 브리더, 나무의사, 가정환경 진단 컨설턴트, 층간소음 관리자, 애견산책 도우미, 애견동물 사료개발자, 동물재활공학사	7

출처: 한국고용정보원, 2016 국내외 직업 비교분석을 통한 신직업 연구.

SF공상영화나 가상현실에서 볼 만한 직업이나 환경들이 이제는 우리의 삶에 더 가까이 다가와 더욱더 편리함을 주고 있다. 그러나 이런 미래의 편리함들이 시간이 지나면 저절로 생기는 것이 아니라 끊임없는 노력과 연구를 통해 만들어질 수 있다고 생각한다.

미래사회는 상기 설명한 것처럼 지식의 엄청난 증가, 인구구조의 변화 및 고학력화로 인해 많은 변화를 가속화할 것이다. 미래학자들에 의하면, 2020년이 되면 지식은 73일을 주기로 2배씩 증가하고, 2050년이 되면 지금의 지식은 1%밖에 사용할 수 없게 된다고 하였다. 그러니까 향후에는 지식을 만들어 내고 활용하는 능력이 강조될 것이며, 각 개인들이 계속해서 학습하지 않으면 도태될 수밖에 없음을 이야기한다. 이는 미래사회에서는 끊임없이 자기개발을 필요로 하며 내 직업에 맞는 핵심역량을 갖춰야 하는 중요한 이유가 될 수 있다.

2. 학과계열별 직업과 핵심역량

1) 변화하는 계열별 학과 구성 및 융합학과

최근 초등교사 선발예정인원 급감으로 인해 임용시험 준비생과 대기발령자들이 불만을 터트리며 시위를 한 사건이 있었다. 이 사건은 취업에 힘들어 하는 청년들에게 '취업절벽'이라는 취업시장의 현실을 다시금 상기시키는 일이기도 했다. 초등교사의 사건 이외에도 청년층에 대한 인력수급 불일치는 사회적으로 큰 문제로 대두되고 있다.

한국고용정보원에서 제공하는 대학 전공계열별 인력수급 전망에서 보면 전반적으로 인문사회계열에서 초과공급이 크게 나타나고 있는 반면 공학계열에서 초과수요가 발생하는 것으로 나타났다. 다시 말해, 인문사회계열에서는 취업하고자 하는 사람보다 취업처가 더 적은 상황이고 공학계열에서는 반대로 구직자보다는 취업처가 더 많은 상황을 말하는 것이다.

경영·경제계열, 사회과학계열은 큰 초과공급을 보여주고 있지만 구인인력 수요가 큰 것에 비해 졸업생 수가 그보다 더 초과하여 불균형을 이뤘다. 공학계열의 경우 제조업과 ICT 관련 부문의 인력수요 증가세가 반영되어 구인인력 수요가 더욱 커져서 초과수요로 전망된다. 특히 공학계열 중 컴퓨터·통신계열은 ICT 중심의 기술혁신이 진척되면서 구인인력 수요가 증가할 것으로 예상된다. 이러한 움직임 속에서 한 가지 분명한 건 일자리는 끊임없이 변화하고 있고, 우리가 말하는 '미래 일자리'는 일자리가 요구하는 인간의 역할을 찾아 그 역할을 제대로 수행할 수 있는 사회환경을 만들어 가야 한다는 것이다. 그렇다면 지금부터는 여러분들이 원하는 일자리에 취업하기 위해 계열별 학과 구성 및 기업에서 요구하는 기본 역량에 대하여 알아보도록 하자. 인문계열, 사회계열, 교육계열, 공학계열, 자연계열, 의약계열, 예체능계열 등으로 크게 7가지 계열로 나눠 살펴보기로 하자.

〈표 4-2〉 학과계열별 기업이 요구하는 기본 역량

	학과 구성	기본 역량
인문 계열	• 언어문학 : 영어, 일본어, 중국어, 유럽 · 기타어, 문예창작 등 • 인문과학 : 문헌정보, 심리학, 역사 · 고고학, 철학 · 윤리학, 교양인문학 등	• 외국어에 대한 흥미와 능력 필요 • 세계 각국의 문학작품 이해 • 사람과 사회에 대한 관심과 이해 • 열린 시각, 인간이해를 기본으로 한 관심과 경험 필요
사회 계열	• 경영 · 경제 : 경영학, 경제학, 관광학, 광고 · 홍보학, 금융 · 회계 · 세무학, 무역 · 유통학 등 • 법률 : 법학 • 사회과학 : 가족 · 사회 · 복지학, 국제학, 도시 · 지역학, 사회학, 언론 · 방송 · 매체학, 정치외교학, 행정학 등	• 사회전반에 대한 기본적 탐구심 • 합리적인 사고와 논리적인 표현력 • 사회 변화현상 파악, 대응능력 • 분석능력과 적응능력 • 수학 및 통계능력 필요
교육 계열	• 교육일반 : 교육학, 사회 · 자연교육 • 유아교육 : 유아교육학 • 특수교육 : 특수교육학 • 초등교육 : 초등교육학 • 중등교육 : 언어 · 인문 · 사회교육, 공학교육, 자연계교육, 예 · 체능교육	• 인간에 대한 이해와 관심, 애정 • 진취적이고 적극적인 태도 • 의사소통능력과 표현능력 • 뛰어난 언어능력 필요 • 교육자로서의 마인드와 자세
공학 계열	• 건축 : 건축 · 설비, 건축, 조경 등 • 토목 · 도시 : 토목, 도시, 건설 등 • 교통 · 운송 : 지상교통, 항공, 해상 등 • 기계 · 금속 : 기계, 금속, 자동차 등 • 전기 · 전자 : 전기, 전자, 제어계측 등 • 정밀 · 에너지 : 공학 · 에너지 등 • 소재 · 재료 : 반도체 · 세라믹, 섬유, 신소재, 재료 등 • 산업/화학 : 산업공학, 화학공학 등	• 각종 산업 현장에 필요한 전공지식 및 응용능력 • 과학적인 탐구, 자세 및 실용성 • 창의력과 분석능력
자연 계열	• 농림 · 수산 : 농업, 수산, 산림, 원예 등 • 생물 · 화학 · 환경 : 생명과학, 생물학, 동물 · 수의학, 자원학, 환경학 등 • 생활과학 : 가정관리, 식품영양, 의류 · 의상, 조리 • 수학 · 물리 · 천문 · 지리 : 수학, 통계, 물리 · 과학, 천문 · 기상, 지구 · 지리, 지적 등	• 자연현상에 대한 호기심과 창의력 • 자연현상에 대한 의구심, 탐구심 • 전체를 보는 통찰력 및 안목 • 나의 적성이 직무와 맞는 지를 우선 고려 필요
의약 계열	• 의료 : 의학, 치의학, 한의학 • 간호 : 간호학 • 약학 : 약학 • 치료 · 보건 : 보건학, 치료학, 의료장비, 의무행정	• 생명에 대한 존엄성 • 위급상황에서도 냉정함과 침착성 • 타인에 대한 배려, 따뜻한 성품
예체능 계열	• 디자인 : 산업 · 시각 · 패션 디자인 등 • 응용예술 : 공예, 사진 · 만화, 영상 · 예술 • 무용 · 체육 : 무용, 체육, 뷰티아트 • 미술 · 조형 : 순수미술, 응용미술, 조형 • 연극 · 영화 : 연극학, 영화학 • 음악 : 음악, 국악, 기악, 성악, 작곡 등	• 실기 능력 및 타고난 재능 파악 • 빠른 습득력 및 창작의지 • 인내와 노력 필요 • 창의력 및 다방면에 대한 관심

출처: 커리어넷 학과정보 재구성.

기업이 요구하는 역량은 다양하게 있을 수 있으나 기본적으로 학과계열별로 갖춰야 하는 기본적인 역량에 대해 알아보았다. 그러나 요즘은 전공 하나의 지식이나 기술, 능력만 갖추기보다는 2가지 이상의 결합한 능력을 갖추는 것을 선호한다. 즉, 인문학적 소양과 과학기술(컴퓨터, 통신, ICT기술)을 융합하여 새로운 新직업을 만들어내고 있는 상황이다. 이런 흐름에 따라 대학에서도 인문계열, 상경계열, 공학계열 등 다양한 분야의 융합 학과가 새로 생겨나고 있는 추세이다. 몇 곳의 대학 학과사례를 통해 '융합형 학과'에 대해 알아보도록 하자.

(1) A대학교 융합학과 소개

융합학과	학과/학부소개
기계ICT융합공학부	기계공학과, 정보통신공학과, 정보디스플레이학과가 통합
스마트자동차학부	'임베디드 시스템 전공', '자동차부품 3D 설계 전공' 2개의 전공을 융합하여 운영됨.
3D창의융합학과	3D공학, 3D디자인, 3D콘텐츠 3분야의 융합교육을 지향함.
외국어자율전공학부	제1전공(영어/중국어/일본어/스페인어/러시아어) + 제2전공(국제실무전공)

※ 몇 개의 전공을 융합하여 교육진행

(2) B대학교 융합학과 소개

융합학과	학과/학부소개
스마트자동차전공	기계공학과, 유기신소재·파이버공학과, 전자정보공학부, 스마트시스템소프트웨어학과
에너지공학	화학공학과, 유기신소재·파이버공학과, 전기공학부, 기계공학과, 건축학부
정보보호	소프트웨어학부, 수학과, 전자정보공학부
빅데이터	소프트웨어학부, 정보통계·보험수리학과, 스마트시스템소프트웨어학과
ICT 유통 물류	경영학부, 벤처중소기업학과, 컴퓨터학부, 산업정보시스템공학과, 전자정보공학부
통일외교 및 개발협력	정치외교학과, 사회복지학부, 행정학부, 정보사회학과, 언론홍보학과, 평생교육학과

※ 융합전공 및 주전공을 1+1체제로 선택

(3) C대학교 융합학부 소개

융합학과	학과/학부소개
글로벌 융합공학부	과학분야의 융합(정보, 전자, 나노, 바이오, 에너지)과 인문, 사회, 예술, 디자인 등의 융합교육

※ 1:1맞춤형 교육과 석/박사 통합교육으로 연구중심교육

지금까지 몇 개 대학교의 융합학과 및 학부에 대해 알아보았다. 소개한 대학 이외에도 전국 대학에서 '융합'이라는 단어를 포함한 학과가 운영되고 생겨나고 있다. 사회변화에 맞춰 대학에서도 학과 교과과정에 대한 전면적인 변화를 줌으로써 학생들의 잠재적인 역량을 발휘할 수 있도록 하며 하나의 기술력만이 아닌 종합적인 능력을 두루 갖춘 인재로 키우기 위해 노력하고 있음을 나타내고 있다. 이런 융합적 기술을 선호하는 흐름은 예전엔 생각할 수 없었던 직업들을 만들어 내면서 직업세계에도 다양한 변화를 주었다. 혼자 방송을 하는 1인 미디어 시대가 열리고 은행에 직접 가지 않고도 지문이나 홍체인식으로 금융거래를 할 수 있고, 특수한 안경이나 장갑을 통해 가상현실(VR)을 체험할 수 있는 시대가 왔다. 이런 변화는 나의 희망직무 외에도 다양한 분야의 직업에 대해 적극적으로 알아보아야 하며, 나의 희망 직업과 새롭게 융합할 수 있는 직업군에 대해서도 고려해 볼 필요성을 느끼게 해준다.

〈표 4-3〉 융합직업(인문계열 + ICT, 공학, 디자인, 의료 등과의 융합)

	융합직업	필요능력 및 기술	비고
1	산업보안요원	언어능력 + 보안지식	
2	아트디렉터	기획력 + 미술능력	
3	소프트웨어개발자	창의력 + 프로그래밍	
4	FGI모더레이터	회의진행능력 + 조사능력	
5	웹기획자	기획력 + 웹개발	
6	테크니컬라이터	글쓰기 + 공학적 지식	
7	SNS분석가	인문학적 소양 + 분석력	
8	디지털마케터	마케팅 + SNS전문성	
9	게임기획자	기획력 + 게임개발	
10	6차산업 컨설턴트	마케팅 + 농업지식	
11	UX디자이너	심리 + 디자이너	
12	감성공학전문가	심리 + 공학	
13	국제의료코디네이터	언어능력 + 의료	
14	디지털콘텐츠제작자	문화예술 + 프로그래밍	
15	스토리텔러	이야기구성 + 엔터테인먼트/마케팅	
16	크루즈 승무원	언어 + 엔터테인먼트 /안전	
17	할랄전문가	언어 + 문화이해	
18	홀로그램 전문가	콘텐츠 기획 + 영상기법	

출처: 한국고용정보원 인문계열 융합직업(2016).

2) 직업의 핵심역량

4차 산업혁명을 맞고 있는 요즘, 4차 산업혁명이란 단어 만큼 많이 듣는 단어가 '핵심역량'이라는 말이다. 변화하는 사회속에서 빠르게 적응하고 능력을 인정받기 위해서는 기업이 선호하는 핵심역량을 갖추는 것이 급선무일 것이다. 그럼 핵심역량이란 무엇인가? 핵심역량(core competency)의 사전적 의미는 사물의 가장 중심이 되는 어떤 일을 해낼 수 있는 힘이라고 표현했다. 즉, 기업경쟁력의 원천으로 대체 불가능한 기업의 고유하고 독자적인 능력으로, 이는 인적자원의 지식, 기술, 태도에 관한 종합적인 능력을 말한다.

한 가지 예를 들어보자. 우리가 잘 알고 있는 보험설계사라는 직업은 예전에 중년의 기혼여성이 아는 지인들에게 보험 상품을 판매하는 형식이었다. 그러다 보니 보험설계사의 인지도도 안 좋을 뿐만 아니라 보험 상품을 계약하고도 약간 속는 느낌이 들 정도였다. 그러나 요즘은 어떤가? 보험설계사의 역할을 좀 더 확장된 느낌이다. 단순히 보험 상품만을 판매하는 것이 아니라 고객에 대한 자산을 관리해 주는 이미지로 변하고 있다. 보험 상품과 더불어 고객에게 맞는 연금상품 및 저축상품 등을 소개하며 전반적으로 고객의 자산을 어떻게 관리해야 하는지에 대해 상담까지 해 주고 있다. 즉, 보험 상품을 판매한다는 판매직에, 자산관리를 해주는 금융컨설팅을 추가하여 보험설계사라는 직업의 역량을 확장시킨 것이다. 이런 직업의 변화는 단순 직무 수행의 역량만으로는 직업적으로 성공할 수 없고 더 심층적이고 전문적인 역량을 개발해야 함을 말해주고 있다. 이에 따라 기업에서 요구하는 '직업적 핵심역량'이 필요하며, 핵심역량의 3가지 영역인 지식, 기술, 태도에 대해 좀 더 구체적으로 알아보도록 하자.

① **지식(Knowledge)** : 해당 분야에서 업무를 수행하기 위해 필요한 기본적인 지식을 의미한다. 대학에서의 전공지식이나 직업교육을 통한 이론적 지식 등이 이에 속한다.

② **기술(Skill)** : 해당 분야의 지식을 토대로 현장실무경험이 어느 정도 있는지에 대한 부분이다. 실제 경험을 통해 직무에 대한 전문적인 업무를 수행해 낼 수 있는지도 포함한다. 직무관련 경험이 있는지, 인턴, 봉사활동, 아르바이트 경험 등 실제 경험을 일컫는 능력이다.

③ **태도(Attitude)** : 해당 분야에서의 업무를 수행하는 데 있어 필요한 자세를 말한다. 흔히 말하는 영업직에서는 대인관계능력, 인사직에서는 커뮤니케이션능력, 회계직에서는 꼼꼼함, 마케팅직에서는 분석력 등을 의미한다.

출처: 진로탐색과 목표설정 핵심역량 일부내용 재구성

〈표 4-4〉 예시 : 유통MD(Merchandiser)의 핵심역량

직무소개	유통MD는 적절한 시기에, 적당한 가격과 수량으로 소비자가 원하는 상품을 계획하여 구매, 판매하는 책임자임. 경영계획을 수립하고 시장조사 및 상품기획, 상품 선정, 발주와 구매, 상품별 구매처 선정관리, 상품정보제공, 평가 등을 함. 또한 상품별 판매방법, 집기결정, 담당자 교육, 시즌별·월별·이벤트별 스케줄 관리도 병행함.	
핵심역량	지식(Knowledge)	마케팅 및 트렌드 관련 지식, 유통관리지식, 물류정보 시스템, 국제통상학, 상품에 대한 전문지식
	기술(Skill)	기획력, 어학능력, 소비자 심리 분석, 정보력과 수집능력
	태도(Attitude)	추진력, 대인관계력, 협상력, 주도성

출처: 이랜드그룹 인재채용 직무소개 일부내용 재구성.

이 핵심역량은 국가직무능력표준(NCS:National Competency Standards)을 기초로 하고 있다. 국가직무능력표준은 산업현장에서 직무를 수행하기 위해 요구되는 지식, 기술, 태도 등의 내용을 국가가 체계화한 것이다. 그러므로 NCS는 산업현장에서는 직업인들에게 표준화된 '직무 요구서'이고 대학생들과 취업준비생들에게는 '교수·학습 자료'인 셈이다. 향후 우리는 NCS학습모듈을 통해 기업에서 원하는 핵심역량인 지식, 기술, 태도에 대해 구체적이고 상세하게 직무에 대해 학습할 수 있다. 다음 그림에 제시한 내용처럼 대분류 → 중분류 → 소분류 → 세분류의 과정을 통해 나의 직무이해도에 대한 폭이 넓어질 것이고 기업에서 요구하는 핵심역량을 갖추는 데 도움이 될 수 있는 자료가 될 것이다.

〈표 4-5〉 디자인 분야 중 시각디자인 세분류(예시)〉

대분류 ⊳ 문화 · 예술 · 디자인 · 방송

중분류 ⊳ 디자인

소분류 ⊳ 디자인

세분류 ⊳ 시각디자인	능력단위	학습모듈명
제품디자인 환경디자인 디지털디자인	• 시각디자인 프로젝트 기획	시각디자인 프로젝트 기획
	• 시각디자인 리서치	• 시각디자인 리서치
	• 시각디자인 전략 수립	• 시각디자인 전략 수립
	• 비주얼 아이데이션	• 비주얼 아이데이션
	• 시안 디자인 개발	• 시안 디자인 개발
	• 프레젠테이션	• 프레젠테이션
	• 최종 디자인 개발	• 최종 디자인 개발
	• 디자인 제작 관리 • 디자인 자료화	• 시각디자인 제작 관리 및 자료화

출처: 국가직무능력표준(NCS) 학습모듈 소개 일부.

지금까지 핵심역량인 지식, 기술, 태도 측면에서의 용어설명과 예시를 들어 알아보았다. 이렇듯 핵심역량은 현재 일반기업 및 공공기관에서 직무적합성 인재를 채용하는 데 활용되고 있고 향후에도 계속될 전망이다. 이런 사회변화는 채용시장에도 많은 변화를 주었다. 직무상 핵심역량을 갖춘 인재들을 좀 더 정확하게 선별하여 채용하기에 이르렀다. 급변하는 미래사회에서 꼭 필요한 인재가 되기 위해서는 新직업에 대한 트렌드와 필요능력을 정확하게 파악하여 지속적으로 노력해야 함을 시사하고 있다. 그럼 요즘 주목받고 있는 신직업과 그에 맞는 핵심역량을 예로 들어 살펴보면서 나의 희망직업에 대한 핵심역량에 대해서도 함께 생각해보도록 하자.

[미래 신직업 : 빅데이터 전문가]

빅데이터란 수치와 문자, 영상 자료를 포함하는 방대한 규모의 데이터를 말한다. PC와 인터넷, 모바일 기기의 이용이 생활화되면서 사람들은 더욱 많은 데이터를 남기게 되었고, 이러한 자료들을 분석하는 전문가가 빅데이터 전문가이다. 대량의 빅데이터를 관리하고 분석해 사람들의 행동패턴이나 시장 경제 상황을 예측하고, 수많은 데이터 속에서 의미 있는 분석결과로 도출하는 일을 한다.

지식 (Knowledge)	통계학, 경영학, 마케팅에 대한 지식 비즈니스 컨설팅에 대한 이해 데이터 기획, 수집, 저장, 처리 능력 데이터 분석을 위한 설계기법 개인정보보호 및 권한 처리 지식
기술 (Skill)	비즈니스 목표분석 능력 빅데이터 분석/ 통계 패키지 사용 기술 데이터 유형별 수집, 분석, 설계, 활용 기술 대량의 데이터를 통해 요구사항 분석, 도출 문서작성 및 해석 능력
태도 (Attitude)	다양한 요구사항에 긍정적으로 수용자세 적극적 의사소통 능력 데이터 관련법에 대한 준수의지 분석적이고 논리적인 사고

출처: 국가직무능력표준 학습모듈 일부 내용에서 발췌.

이상으로 미래의 대표적 新직업인 빅데이터 전문가의 핵심역량을 알아보았다. 내가 원하는 직업에서 필요로 하는 핵심역량을 정확하게 알 수 있다면 그러한 능력을 미리 키울 수 있는 준비를 할 수 있다. 또한, 나의 역량 중에서 남들보다 뛰어난 역량이 있다면 그러한 역량을 필요로 하는 직업을 선택하는 데 효과적일 것이다. 그러므로 각 직업별로 필요한 핵심역량을 아는 일은 진로를 선택하는 데 큰 도움을 줄 것이다. 내가 원하는 직업의 역량과 나의 능력을 조화롭게 발전시킨다면, 일로 인해 즐거움과 행복을 느낄 수 있을 것이다.

3. 직업정보탐색

직업정보는 희망하는 직업으로 한 발 다가갈 수 있도록 안내해주는 가이드다. 여행할 때 가이드가 짠 스케줄대로 움직이면 짧은 시간 안에 좋은 관광지를 볼 수 있지만, 여행 안에서 느낄 수 있는 재미나 감동, 에피소드는 덜 할 것이다. 다시 말해, 내가 찾아보고 계획해서 가고자 하는 곳과 먹고자 하는 것에 집중해서 여행을 한다면 더욱더 기억에 남는 여행이 될 것이다. 직업정보도 여행과 마찬가지이다. 나와 관계없는 여러 가지 많은 정보를 다 활용해야 할 부담감을 버리고 나에게 필요한 정보를 찾아내고 그 정보가 유용한지를 판단해서 활용하면 된다. 그럼 지금부터 효과적으로 대학생활을 즐기고 취업준비에도 도움이 될 수 있는 직업정보 사이트에 대해 알아보도록 하자.

1) 공공기관 직업정보 사이트

	기관명	홈페이지 주소	지원내용
1	워크넷	www.work.go.kr	학과 · 직업정보/동영상, 진로상담, 직업심리검사
2	커리어넷	www.career.go.kr	직업 · 학과 · 학교정보/자료실, 진로심리검사, 진로상담
3	사이버진로교육센터	http://cyber-edu.keis.or.kr	취업진로교육자료
4	자격정보 큐넷 Q-Net	www.q-net.or.kr	국가자격 정보
5	국가직무능력표준	www.ncs.go.kr	직무분석
6	한국직업정보시스템	www.work.go.kr/jobMain.do	직무분석
7	한국직업방송	http://www.worktv.or.kr	직업방송 프로그램

2) 채용정보 사이트(중견기업, 중소기업, 강소기업)

	기관명	홈페이지 주소	지원내용
1	한국중견기업연합회	www.ahpek.or.kr	중견기업 정보 제공
2	중소기업현황정보시스템	http://sminfo.smba.go.kr	중소기업 현황정보 제공
3	중소기업중앙회	www.kbiz.or.kr	중소기업 정보 제공
4	청년 친화 강소기업	www.work.go.kr/smallGiants	강소기업 정보 제공

3) 봉사활동 사이트

	기관명	홈페이지 주소	지원내용
1	월드프렌즈코리아	www.worldfriendskorea.or.kr	KOICA 봉사단
2	1365포털	www.1365.go.kr	대표적인 봉사활동 사이트
3	한국해비타트	www.habitat.or.kr	주거환경 개선 봉사활동

	기관명	홈페이지 주소	지원내용
4	사회복지 자원봉사 인증관리	www.vms.or.kr	자원봉사 실적 인증서 및 우수 자원봉사자 포상 부여
5	초록우산 어린이재단	http://vandi.childfund.or.kr/main.do	어린이 사회복지 전문기관

4) 공모전 사이트

	기관명	홈페이지 주소	지원내용
1	씽굿	www.thinkcontest.com	분야별, 주최기관별, 대상별 등 다양한 분야로 나눠 정보제공
2	대티즌	www.detizen.com	카테고리별 분류, 대외활동 정보제공
3	씽유	www.thinkuniv.com	공모전, 대외활동 전문사이트

5) 대학생 기자단/서포터즈 사이트

	기관명	홈페이지 주소	지원내용
1	생각나눔소	www.ideananumso.com	기자단, 서포터즈 모집 정보
2	경기도 학생기자단	http://gpress.gg.go.kr	경기도 대학생 기자단 정보
3	위비티	www.wevity.com	서포터즈 모집일정
4	K-water 서포터즈	www.kwater-supporters.com	한국수자원공사 서포터즈

* 이외에도 공공기관 및 일반기업별 서포터즈 활동이 이루어지므로 기업별 홈페이지 참조.

6) 직업훈련/일경험 사이트

	기관명	홈페이지 주소	지원내용
1	청년인턴제	www.work.go.kr/intern	취업경력 6개월 미만 구직자지원
2	취업성공패키지	www.work.go.kr/pkg	개인별 최장1년간 단계별 취업지원
3	희망사다리장학사업	www.kosaf.go.kr	중소기업희망자 등록금전액 및 취업준비장려금 지원
4	국가근로 장학사업		교내, 공공기관,기업체 등 일정기간 근로제공 → 장학금

7) 창업지원

	기관명	홈페이지 주소	지원내용
1	창업인턴제	www.changupnet.go.kr	예비 창업자 창업자금 및 멘토링비용 지원
2	창업보육센터	www.bi.go.kr	창업초기 사업공간, 경영정보 제공
3	대학생 창업아카데미	www.startup.go.kr	창업강좌제공 및 창업동아리지원

8) 해외인턴십/ 해외취업

	기관명	홈페이지 주소	지원내용
1	월드잡	www.worldjob.or.kr	해외인턴, 해외취업알선
2	한미 대학생 취업연수 (WEST)프로그램	www.ggi.go.kr	해외인턴십 기회 제공
3	국제기구인사센터	www.unrecruit.go.kr	UN국제기구 취업정보
4	해외인턴십교류센터	www.globalintern.or.kr	해외인턴십 정보제공

[직업정보탐색 시 유의사항]

① 직업정보 사이트를 통해 알게 된 모든 직업정보에 대해 절대적인 신뢰는 금물이다. 정보에 대한 근거자료, 출처, 정보의 제공시기 등을 정확하게 알아보고 판단하여 올바른 정보를 습득할 수 있도록 한다.

② 직업정보를 습득할 때는 특정한 기관의 명성이나 후기만으로 정보를 습득하지 말고 한 가지 정보라고 하더라도 여러 채널을 통해 정보의 신뢰성을 높이도록 한다.

③ 채용정보 탐색 시 흔히 매스컴에 나오는 인기직업에 대한 관심만 가지고 탐색하다 실망하는 경우가 있다. 인기직업은 물론 비슷한 직종들의 채용정보뿐만 아니라 기업 정보도 같이 탐색함으로써 실질적인 채용정보를 습득할 수 있도록 한다.

| 요약정리 |

1. 직업세계의 변화는 세계화, 지식기반의 정보사회, 인구구조의 변화, 다문화사회로의 변화, 삶의 질 향상, 기후변화, 일에 대한 사회적 변화 등 7가지 요인으로 빠르게 미래사회로 변화하고 있다.
2. 미래 고용환경에 맞게 대학의 계열별 학과, 전공 구성에 대한 변화를 주고 있으며 더 나아가 인문학적인 소양과 과학기술(컴퓨터, 통신, ICT 기술)을 결합한 융합학과, 융합직업에 대한 관심도 지속적으로 늘어나고 있는 상황이다.
3. 미래사회에 반드시 갖추어야 할 핵심역량은 기업마다의 고유하고 독자적인 능력을 의미하며, 인적자원의 지식, 기술, 태도에 대한 종합적인 능력을 말한다.
4. 효과적인 직업정보 탐색은 많은 정보들을 다 탐색하는 것이 아니라 나에게 필요한 정보가 무엇인지 파악하고 그에 맞춰 유용한 정보를 활용하는 것이다.

[쉬어가기]

말만 하고 행동하지 않는 사람은 잡초로 가득 찬 정원과 같습니다. - 하우얼 -

예로부터 동서양을 막론하고 많은 이들이 해왔던 말이 있다. 말하는 것은 쉬우나, 실천으로 옮기기기는 어렵다는 이야기이다. 하지만 실천하지 않으면 아무런 일도 일어나지 않는다. 하우얼이 말했던 것처럼 나 스스로를 가꾸지 않는 정원처럼 내팽개쳐 두느냐 아니면 가장 아름답고 가치 있는 정원으로 만드느냐는 우리 스스로에게 달려 있음을 잊지 말아야 한다.

Worksheet 1 ▸ 여러분의 강점과 앞으로 개발해야 할 분야를 정리하면서 다음의 질문에 대해 생각해보자.

1. 현재 여러분이 가지고 있는 능력 중에서 급변하는 직업세계 속에서 강점이 된다고 생각하는 능력은 무엇인가?	
①	
②	
③	
④	
⑤	

2. 급변하고 있는 직업세계에서 여러분의 장점을 살리기 위해 앞으로 개발할 필요가 있는 능력은 무엇인가?	
①	
②	
③	
④	
⑤	

3. 2번에서 답했던 능력을 어떻게 개발할 수 있는지 가능한 한 구체적으로 답해보시오.	
①	
②	
③	
④	
⑤	

출처: 진로탐색과 생애설계 워크시트 중 발췌.

Worksheet 2 ▸ 내가 원하는 직업의 핵심역량에 대해 조사해보자.

직무명		
직무소개		
직무에 필요한 핵심역량	지식(Knowledge)	
	기술(Skill)	
	태도(Attitude)	
현직 종사자 인터뷰 내용		

▸ 조별로 조사한 내용에 대해 이야기해보자.

잘한 점	① ② ③
수정할 점	① ② ③
보충할 점	① ② ③

Chapter 5

진로의사결정의 이해

학습목표

1. 의사결정의 중요성 및 어려움을 이해할 수 있다.
2. 의사결정의 유형을 이해하고 자신의 의사결정 유형을 설명할 수 있다.
3. 의사결정 연습을 통해 자신의 합리적 진로의사결정을 할 수 있다.

05

의사결정은 판단이다. 그것은 몇 가지 대안 가운데 하나를 선택하는 것이다. 의사결정이 올바른 것과 틀린 것 중 고르는 경우는 거의 없다. 그것은 종종 어느 쪽도 다른 쪽보다 더 낫다고 말할 수 없는 두 가지 실천방향 중의 선택일 것이다.

–피터드러커–

1. 의사결정은 과정이다

우리는 태어나면서부터 매순간 다양한 선택을 한다. 어린 시절 "엄마가 좋아, 아빠가 좋아"로 시작하여 입을 옷이나 먹을 음식, 사고 싶은 물건 등 끊임 없이 선택을 하며 살아간다. 이렇게 결정이 힘들 때면 '누가 대신 선택 좀 해줬으면 좋겠다'라는 생각이 절로 들기도 한다. 이런 선택 속에서 제대로 결정하지 못하거나, 결정하는 데 오랜 시간을 요하는 사람에게 요즘 흔히 '결정장애'라는 말을 많이 한다. 무엇을 결정해야 할 때, 이것을 해야 하나? 저것을 해야 하나? 갈팡 질팡하게 된다. 또한, 어렵게 선택한 것이라도 잘 된 선택인지를 고민하게 되고 선택하지 못한 것들에 대해 아쉬움이 남게 되는 경우가 많다. 이 글을 읽고 있는 사람들도 누구나 한 번쯤은 공감해 봤을 일이기도 하다. 그만큼 무언가를 선택해야 하는 것에 무던히도 어려움을 겪는 것이 사실이다. 흔히 점심메뉴를 고르는 것에서도 어떤 것을 먹을지를 고민하게 되고 점심메뉴를 선정한 후에도 다른 사람들과 비교하며 계속해서 선택의 갈등에 서 있게 된다. 특히 대학생이 되어 첫 연애상대를 찾는 과정에도 의사결정의 어려움을 겪게 된다. 좋아하는 사람이 있는데, 이 사람이 후에 변하는 건 아닐까 혹은 나중에 더 좋은 사람이 나타나지 않을까 하는 고민을 하기도 한다. 그래서 결국 우정도 아닌 연인도 아닌 어중간한 인간관계를 맺게 되는 경우도 발생한다. 다음의 사례를 읽어보고 여러분의 경우에는 어떤 판단을 내리는 것이 좋을지를 이야기 해보자.

[생각해보기]

A는 3년 전에 대학을 졸업하고 원하던 대기업에 입사해 근무하고 있는 직장 여성이다. A는 대학교 때 미팅에서 만난 남자 친구 B와 교제를 해오던 터였다. 워낙 어릴 때부터 만난 상대라서 결혼을 심각하게 고려해 본 적은 없었지만, 이제는 무언가 결단을 내려야 할 시기가 가까워져 오고 있음을 느끼고 있었다. 그러던 차에 A는 친구의 권유로 소개팅에서 만난 외모가 출중한 C라는 남성에게 왠지 강하게 끌리고 있는 것을 발견하고는 자기 자신도 놀랐다. 사실 현재의 '남친' B는 외모, 학력, 장래성 모두 무난한 사람으로 대부분 사람이 '신랑감으로 괜찮다'고 평가할 만한 사람이다. 그에 비해 C는 외모는 뛰어나지만, 학력이나 장래성 면에서 B보다 떨어진다고 느끼고 있었다. A의 고민은 여기서 끝나지 않았다. B와 C 사이에서 갈등하는 것을 알게 된 A의 부모님은 신랑감으로 B를 강력하게 추천하셨다. A는 B와 C중에서 누구를 선택하는 것이 옳은지 의사결정을 내릴 수 없다. 당신이 A라면 어떤 선택을 할 것이며, 그 이유는 무엇인가?

출처: 점심메뉴 고르기도 어려운 사람들 中 사례 발췌.

여러분도 위의 사례처럼 A의 입장이라면 쉽게 결정을 내리지 못하고 제대로 정확한 의사결정을 하기가 어려울 것이다. 그리고 선택의 결과와 그 선택이유는 제각기 다를 것이다.

그동안 우리는 많은 의사결정을 해왔다. 그렇게 많은 의사결정을 해놓고도 의사결정의 선수가 되기는 커녕, 매번의 연습을 통해서도 나름대로 현명한 의사결정을 하지 못하는 이유는 무엇일까? 그 해답은 의사결정에 대한 정의를 알아보면 알 수 있을지 모른다.

의사결정이란 어떤 문제를 해결하기 위해 여러 대안 중 가장 적합한 대안을 선택하는 과정을 뜻한다(천재학습백과 용어사전). 의사결정의 용어를 더 구체적으로 살펴보면, 意 뜻 의, 思 생각 사, 決 결단할 결, 定 정할 정의 한자어를 사용한다. 이렇듯, 의사결정이 어려운 이유는 여기에서 나타날 수 있다. 의사결정은 하나의 과정이기 때문이다. 하나의 선택을 하는 데 여러 가지 대안이 있을 수 있고 그 대안 중에서 최적의 하나의 대안을 뽑아내야 하기 때문이다. 또한, 의사결정은 한 번 선택했다고 끝나는 것이 아니라 연결된 새로운 상황에서 또 다른 대안들을 뽑아내야 하는 연속적인 과정이기 때문이다.

그럼, 좀더 구체적으로, 의사결정이 왜 이렇게 어려운지에 대한 이유와 합리적인 의사결정을 어떻게 해야 하며, 진로의사결정을 어떻게 현명하게 해야 할 것인지에 대해 다음 장에서 알아보도록 하자.

2. 넘치는 정보와 선택의 한계

의사결정은 일상생활에서 나타나는 비교적 단순한 선택도 있지만 나의 미래를 결정하는 중요한 선택도 있다. 적어도 여러분은 20년 동안 살면서 많은 의사결정을 했고 현재도 하고 있을 것이다. 그럼, 의사결정에 관해 2가지 물어보겠다. ① 당신은 이렇게 수도 없이 많은 의사결정을 현재 잘 해나가고 있는가? ② 의사결정을 한 후, 내가 선택한 것에 대해 어느 정도 만족하는가? 이 물음에 "지금까지 잘 하고 만족하고 있다"고 선뜻 나서서 대답하기는 힘들 것이다. 이렇듯, 의사결정은 일상생활에 밀접해 있지만 말하는 것처럼 쉽고 명확하게 해결할 수 있는 문제는 아닌 것 같다. 그럼 의사결정은 왜 이렇게 어려운 것일까? 그것에 대해 이야기 해보도록 하자.

의사결정이 어려운 한 가지 사례를 들어보고자 한다. 요즘 소비자들의 까다로운 입맛을 맞추기 위해 한 장소에서 여러 가지 음식을 먹을 수 있는 다양한 형식의 뷔페식당을 흔히 볼 수 있다. 필자도 음식을 먹을 때 다양한 음식을 먹을 수 있는 장점 때문에 뷔페식당을 종종 찾곤 한다. 뷔페의 장점은 한정된 금액에 나의 배가 허락할 수 있는 한 음식을 마음대로 먹을 수 있다는 것이다. 그런데, 그렇게 많은 음식들을 배가 부르도록 마음대로 먹고 나오면서 드는 생각은 '많이 먹긴 했는데 뭘 먹었지?'라는 것이다. 어떤 음식들을 먹었는지부터 맛이 어땠는지, 기억에 남는 음

식은 무엇인지 등을 느끼지 못한 채 그냥 여러 종류의 음식을 많이 먹는 데에만 정신을 집중한 것 같다.

어쩌면 정보의 경우도 마찬가지일 것이다. 뷔페식당의 음식처럼 많고 많은 음식 속에서 묻혀 제대로 된 음식을 먹을 수 없었던 것처럼 정보도 너무 많은 정보들에 묻혀 꼭 필요한 정보를 가려내기가 어렵지 않을까 하는 생각이 든다.

스위스모어대학(Swartmore College)의 심리학자 배리 슈워츠(Barry Schwartz)는 자신의 저서 〈선택의 패러독스〉를 통해 너무 많은 선택권이 주어질 경우 오히려 판단력이 흐려져 소수의 선택권을 가졌을 때보다 더 안 좋은 결정을 하거나 포기하게 되는 현상을 이야기하였다. 즉, 선택의 폭이 넓을수록 잘못된 선택을 할 가능성이 크고, 선택 과정에서도 시간적 소요가 증가한다. 그리고, 선택한 것에 비해 선택하지 못한 것들이 심리적 기회비용으로 작용하여 선택에 대한 불만족을 만들고 후회를 불러오기 쉽다고 이야기했다. 그렇기 때문에 적정 수준의 선택권은 행복을 가져올 수 있지만, 너무 많은 선택권은 오히려 심리적인 긴장 및 스트레스, 후회 등을 불러일으킬 가능성이 큰 것이다. 아래의 사례를 통해 좀 더 구체적으로 이해해 보자.

[선택의 역설 사례]

스탠퍼드 대학의 마크 래퍼(Mark Lepper) 교수와 콜롬비아 대학의 쉬나 아이엔가(Sheena Iyengar) 교수는 너무 많은 선택지가 실제적인 구매로 이어지는 양상을 보기 위해 다음의 실험을 하였다. 그들은 캘리포니아의 식품점에서 다양한 잼을 시식할 수 있도록 하고, 실험 조건을 2가지로 나눠 한 쪽에는 6가지의 잼을, 다른 한 쪽에는 24가지의 잼을 선택하도록 했다.

실험 결과, 선택할 수 있는 잼이 적었던 쪽은 잼을 시식한 고객이 40%였으나 실제로 구매한 고객은 12%였다. 반대로 선택할 수 있는 잼이 많았던 쪽은 잼을 시식한 고객이 60%였으나 실제로 구매한 고객은 2% 미만이었다.

왜 이런 현상이 발생할까? 이러한 현상은 넓어진 선택의 폭이 구매자를 만족시키는 것이 아니기 때문에 발생한다. 24가지의 잼 중 하나를 고르기 위해서는 나머지 23가지를 포기해야 하며, 이때 포기하는 다른 대상이 더 나을 가능성은 얼마든지 있기 때문이다. 따라서 하나를 올바르게 선택하기 위해서는 나머지 23가지에 대해서도 충분하고 합리적인 고려와 그만큼의 시간이 필요한 것이다. 다시 말해, 선택 대안이 많으면 오히려 '선택되지 않은 것'에 대한 불안감이 커지고 내가 선택한 것이 합리적으로 최선인가 하는 의문이 들게 마련이다. 그래서 선택대안을 어느 정도 적당히 하게 되면 사람들은 자신의 선택에 대해 긍정적인 확신을 가질 가능성이 커지게 된다.

이렇듯, 우리는 정보의 홍수 속에 매일같이 노출되어 살고 있다. 그 바다에 빠져 허우적대지 않으려면 선택대안의 후보를 줄이는 작업이 필요하다. 그래야 판단의 결정을 보다 쉽게 내릴 수 있다. 또한 많은 정보들 속에서 어떤 정보들이 나에게 필요하고 적절한 선택인지를 명확하게 할 근거인 합리적인 의사결정의 절차가 필요하다.

3. 합리적인 진로의사결정

선택해야 할 것이 너무 많아 감당이 잘 되지 않는 세상에서 우리는 하나부터 열까지 일상의 사소한 것부터 인생의 중요한 부분까지 선택해야 하는 문제를 안고 살아간다.

당신은 이렇게 많은 의사결정 사안 중 어떤 선택이 가장 어려운가? 20대 초반에 있는 대학생들에게 질문한다면 단연 진로에 대한 의사결정을 이야기 할 것이다. 일상적인 것에 대한 선택도 굉장히 어려운 상황에서 진로에 대한 의사결정을 한다는 것은 더욱더 신중하고 어려운 일로 다가올 것이다. 진로를 결정하는 것은 나의 미래를 결정하는 중요한 선택으로, 신중하게 단계별로 합리적인 과정을 통해 이루어져야 할 것이다.

1) 진로의사결정의 개념

진로의사결정(Career decision making)이란 "개인이 정보를 조직하고 여러 가지 대안들을 신중하게 검토하여, 진로선택을 위한 행동과정에 전념하는 심리적인 과정으로 정의된다(Harren, 1979). 따라서 진로의사결정 이론은 개인의 다양한 진로선택 시점에서 의사결정을 내리는 데 사용되는 과정과 방법, 그리고 이 과정에 영향을 미치는 요인을 설명하고자 하는 이론을 말한다. 진로의사결정과 비슷한 의미로 "진로선택(Career choice)"이 있다. 일반적 진로선택은 결과에 초점을 두는 개념이라면, 진로의사결정은 과정에 초점을 두는 개념이라고 할 수 있다. 이렇듯 진로의사결정은 한순간에 이루어져서 변하지 않는 것이 아니라 한 번 결정되더라도 바꿀 수 있는 것이다. 그래서 진로의사결정을 한 사건이라고 보기보다는 '선택자의 확신 정도'에 따라 진로결정수준을 결정할 수 있다. 진로결정수준에서 확신 정도가 높은 상태를 "결정", 확신 정도가 낮은 상태를 "미결정"이라고 구분한다. 이러한 관점에서 본다면 진로의 결정과 미결정을 개별적인 개념이 아닌 하나의 연속선상에 있는 특성으로 볼 수 있다(이은교 석사논문, 2016). 그럼 이런 진로의사결정에 영향을 준 이론적 배경에 대해 알아보도록 하자.

2) 진로의사결정의 이론적 배경

진로의사결정 이론들은 개인의 일생에 있어서 진로발달에 매우 큰 영향을 미치는 선택이 가능한 시기가 각각 다르다는 것을 전제로 하고 있다. 이러한 진로의사결정을 하는 시점을 직장 및 직업을 선택할 때, 교육을 받을 때, 이직·전직을 할 때 등 각자의 중요한 시기마다 겪게 된다고 하였다. 또 다른 진로의사결정 의견은 삶의 전체에 걸쳐서 계속적인 진로선택이 이루어질 수 있다고 하였다. 그러므로 각 개인은 어떤 진로선택이 자신에게 도움이 되는지를 인식하는 바로 그 시점에서 중요한 진로의사결정을 내린다고 보았다.

진로의사결정과 관련하여 이론적 배경을 살펴보면 대표적으로 Gelatt(1962), Katz(1963), Tiedeman과 O'Hara(1963), Harren(1979) 등의 이론을 들 수 있다.

(1) Gelatt(1962)의 이론

겔라트(Gelatt)는 상담의 목표 중 중요한 것은 개인으로 하여금 훌륭한 결정을 내릴 수 있도록 돕는 것이라고 말했다. 의사결정에 있어서도 훌륭한 결정은 결과만으로 평가되는 것이 아니라 결정을 내리는 과정을 중시해야 한다고 제안하였다. 또한 겔라트의 이론은 의사결정 시 다음과 같은 순환과정이 반복되고, 주기적이며 반복적인 성격을 띠게 된다고 설명하고 있다.

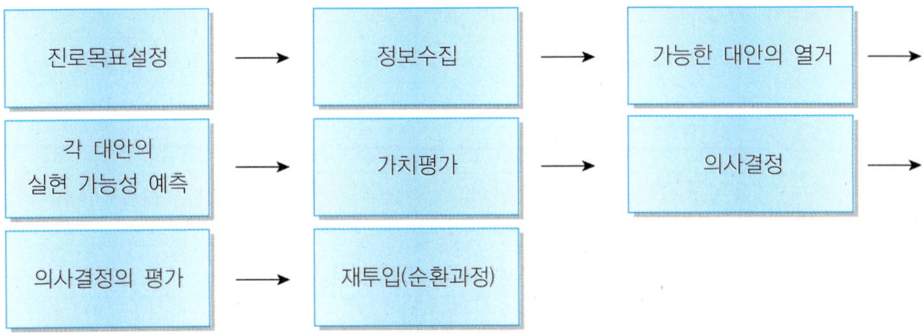

[그림 5-1] 겔라트의 의사결정

(2) Katz(1963)의 이론

칸츠(Katz)는 가치결정에 근거를 둔 이론으로 개인의 목적을 결정하는 업적, 관계성, 명성, 수입, 여가시간 등과 같은 성격의 기본적인 성향을 제시한다. 이러한 기본적인 제안들은 가치를 점검하여 개개인의 가치실현을 극대화시켜 주는 직업을 식별해낼 수 있도록 도와준다. 컴퓨터를 이용하는 진로지도 체제인 '상호작용 진로지도 정보의 체제'가 이러한 제안에 바탕을 둔다. 내담자가 일련의 단계들을 거쳐 적합한 진로의사결정을 할 수 있도록 지도해준다. 가치체계과정은 다른 사람들이 지닌 가치와 비교하여 각 개인이 추정한 각각의 가치가 지닌 장점들을 수용함으로써 시작된다.

(3) Tiedeman과 O'Hara(1963)의 이론

타이드만과 오하라(Tiedeman과 O'Hara)는 진로발달을 개인이 일에 직면했을 때 분화와 통합을 통해서 직업정체감(vocational identity)을 형성하는 과정으로 정의한다. 연령과 관계없이 문제의 성질에 좌우되며 의사결정과정을 통해서 직업의식이 발달한다고 보았다. 이것은 개인이 일에 대한 자신의 특성을 파악하고 자아를 실현시킬 수 있는 일이 과연 무엇인가를 나름대로 인식하고 생각하여 진로를 결정한다는 뜻이다. 개인이 어떤 문제에 직면하거나 욕구를 경험하고 또 결정을 내려야 할 필요성을 인식할 때 의사결정과정이 시작된다고 보며 7단계(탐색기－구체화기－선택기－명료화기－순응기－개혁기－통합기)를 크게 예상기와 실천기로 구분하였다.

〈표 5-1〉 타이드만과 오하라의 의사결정 이론

예상기	탐색기	현재 불만족한 상태에서 가능한 목표를 탐색함
	구체화기	각 대안의 장단점을 비교, 검토하여 서열화하고 조직화함
	선택기	구체적으로 하고 싶은 대안에 의사결정을 하고 자신에게 맞지 않은 대안을 탈락시킴
	명료화기	결정된 대안에 대해 평가하고 분석함
실천기	순응기	선택된 조직내에서 인정받고 싶어하는 마음이 강한시기로 수용적인 자세로 임함
	개혁기	조직내에서 인정을 받게 되면 수동적인 수용의 성격에서 적극적인 자세로 변화하며, 집단의 목표를 자신의 목표와 부합시키는 방향으로 개혁함
	통합기	개인의 욕구와 조직의 욕구를 타협하고 통합함

(4) Harren(1979)의 이론

진로의사결정 유형이란 어떤 개인이 결정을 내릴 때 선호하는 접근방식을 일컫는 개념으로, 하렌(Harren)은 '의사결정이 필요한 과제를 인식하고 그에 반응하는 개인의 특징적 유형, 개인이 의사결정을 내리는 방식'이라고 정의하였다(진로상담 김봉환 외, 2013).

하렌은 진로의사결정 과정을 인식, 계획, 확신, 이행의 4단계로 요약하고 각 단계에서 문제의 핵심을 끌어내어 다음 단계로의 이행을 원활히 하는 해결책을 모색하려고 하였다.

〈표 5-2〉 하렌의 의사결정과정 단계

인식단계		계획단계		확신단계		이행단계
분화가 일어나기 시작하는 시기로, 개인이 심리적 불균형을 느끼고 어떤 결정을 해야 할 필요를 인식	→	여러 가지 대안을 탐색하고 그것들을 가치의 우선순위와 관련지으며 교체, 확장, 제한하는 과정	→	자신의 선택에 대해 깊이 탐색하고 다각도로 검토하여 선택의 장단점을 명료화	→	사회적 인정에 대한 욕구와 자신이 선택한 가치 사이에 조화와 균형을 추구하며 자신의 선택에 적응

출처: 진로상담 진로선택이론 中 그림 발췌.

하렌은 의사결정과정에 영향을 미치는 의사결정자의 개인적 특징으로 자아개념과 의사결정유형을 들었다. 자아개념은 개인이 그 자신에게 귀인시키는 직업적으로 관련된 태도와 특성을 말하고, 의사결정유형은 개인이 의사결정 과제를 지각하고 그에 반응하는 특징적인 방식으로, 합리적 유형, 직관적 유형, 의존적 유형을 말했다(나의 의사결정유형 찾기 p.101 참조).

① 의사결정유형 특성 이해

의사결정 유형검사를 통해 나의 의사결정 유형을 알아보고 3가지 의사결정유형의 특성 및 장단점에 대해서도 알아보자.

유형	특성	장점	단점
합리적 유형	의사결정을 할 때 자신과 상황에 대해서 현실적으로 평가하는 유형이다. 자신과 상황에 대하여 정확한 정보를 수집하고, 신중하고 논리적으로 의사결정을 하며 그 결정에 책임을 진다.	의사결정이 합리적이고 심리적 독립과 성장에 도움이 된다. 잘못하거나 실패할 확률이 낮다.	의사결정에 시간이 걸린다.
직관적 유형	의사결정을 할 때 자신과 상황에 대하여 감정적으로 평가하는 유형이다. 의사결정의 기초로써 환상이나 감정, 상상을 이용한다. 즉흥적인 느낌을 중시한다. 합리적 유형과 마찬가지로 자신의 결정에 대한 책임을 진다.	빠른 의사결정, 스스로 선택에 책임을 진다.	잘못하거나 실패할 확률이 높다.
의존적 유형	의사결정에 대한 개인적 책임을 지지 않으려는 유형으로 의사결정 과정에서 타인의 영향을 많이 받으며 수동적이고 순종적이다. 사회적으로 인정받으려고 하며, 자신이 처한 상황이 여러 가지로 제한 받는다고 느낀다.	적합한 의논 상대만 잘 선택한다면 효과적으로 의사결정 할 수 있다.	의사결정을 내려야할 때 정서적으로 불안을 느낀다. 남의 눈치를 보는 관계로 소신 있게 일을 처리하지 못한다. 개인적인 독립이나 성숙에 장애가 된다. 실패했을 때는 남의 탓을 한다.

② 진로의사결정 과정

합리적 의사결정이란 자기 자신과 직업에 관계되는 중요한 요인들을 최대한 고려하여 결정하는 것을 의미한다. 그러므로 자신의 장래에 대한 계획은 일시적인 감정이나 충동적인 생각에 의해서 결정되어서는 안 되고 합리적인 의사결정 단계에 따라 이루어져야 한다. 올바르고 합리적인 의사결정이야말로 직업선택에 있어 중요한 일이다. 그럼 합리적 진로의사결정의 5단계를 통해 직업선택에 적용시켜 살펴보자.

가. 1단계 : 목표 명료화(의사결정 대상 확정)

자신의 상황과 관련시켜 자신이 추구하는 가치와 목표를 정의함으로써 원하는 직업에 대해 구체적인 목표를 제시하는 단계이다.

1) 직업을 통해서 얻고자 하는 것은 무엇인가?
2) 나에게 직업은 어떤 의미이고 어떤 일을 하면서 살고 싶은가?
3) 나의 상황에서 실현 가능한 것인가?

나. 2단계 : 대안탐색(관련 정보 수집)

자신이 원하는 결과를 성취할 수 있는 방법을 찾아보는 단계이다. 대안이 많을수록 해결책을 찾는 것이 수월하므로 가능하다면 대안을 많이 찾도록 해야 한다. 직업선택에 있어 원하거나 관심 있는 직업을 정확하게 평가할 수 있는 평가기준을 세우고 중요하게 생각되는 가치들을 나름대로 살펴본다.

1) 직업선택 시 중요하게 생각하는 기준은 무엇인가?
2) 그 기준들의 우선순위를 정해보자.

다. 3단계 : 기준 확인(복수의 대안 도출)

각각의 대안에 자신을 만족시켜 줄 수 있는 기준들과 원하는 결과로 도출할 수 있는 기준들을 확인하는 단계이다. 자신의 적성, 성격, 가치관 등 자신의 정보와 직업세계에 대한 정보를 합하여 자신에게 적합하고 실현가능한 직업을 알아본다. 자신이 관심 있어 하는 직업이나 추천 직업 등을 토대로 여러 대안을 찾아 가능한 직업의 리스트를 열거하도록 한다.

1) 관심 있는 직업이나 추천 직업에 대해 고려해본다.
2) 심리검사 상에 나타난 직업들에 대해 고려해본다.

라. 4단계 : 대안 평가 및 선택

2단계에서 설정된 기준에 따라 서로 비교하여 검토하고 평가하는 단계이다. 각각의 대안을 자신이 설정한 기준과 대조해가면서 자신이 선택한 목표를 어느 정도 달성할 수 있는지를 생각해본다. 각 직업마다 평가기준에 따라 가중치를 부여하고 대안별로 합산하여 비교, 분석한다. 이때 직업별로 평가기준과 대안들은 중요성에 따라 순위를 매길 수 있다.

1) 평가된 직업들의 순위를 점검해보자.
2) 여러 직업 중 최선의 대안은 무엇인가?

마. 5단계 : 진로계획 수립 및 실행

자신의 결정을 수행하기 위한 계획을 세우고, 실천하면서 자신의 계획을 재검토하며 자신이 목표를 향해 잘 가고 있는지를 점검해야 하는 단계이다. 의사결정의 과정을 통해 최종 결정된 직업에 대한 실현가능하고 구체적인 실행계획 및 실행방법을 세운다.

의사결정은 결정을 해야 하는 사안에 따라 우리에게 부담감을 줄 수 있으나 그럴수록 나의 현 상태를 파악하고 주어진 상황에서 어떤 대안을 세울 수 있는지, 대안 간의 우선순위는 어떤지를 생각하여 결정하면 된다. 결국 의사결정은 나 자신이 처한 문제를 내가 얼마나 합리적인 과정으로 결정하느냐에 따라 고통스러운 과정이 될 수도 있고, 반대로 도전적이거나 성취감을 느낄 수 있는 과정이 될 수도 있다.

| 요약정리 |

1. 의사결정이 어려운 이유는 하나의 선택을 하는 데 있어 여러 대안 중 최적의 대안을 선택해야 하는 이유도 있지만 한 번 선택했다고 해서 끝이 나는 것이 아닌 연결된 새로운 상황에서 또 다른 선택을 해야 하는 연속적인 과정이기 때문이다.
2. 효과적인 의사결정을 하기 위해서는 너무 방대한 선택 대안을 두기보다는 자신에게 필요하고 적절한 선택인지를 명확하게 판단하여 스스로가 선택할 수 있는 대안을 어느 정도 적당하게 줄이는 작업이 필요하다.
3. 의사결정유형에는 합리적 유형, 직관적 유형, 의존적 유형의 3가지 유형이 있고 그 중 합리적 유형은 의사결정에 있어 자신과 상황에 대해 현실적으로 평가하여 정확한 정보를 수집하고 신중하고 논리적으로 의사결정을 하는 유형이다.
4. 합리적 진로의사결정 과정은 목표 명료화단계, 대안탐색단계, 기준확인단계, 대안평가 및 선택단계, 진로계획 수립 및 실행단계의 5단계 절차로 설명할 수 있다.

[쉬어가기]

〈주역〉에 일중견두(日中見斗)라는 말이 나온다.

한낮에 북극성을 본다는 뜻이다. 낮에 별을 볼 수 있는 사람은 없다. 그럼에도 불구하고 〈주역〉은 꿈을 이루고자 하는 이라면 북극성을 볼 수 있어야 한다고 말한다. 옛날에 별은 먼 길 떠난 배가 방향을 유지하기 위한 유일한 기준이었다. 꿈을 이루고자 하는 이라면 낮에도 기준으로 삼은 별을 살필 수 있을 만큼 철저히 삶을 성찰해야 한다는 점을 강조한다. 그만큼 자신이 걷고 있는 하루하루를 잘 살피면서 가고자 하는 방향을 유지해야 한다는 것이다.

자, 스스로에게 물어보자, 내게는 어떤 꿈이 있는가?

그 꿈을 이루기 위해 어떤 원칙을 세웠는가? 그리고 어떻게 실천하고 있는가?

출처: 좋은 생각 2009년 12월 호, 김용규.

Worksheet 1 ▸ 나의 의사결정유형 찾기

▸ 검사하기 전 주의사항

- 이 검사는 개인이 어떤 방식으로 의사결정을 내리는지를 알아보기 위한 것입니다.
- 문항들을 하나씩 읽어가면서 그 내용이 자신이 입장과 똑같거나 거의 같으면 『○』를, 자신의 입장과 다르면 『×』를 공란에 표시해주시기 바랍니다.
- 자신의 의사결정 유형을 정확히 알 수 있도록 정확하고 솔직하게 응답하시기 바랍니다.

NO	항목	공란
1	나는 중요한 의사결정을 할 때 한 단계 한 단계 체계적으로 한다	
2	나는 자신의 욕구에 따라 매우 독특하게 의사결정을 한다	
3	나는 얻을 수 있는 모든 정보를 수집하지 않고는 중요한 의사결정은 거의 하지 않는다	
4	의사결정을 할 때 내 친구들이 나의 결정을 어떻게 생각할 것인지를 매우 중요시 한다	
5	의사결정을 할 때 이 의사결정과 관련된 결과까지 고려한다	
6	나는 다른 사람의 도움 없이는 중요한 의사결정을 하기가 힘들다	
7	나는 어려운 문제에 부딪치면 재빨리 결정을 내린다	
8	나는 의사결정을 할 때, 나의 즉각적인 느낌이나 감정에 따른다	
9	나는 내가 하고 싶은 것보다 다른 사람이 어떻게 생각하느냐에 영향을 받아 의사결정을 한다	
10	어떤 의사결정을 할 때 나는 시간을 갖고 주의 깊게 생각해본다	
11	나는 문제의 본질에 대해 찰나적으로 떠오르는 생각에 의해 결정을 한다	
12	나는 친한 친구에게 먼저 이야기하지 않고는 의사결정을 거의 하지 않는다	
13	나는 중대한 의사결정 문제가 예상될 때, 그것을 계획하고 생각할 시간을 충분히 갖는다	
14	나는 의사결정을 못한 채 뒤로 미루는 경우가 많다	
15	의사결정을 하기 전에 올바른 사실을 알고 있나 확인하기 위해 관련된 정보 등을 다시 살펴본다	
16	나는 의사결정에 관해 실제로 생각하지는 않지만 갑자기 생각이 떠오르면서 무엇을 해야 할지를 알게 된다	
17	어떤 중요한 일을 하기 전에 나는 신중하게 계획을 세운다	
18	의사결정을 할 때 다른 사람의 많은 격려와 지지를 필요로 한다	
19	나는 의사결정을 할 때, 마음이 가장 끌리는 쪽으로 결정한다	
20	나의 인기를 떨어뜨릴 의사결정은 별로 하고 싶지 않다	

NO	항목	공란
21	나는 의사결정을 할 때 예감 또는 육감을 중요시 한다	
22	나는 조급하게 결정을 내리지 않는데, 그 이유는 올바른 의사결정임을 확신하고 싶기 때문이다	
23	어떤 의사결정이 감정적으로 나에게 만족스러우면 나는 그 결정을 올바를 것으로 본다	
24	올바른 의사결정을 할 수 있는 능력에 자신이 없기 때문에 주로 다른 사람의 의견에 따른다	
25	종종 내가 내린 각각의 의사결정을 일정한 목표를 향한 진보의 단계들로 본다	
26	내가 내리는 의사결정을 친구들이 지지해주지 않으면 그 결정에 대해 확신을 갖지 못한다	
27	의사결정을 하기 전에, 나는 그 결정을 함으로써 생기는 결과에 대해 가능한 많이 알고 싶다	
28	나는 "이것이다"라는 느낌에 의해 결정을 내릴 때가 종종 있다	
29	대개의 경우 나는 주위 사람들이 바라는 방향으로 의사결정을 한다	
30	여러 가지 정보를 수집하거나 검토하는 과정을 갖기보다, 나에게 떠오르는 생각대로 결정을 내리는 경우가 자주 있다	

▸ 다음의 각 유형별로 해당되는 번호의 문항에 대한 응답 중 『○』에 응답한 문항의 수를 센다. 『○』에 응답한 횟수가 많을수록 그 유형의 경향이 높은 것이다.

의존적 유형 : 4, 6, 9, 12, 14, 18, 20, 24, 26, 29 ________________ 개
직관적 유형 : 2, 7, 8, 11, 16, 19, 21, 23, 28, 30 ________________ 개
합리적 유형 : 1, 3, 5, 10, 13, 15, 17, 22, 25, 27 ________________ 개

나의 의사결정 유형은? ____________

▸ 의사결정 유형 해석 시 주의사항

- 복수의 유형에서 동점이 나왔다면 자신의 유형이 경계선에 있고 두 유형을 동시에 가지고 있음을 의미함.
- 의사결정 유형은 좋고 나쁨이 있는 것이 아닌 특성을 나타내는 것임.

출처: 한국고용정보원 CAP+프로그램 中 발췌.

Worksheet 2 ▸ 나의 진로의사결정 과정
: 자신의 진로와 연결지어 의사결정 단계를 작성해 보자.

1단계 : 의사결정의 목표를 분명하게 검토하자.
1) 직업을 통해서 얻고자 하는 것은 무엇인가? 2) 나에게 직업은 어떤 의미이고 어떤 일을 하면서 살고 싶은가? 3) 나의 상황에서 문제가 될 개인적, 환경적 상황은?

↓

2단계 : 대안을 찾아보자.(관심 있거나 잠정적으로 고려하는 직업에 대해 작성)		
	관심 직업	선택 이유
1		
2		
3		

↓

3단계 : 기준을 확인해 보자						
위의 대안을 비교 평가하기 위하여 생각해야 할 기준들을 정해보자.						
직업 선택 시 평가기준		매우 적합 (5점)	적합 (4점)	보통 (3점)	부적합 (2점)	매우 부적합 (1점)
1	10년 후에도 유망할까?					
2	전문가로 성장할 수 있을까?					
3	임금 수준과 근로 조건이 좋을까?					
4	내 능력으로 잘 해낼 수 있을까?					
5	내 적성이나 흥미에 적합할까?					
6	[개인적으로 평가항목 정하기]					
7	[개인적으로 평가항목 정하기]					
8	[개인적으로 평가항목 정하기]					
9	[개인적으로 평가항목 정하기]					
10	[개인적으로 평가항목 정하기]					

↓

제 4단계 : 대안을 평가해서 결정하자

2단계에서 결정한 대안들과 3단계의 평가기준에 맞는 항목을 5~6개 정도 골라 평가하고 결정하자. (이때 점수는 3단계 기준에서 나타난 결과를 토대로 가중치를 두고 점수 부여한다.)

직업선택 시 평가항목	점수 (5~25점)	직업선택 1 (대안1)	직업선택 2 (대안2)	직업선택 3 (대안3)
① 10년 후에도 유망할까?	15점			
② 임금 수준과 근로 조건이 좋을까?	20점			
③ 내 능력으로 잘 해낼 수 있을까?	10점			
④ 선정한 평가기준1	5점			
⑤ 선정한 평가기준2	20점			
⑥ 선정한 평가기준3	30점			
합 계	100점			

최종 대안 결정	

↓

제 5단계 : 계획을 세우고 실천하자

최종 선정된 대안을 위한 계획과 실천방법을 작성해보자.

최종 선정된 대안	
실행 계획	
실행 방법	

▸ 친구들과 활동지를 돌려보며 진로의사결정 과정이 잘 된 것인지를 서로 분석하여 잘못된 부분에 대해 적어줍시다.

___

___

___

출처: 오!돼지 청소년 진로설정 워크북/ 진로설계와 입사전략 중 재구성.

Chapter 6

자기 주도적 진로목표

학습목표

1. 삶의 관점에서 진로를 기획하고 설계해 볼 수 있다.
2. 진로의 개념과 진로목표의 중요성을 설명할 수 있다.
3. 목표실행을 위한 전략을 수립할 수 있다.

06

신과 원칙!
인간은 다른 사람과 같아지기 위해 삶의 3/4을 빼앗기고 있다.

-아르투어 쇼펜하우어-

1. 삶의 관점에서 진로

진로(Career, 경력)란 좁게는 직업과 관련된 모든 일을 의미하며 넓게는 한 개인이 평생 동안 일과 관련하여 경험하는 일련의 모든 과정을 말한다. 즉, 개인이 일생에 걸쳐서 일이나 직업(vocation, occupation)과 관련된 모든 활동과 행동, 경험의 경로를 포함하는 다차원적인 개념을 진로라 한다.

과거의 진로개념이 상급학교 진학과 관련하여 직선적인 직업경로를 의미했다면 현대사회에서의 진로는 한 개인의 인생 출발점으로 우리들의 '꿈'일 수 있다. 각 개인이 살아가는 삶의 방향에 대해 국가나 사회는 꿈을 실현시키기 위한 경로를 제시해 주거나 마련해 주지 않는다. 자신의 삶에 대하여 방향을 기획하고 설계하여 실행한 결과에 대해 책임져야 하는 사람은 오직 '자신' 뿐이다.

그럼에도 불구하고 그동안 우리는 사회의 전반적인 흐름이 어느 하나를 선택해야만 하는 객관식 문제에 익숙하다 보니 자신들의 문제에 대해 가장 무난한 방법으로 주어진 상황에서 그럴듯한 답을 선택하는 삶을 살고 있다. 자신의 주관 없이 사회가 정해놓은 기준에 맞추어 삶을 산다는 것은 자신의 삶에 주인으로 사는 것이 아니라 객(客)의 삶을 사는 것이나 다름이 없다. 자신의 삶에서 가치 있고 중요하다고 생각하는 것에서 자신의 고유한 identity(주체성, 독자성, 개성)를 이끌어 낼 수 있을 때 자신의 삶을 산다고 말할 수 있다.

인생의 긴 여정에서 자신이 주인으로 살아가기 위해서는 "어떤 삶을 살 것인가?, 어떤 길을 갈 것인가? 어떤 방향으로 갈 것인가?"에 대한 삶의 지표를 계획하는 일은 매우 중요한 일이다.

그렇다면 "어떤 삶? 어떤 길? 어떤 방향?"에 대한 답은 어디에서 찾을 수 있을까? 미래학자 다니엘 핑크(Daniel Pink)는 세상은 복잡하고 빠르게 변화되고 있기 때문에 우리가 계획했던 일이 그대로 이루어지지 않는다고 말하면서 새로운 무언가를 배우고 새로운 무언가를 시도하는 과정에서 '실수를 통한 자산'을 만들라고 권유하고 있다(다만 실수를 반복하느냐 아니면 그 실수를 교훈으로 삼느냐는 자기 자신에게 달려 있다.).

우리나라의 남녀 평균수명이 85세라고 한다면 우리는 대략 65여년의 시간동안 시행착오에 따른 실수를 통해서 더 많은 자산을 축적할 수 있다. 실수를 통한 자산은 다른 사람이 보지 못하는 것, 듣지 못하는 것, 상상해 보지 못하는 것들을 통해서 새로운 또 하나의 삶의 방식을 만들어낼 수 있을 것이다. 즉, 실수를 통해 경험하는 모든 자산은 내가 누구에게도 종속되지 않는 자유로운 삶, 자신의 주도권이 커지는 '자신만의 삶'을 살 수 있는 방향을 제시해 준다. 내가 나로 존재할 수 있을 때 행복한 내가 될 수 있다. 내가 존재하지 않는 세상은 의미가 없다.

이제 나의 인생에서 나만의 이야기를 만들어 보도록 하자. 내 삶의 이야기는 남이 주인공이 아닌 내가 주인공이 되어야 한다. 그러기 위해서는 나 자신에게 집중하여 내게 주어진 시간과 일을 사랑하고 자신이 가장 좋아 하고, 하고 싶은 것을 실행으로 옮기려는 자세가 필요하다. 그것이 여행이든, 먹빵이든, 운동이든, 노는 일이든, 친구를 만나는 일이든, 취미활동이든 상관이 없다. 20대에서 할 수 있는 일은 무궁무진하다. 이러한 경험 안에서 인생의 가장 소중한 자산을 만들어야 한다. 그렇다고 학업과 취업준비가 중요하지 않다는 말은 아니다. 삶의 전 과정에서 당신의 20대에서 당신은 무엇을 했느냐?에 대한 질문에 당당하게 답할 수 있는 시간을 경험하라는 말이다. 그래야 당신의 생각이나 경험이 어떤 삶? 어떤 길? 어떤 방향으로 살아갈 수 있을지를 설명할 수 있기 때문이다.

생애관점에서의 진로 준비와 설계

(1) 일과 나를 다시 생각한다.
남들이 하기 때문에 그것을 선택하는 것이 아니라 내 삶에 책임을 질 수 있는 것을 선택해야 한다.

(2) 지속적으로 학습하라.
변화에 대한 적응과 수용을 위해 지속적인 학습을 통해 역량을 개발시켜야 한다.

(3) 사회적 자본을 축적하라.
진로개발에서 사회적 자본(Knowing whom)은 삶의 행복을 결정짓는 요소 중 하나다.

(4) 경제적 의사결정 능력을 키워라
생애 현금 흐름을 알면 소득과 지출을 실속 있게 계획하고 관리하여 하고 싶은 일을 할 수 있다.

출처: 한국고용정보원(2014).

2. 대학생활에서의 진로

진로! 트렌드가 바뀐다!
"당신이 저지를 수 있는 가장 큰 실수는 실수를 할까 두려워하는 것이다"
- 엘버트 하버드(Elbert Hubbard)

21C 신지식기반사회의 특성을 표현하는 가장 대표적인 키워드는 역량(competence)과 전문성(expertise)이다. 과거의 우리나라는 국가가 경제를 계획하고 실행하는 정부주도형으로 경제성장을 이룬 나라이다. 국가는 정부의 모든 제반사항을 주도적으로 계획하고 결정하며 가이드라인을 정해 놓았고 기업은 이를 무조건 따라야 하는 반 강제적 정부주도형 경제성장을 이룩해 왔다. 이제는 강력한 정부주도로 경제성장을 이끄는 시대는 지났다. 국가가 기업을 좌지우지 하거나 특정기업에 특혜를 주는 시대가 아니기 때문에 혈연, 지연, 학연 등의 인적 네트워크보다는 기업의 트렌드와 이미지가 중요한 사회가 되었다. 기업은 스스로 변화와 경쟁을 통해 적자생존에서 살아남아야 하는 시대인 것이다.

최근 우리사회의 가장 큰 특징은 변화라고 할 때 학자들은 인류문명의 발상지인 이집트 문명의 10년 변화가 오늘날의 3개월 변화와 같다고 한다. 요즘은 변화의 속도가 이처럼 너무 빨라서 변화에 신속하게 대처하거나 적응하지 못하면 개인이나 기업은 사회에서 금방 도태된다.

이런 환경에서 기업은 살아남기 위한 자구책으로 실력 있고 능력 있는 사람을 채용하고 승진시킨다. 그러다 보니 기업의 채용시장은 직무분야에서 역량과 전문성을 갖춘 인재를 채용하는 패턴으로 채용의 문화가 빠르게 변화하고 있다. 이런 현실은 기업들의 채용방식에도 새로운 변화를 가져 왔는데 NCS(국가직무능력표준) 채용방식과 블라인드 채용방식이 그것이다. NCS 채용방식이 추구하는 방향과 블라인드 채용방식이 추구하는 방향은 구체적인 실행방법 역시 대동소이 하다. NCS 채용방식은 스펙보다 직무에 관련된 역량과 재능, 능력, 경험, 경력만을 보고 채용하는 방식이고 블라인드 채용방식은 이력서에 사진, 학력, 출신지, 개인정보, 스펙 등 차별적 요소를 중요하게 보지 않고 전공분야의 실력과 직무능력만을 보고 직원을 채용하는 획기적인 방식으로 노동시장에 큰 변화를 가져오고 있다.

두 번째 변화는 신입사원보다는 능력 있는 경력사원을 선호한다는 것이다. 현재 직장인들은 평생 동안 평균 4~5회 정도 직장을 옮기는 것으로 이직은 우리들의 일상이 되고 있다. 한국경영자총연합회가 전국 306개 기업을 대상으로 '2016년 신입사원 채용실태조사'를 실시하였는데 신입사원의 27.7%가 1년 안에 퇴사하는 것으로 조사되었다. 비용과 시간을 들여 선발한 인재들이 조기 퇴사를 한다는 것은 또 다른 인재를 선발하기 위해 시간과 비용, 노력을 쏟아 부어야 하는 부담이 발생하게 된다. 이러한 부담으로 인해 기업의 인사담당자들은 업무가 미숙하고 중도 이직률이 높은 신입보다 상대적으로 경력이 검증된 경력사원을 선호하게 된다는 것이다. 이때 중요한 것이 다니던 직장에서의 근무태도와 역량이다. '악마는 프라다를 입는다.'라는 영화를 보면 여주인공은 세계적인 패션 잡지회사를 그만두고 원래의 꿈이었던 기자가 되기 위해 새로운 직장을 구한다. 새로운 직장에 면접을 보게 된 여주인공은 면접관으로부터 전 직장상사가 "내게 가장 큰 실망을 안겨준 비서다. 하지만 그녀를 채용하지 않으면 당신은 멍청이다."라는 친필로 쓴 팩스를 보내주었다는 말을 전해 듣고 깜짝 놀라는 장면이 나온다. 이것이 전 직장에서의 근무태도와 역량을 확인하는 평판조회다.

취업포털 잡 코리아는 기업의 인사담당자 208명을 대상으로 경력직 평판조회에 대한 설문조사를 실시한 결과 64.9%가 평판조회를 실시한다고 대답했는데 ① 이전 직장 인사담당자에게 문의, ② 이전 직장 동료에게 문의, ③ 이전 직장의 직속상사에게 문의, ④ 이전 직장의 거래처에 문의 등 평판조회는 주로 면접 전에 실시하거나 최종합격자 발표 전에 하는 것으로 근무의 태도와 역량은 전직과 이직에 있어 중요한 요소로 자리매김 하고 있다.

세 번째 변화는 스펙보다 역량과 전문성을 갖춘 사람을 선호한다. 세계화는 기업이나 금융 등이 국경을 초월하여 세계적인 규모로 동시에 진행되는 현상을 의미하지만 기업의 자본이 나라와 나라 사이에 옮겨지는 것을 허용한다는 것도 함축하고 있다. 이러한 세계화는 기업의 생존을 위해 스펙, 학벌 등 사람위주의 불필요한 자격이 아니라 해당 직무를 처리할 수 있는 역량과 전문성을 필요로 한다. 역량이란 어떤 일을 해낼 수 있는 힘이나 기량으로 경쟁 시장에서 기업이 생존하기 위한 전략 중 하나가 직원의 역량에 기반한다는 것이다. 기술이나 지식은 입사 후에도 얼마든지 개선할 수 있지만 바람직한 목표나 성과를 달성하기 위한 지식과 기술을 전이하는 능력은 개인의 특성에 기초하여 조직의 경쟁력을 향상시키기 때문이다.

네 번째 변화는 면접의 중요성이 커지고 있다는 점이다. 최근 기업의 인사담당자들은 채용과정에서 면접전형 50.8%, 서류전형 35.5%, 인, 적성전형 11.7%, 필기전형 2.0% 순으로 지원자의 직무역량을 평가할 때 가장 큰 비중을 두는 것은 '실무수행면접'인 것으로 조사되었다(사람인, 2017).

면접전형은 지원자의 ① 인지능력, ② 직무역량, ③ 인간관계, ④ 장기적인 동기를 평가하는데 활용된다. 인지능력과 직무역량은 지원자가 수행하여야 할 업무수행능력을 평가하는 요소이고 인간관계와 장기적인 동기는 지원하고자 하는 회사에 얼마나 부합되는지에 대한 평가이다. 따라서 기업은 지원자와 자연스러운 대화를 통해 '직무적합도'와 '조직적합도'를 테스트 할 수 있다는 점에서 실무면접을 중요하게 다루고 있다.

이렇듯 고용시장의 채용은 빠르게 변화되고 있다, 그럼에도 불구하고 대학 이전의 청소년들은 '하고 싶어서', '관심이 있어서' 공부를 하는 것이 아니라 무엇을 하는지, 무엇을 아는지 모르는 채 수동적 학습에 익숙해져 있다. 그러나 대학생활은 대하 이전 단계와는 달리 외부로부터 작성된 시간표대로 움직이는 것이 아니라 스스로 어떠한 활동에 참여할 것인지에 대해 결정하는 '선택과 행동'의 과정이다. 또한 대학생활은 자아정체감 확립과 직업선택 등 발달과제를 수행하는데 있어 학문적 성취와 함께 노동시장으로의 진출을 위한 준비과정으로 일련의 모든 경험은 대학생활의 만족도와 학업성취로 이어진다. 뿐만 아니라 넓게는 졸업 이후 직업의 선택, 삶의 질과 만족도 등 인생 전반에 지속적인 영향을 미친다.

결과적으로 대학의 모든 경험은 '평생의 삶'을 선택하는 기초과정으로 대학을 졸업한 후의 삶의 방향에 영향을 미친다. 따라서 대학생활은 성인시기 삶의 질에 직접적인 영향을 미치기 때문에 장기적인 관점에서 보면 다른 어떤 시기보다 중요한 시기로 자신의 적성과 흥미, 주위환경 등을 면밀히 검토하여 자신에게 가장 적합한 진로를 계획하고 선택할 수 있어야 한다. 물론 진로나 직무의 선택이 한 번의 결정으로 해결되는 것은 아니다. 학년이 올라감에 따라 체계적이고 단계적으로 자신의 진로를 계획하고 관리할 때 자신의 삶에 주인이 될 수 있다.

진로나 직업을 통해서 하고 싶은 일이 있는가? 좋아하는 일은 있는가? 해야만 하는 일은 있는가?에 대해 자신에게 구체적으로 질문하고 답할 수 있어야 한다. 현재의 나에게 질문하고 질문에 대한 답을 말할 수 있을 때 자신의 미래를 설계할 수 있다. 자신의 정체성을 망각한 채 사회가 질문한 것에 정답을 말하기 위한 삶은 진정한 나의 삶을 사는 것이라 할 수 없다.

진정한 나로 산다는 것은 사회가 정해놓은 신념, 가치에 대해 질문할 줄 알고 자신의 내면에 질문을 던지는 과정을 통해 지적 호기심, 욕망, 꿈, 내적 충동을 느낄 때 진정한 나의 삶을 살 수 있을 것이다. 따라서 삶을 풍요롭게 하고 자신이 '평생' 하고자 하는 '일'에 대한 로드맵을 구체적으로 그리기를 원한다면 대학생활의 총체적 경험을 자산으로 만들어 인생이라는 항해를 힘차게 헤쳐 나갈 수 있는 자신만의 삶을 설계해야 한다.

스펙의 구성

1. 직무 스펙		직무를 수행하고 생산(창조)할 수 있는 능력
직무	지식 요소	학벌, 학력, 전공, 학점, 어학, 복수전공, 지식 취득 과정, 평판도와 신뢰도 등
	기술 요소	인턴, 실습, 자격증, 실무 연수, 전문성 교육, 산학 프로젝트 등
	역량 요소	경력, 직무 경험, 일 경험, 직무 프로젝트, 특허, 포상, 공모전, 직무성과 경험
	태 도	직업 및 직무관, 성격 및 성향, 통찰력, 잠재력, 직무비전, 직무계발 & 자기계발
2. 인성 스펙		자신과 맞설 수 있는 의지(내면 역량을 강화하고 성장을 변화시키는 능력)
3. 사회적 스펙		공동체의 목표와 변화를 위해 협력하고 같이 활동할 수 있는 능력

출처: 취업을 방해하는 10가지.

1) 대학생활에서의 진로목표

> 거친 황무지에서 꽃씨를!
> 중요한 것은 목표를 이루는 것이 아니라 그 과정 안에서 무엇을 배우며 얼마나 성장 하느냐이다.
>
> \- 앤드류 매튜스(Andrew Matthews)

우리나라 대학생들은 합리적이고 올바른 진로목표(대학에서의 진로목표는 취업목표로 설명되고 있다.) 탐색을 위해 여러 가지의 요인(흥미, 적성, 능력, 특성, 가치관 등)을 신중하게 고려해야 함에도 불구하고 자신의 흥미와 특성보다 학업성적과 가족의 영향을 받아 진로를 결정하는 경향이 높다. 이것은 중, 고교 과정에서 제대로 된 진로교육을 받지 못한 채 부모에 의한, 점수에 의한, 취업이 잘되는 학과에 맞춘 대학을 선택했기 때문이다. 대학에 들어온 후에도 대부분의 많은 학생들은 삶의 목표와 방향을 설계하지 못한 채 학점과 자격증과 같은 객관화된 스펙을 중심으로 취업을 준비하다 보니 졸업한 후에도 직장에 대한 만족도가 떨어져 이직을 고려하는 현상이 늘고 있다.

스티브 잡스(Steve Jobs)는 자신이 자신의 일을 계속 할 수 있었던 유일한 이유는 자신이 하고 있는 일을 사랑했기 때문이라고 한다. 현재를 사는 내가 미래의 나를 위해 '대학기간'이라는 시간을 투자하려면 적어도 그 시간 동안 내가 정말로 사랑하는 것이 무엇인지에 대한 질문에 답을 줄 수 있어야 할 것이다.

다음의 질문에 당신은 어떤 대답을 하고 싶은지 점검해 보도록 하자.

1. 미래사회에 대해 생각해 본적이 있는가?
2. 어떤 일을 하면 최상의 기분과 행복을 느낄 수 있을까?
3. 당신이 지금까지 살면서 누린 성공과 행복은 어떤 재능 때문일까?
4. 많은 직업과 사업 중 당신에게 유리한 직업과 사업은 무엇이라고 생각하는가?
5. 당신이 취업할 미래 직장에서 요구하는 지식, 기술, 태도는 무엇이라고 생각하는가?
6. 당신이 원하는 미래 직업을 얻을 수 있는 구체적인 방법과 절차는 어떻게 되는가?

"무엇을 하고 싶은가?", "원하는 것이 무엇인가?"에 대한 구체적인 답변이 진로 결정에 있어 구체적인 방향을 제시하게 된다. 그저 막연하게 돈을 벌고 싶거나 행복한 삶을 살고 싶다는 것은 소망에 불과하다. 자신이 원하는 바가 무엇인지를 알지 못하면 삶의 풍랑 속에서 이리저리 흘러갈 뿐이다.

목표란 화살이 손을 떠나 과녁을 향해 곧 바로 날아가는 것과 같다. 화살을 과녁 중심에 명중시키는 과정에는 각도나 거리, 타이밍, 강도, 화살의 속성, 날씨 등 많은 변수들이 작동한다. 또한 과녁에 도달하기 위한 화살은 온갖 바람과 기온에 부딪혀 이리저리 몸을 흔들며 목적지에 도달한다. 화살이 과녁에 도달하기 위한 과정에 언제나 변수가 존재하는 것처럼 우리가 원하는 과녁으로 날아가는 동안 수많은 변수들이 발생할 것이다. 이러한 변수에 적절히 대응하기 위해서는 전략이 필요하다. 전략은 도달하고자 하는 목표를 달성하기 위한 아이디어와 에너지를 만들어 준다.

이제 인생 전반에 대한 꿈을 수립하였다면 이러한 꿈을 이루기 위한 과정 중 하나가 바로 목표를 설정하는 일이다. 대학생활에서 진로목표 수립을 위해서는 첫째 자신에 대한 탐색으로 자신이 좋아하거나 싫어하는 것, 흥미와 가치관, 강점과 약점 등에 관한 정보를 통해 자신이 어떤 사람인지를 아는 자기분석이 필요하다. 둘째, 진로목표를 결정하기 위해 자신이 관심 있는 진로 및 직업과 관련된 주변 여건들을 탐색하여 추후 자신에게 적합한 직업(직종, 직무 등)에 대해 정보를 수집해야 한다. 셋째, 자신에 대한 올바른 이해와 직업환경에 대한 정보탐색이 이루어졌다면 자신이 달성하고자 하는 진로(경력)목표를 실행하기 위한 준비 목록과 시간 계획을 세워 부족한 부분은 채우고 강점역량은 강화시키는 마지막 단계를 통해 자신이 원하는 직업을 선택할 수 있다. 그럼에도 불구하고 한국고용정보원(2014년)에 따르면 ① 막연하고 편향된 취업목표, ② 진로탐색이 결여된 취업준비, ③ 왜곡된 정보와 '스펙' 중심의 취업준비, ④ 직무 및 기업 현실에 대한 몰이해가 취업준비의 문제점으로 제기되었다.

대학생활에서 자신이 가고자 하는 목표가 정해졌다면 그 목표를 달성하기 위해서 에너지를 쏟을 수 있지만 목표가 없다면 어디로 갈지 우왕좌왕하게 될 것이다. 따라서 공식적인 사회생활을 시작하기 위한 준비단계인 대학생활에서 정말로 이루고 싶은 높은 수준에 도달할 수 있는 진로목표를 세우는 일이 중요하다.

2) 취업목표 설정

> 멈추지 않는 심장!
> 사람이 목표를 이끌고 가는 것이 아니라 목표가 사람을 리드 한다.
> - 존 고다드(John-Goddard)

취업목표란 진로개발 과정의 일부로 구체적인 직업목표(직무포함)와 일하고 싶은 직장을 결정하는 것으로 목표를 잘 세우기 위해서는 먼저 목적에 맞는 목표를 세워야 한다. 목표는 원하는 목적을 이루기 위한 실제적 대상으로 추상적인 목적을 실체로 만드는 것이 바람직한 목표설정이라 할 수 있다. 대부분의 사람들은 목표를 세우고 사는 것이 필요하다고 생각하지만 실제로 목표를 설정하고 사는 사람은 많지 않다. 목표를 정하지 않는 주된 이유는 목표를 어떻게 설정해야 하는지에 대해 구체적으로 알지 못하기 때문이다. 그러나 목표는 우리에게 ① 행동의 구체적 방향을 제시해 주고, ② 개인의 실적을 평가하는 기준을 제공해 주며, ③ 달성하고자 하는 내적 동기와 도전감을 주며, ④ 목표를 성취하는데 적합한 학습전략을 사용하도록 유도하기 때문에 목표를 세우는 것은 삶을 살아가는데 방향을 제시해 준다.

그렇다면 바람직한 목표설정은 어떻게 해야 할까? ① 목표는 자기 자신이 스스로 설정해야 한다. 부모의 권유나 기성세대들의 요구에 의한 목표가 아닌 자신의 능력, 수준, 재능 등을 고려하여 자신에게 가장 적합한 목표를 수립해야 한다. ② 목표는 자신의 능력보다 한 단계 높은 것으로 수립해야 한다. 자신의 능력보다 너무 낮은 목표는 의욕상실을 가져오게 하고 자신의 능력보다 너무 높은 목표는 '나는 할 수 없다'는 무기력으로 이어질 수 있다. ③ 목표는 목적을 이룰 수 있는 것으로 계획하고 세워야 한다. 자신이 꿈꾸는 삶을 이루는 과정이 바로 목표이기 때문에 목표는 목적을 이룰 수 있도록 계획해야 한다. ④ 목표는 사회변화에 잘 적응할 수 있어야 한다. 가정, 지역사회, 환경적 조건과 사건 등의 변화는 자신이 설정한 목표에 많은 영향을 미친다. 따라서 사회적 변화를 받아들일 수 있는 목표를 설정해야 한다. ⑤ 목표는 가능한 구체적이고 관찰 가능한 방식으로 달성의 시점을 지정하여 세워야 한다. 비전이나 목석이 삶의 방향이라고 한나면 목적지에 도달하기 위한 과정에서 기준을 제시하기 때문이다. ⑥ 목적 달성을 위한 실천 행동을 계

획해야 한다. 목표에 도달하게 하는 것은 계획이다. 아무리 좋은 계획이나 목표를 세웠더라도 그 목표를 실현하기 위한 하위 행동목표를 세우지 않으면 무용지물이 된다. 따라서 목표를 성취하기 위한 일련의 하위 실천행동을 세우는 것이 중요하다.

그러나 빠르게 변화하는 다양한 관점의 사회와 직업, 노동시장의 채용 변화로 목표를 설정하는 일은 그리 쉽지 않다. 그럼에도 불구하고 취업에 성공하기 위해서는 반드시 목표를 설정해야 한다. 취업목표를 설정한다는 것은 자신에 대한 점검과 채용시장의 상황과 변화를 예측하여 지원하고자 하는 기업의 직무를 분석하고 전략적으로 취업계획을 수립할 수 있기 때문이다.

목표 세우기

1. 인생의 목표	• 성장 (정신적) • 건강 (육체적) • 가족 (가정적) • 나눔 (사회적) • 일/돈 (경제적)
2. 작고 명확한 목표	• 정신적 (자기계발, 자격증 취득, 성취, 배움, 믿음 등) • 육체적 (건강, 다이어트, 체력, 에너지 등) • 가정적 (가족, 사랑, 행복, 결혼, 효도 등) • 사회적 (나눔, 봉사, 희생, 인간관계, 기부 등) • 경제적 (소득, 취업, 학업 등)
3. 단기 목표	• 행복 (매일 감사했던 일 3가지 쓰기) • 건강 (일주일에 3번 이상 5KM 달리기) • 자격증 취득 (1학년 1학기 운전면허 취득하기, 1학년 2학기 컴퓨터 활용 능력 자격증 취득하기) • 나눔 (자선단체나 불우이웃에 매달 5,000원 후원하기) • 소득 (매달 용돈에서 30,000원씩 1년간 적금 넣기)

3) 목표 실행을 위한 전략 수립

> 꿈의 씨앗은 말, 말한 대로!
> 행동하는 사람 2%가 행동하지 않는 사람 98%를 지배한다.
> - 지그 지글러(Zig Ziglar)

대학 재학 중 취업(취직)을 준비하는 과정에서 자신에 대한 이해를 바탕으로 구체적인 일자리를 탐색한 후에 진로목표를 설정한다는 것은 괜찮은 일자리(decent job) 확보와 더불어 성공적 취업을 가능하게 할 수 있다. 또한 대학생활 기간 동안 자기 스스로 진로 목표를 세우고 목표를 달성하기 위해 요구되는 제반 활동을 파악하고 목표 도달을 위한 준비 행동은 전공의 만족도, 대학생활과 취업성과에 긍정적 영향을 미친다.

대학생활 중에 취업에 목표를 두었다면 ① 취업의 당사자인 자신의 흥미나 가치, 재능 등을 고려하여 목표를 설정해야 한다. 부모님의 기대나 조건에 따라 무비판적으로 목표를 결정하게 된다면 직무에 대한 만족감이 떨어지고 일의 노예로 전락하여 자신의 능력을 성장시키는데 걸림돌이 될 수 있기 때문이다. ② 근시안적인 목표를 설정해야 한다. 노동시장으로의 첫 진입은 본격적인 성인기로 진입하는 것으로 사회적 지위와 더불어 경제적 안정을 가져온다. 따라서 취업이 자신의 평생에 걸쳐 어떠한 영향을 미칠 것인가에 대한 충분한 검토가 필요하다. ③ 스펙에 대한 집착에서 벗어나라. 최근에는 직무역량 강화, NCS 채용방식 도입으로 직무중심의 채용이 확산되면서 전문성이 중요 키워드로 떠오르고 있다. 취업에 필요한 구체적인 요인들은 취업준비에 유용하지만 취업에 필요한 도구들에 지나치게 집착하다보면 도구가 목표가 되어 취업의 길을 잃거나 방해할 수 있기 때문이다. ④ 너무 쉽거나 너무 어려운 목표는 삼가 한다. 너무 낮은 목표는 목표수행을 하는데 만족감을 얻지 못하며 너무 높은 목표는 실패할 경우 심한 좌절감에 빠질 수 있다. 따라서 자신의 능력과 재능을 발휘할 수 있는 목표를 설정하여 직업과 직무에서 만족감을 높일 수 있는 목표를 설정해야 한다. ⑤ 융통성이 없는 목표는 피한다. 삶은 무한한 변화와 지속적으로 직면한다. 오늘날과 같이 빠르게 변화하는 사회에서는 모든 것이 불확실하고 유동적이다. 따라서 변화에 대응할 수 있는 개방적인 목표와 계획을 주기적으로 점검할 수 있도록 설계해야 한다.

3. 취업준비

대졸자의 미취업 발생 원인은 크게 공급측면과 수요측면에서 분류해 볼 수 있다. 공급측면으로는 ① 대학 진학률의 급격한 증가에 따른 고학력화 현상을 들 수 있다. ② 대졸자의 증가는 노동시장에서 취업환경이 기업우위로 변화함에 따라 기업에서 요구하는 역량과 전문성을 추가적으로 함양해야 하는 심리적 부담을 들 수 있다. ③ 학력 과잉에 따른 노동시장의 불일치로 하향 취업을 하는 경향이 늘어나고 있다. 수요측면에서 보면 ① 산업구조의 변화에 따른 일자리 변동을 들 수 있다. ② 채용문화의 변화로 산업현장에서 요구되는 직업기초능력을 중심으로 취업을 준비해야 한다. ③ 기업경쟁력 확보를 위한 인재등용의 변화를 들 수 있다.

핵심인력을 중심으로 한 인적자원의 유동화가 본격화되고 조직 · 연령 · 서열 파괴의 현상이 급속히 확산되는 인사제도의 변화로 취업을 준비하는 취업 준비자는 개인의 역량을 강화시켜 자기 분야에 대한 전문적 지식을 함양해야 한다.

대학 시기에서 취업준비의 핵심은 자신의 실력을 최고로 만드는 것이다. 기업은 NCS 채용제도를 통해 직무에 맞는 능력과 경험, 열정이 있는 진짜 인재를 필요로 하기 때문에 자신이 원하는 분야와 직무에 어울리는 실질적 역량을 쌓는 일이 중요하다.

1) 국가직무능력표준(NCS)

국가직무능력표준(NCS: National Competency Standards)은 산업 현장에서 직무를 수행하기 위해 요구되는 지식 · 기술 · 소양 등의 내용을 국가가 산업 분류별 · 수준별로 체계화한 것으로 산업 현장의 직무를 성공적으로 수행하기 위해 필요한 능력(지식, 기술, 태도 등)을 국가적 차원에서 표준화한 것을 말한다(NCS). 이때 능력이란 일을 하는데 꼭 필요한 직무 스펙으로 직업기초 능력과 직무수행 능력을 말하는데 능력중심 채용 프로세스는 다음과 같다.

〈표 6-1〉 능력중심 채용 프로세스

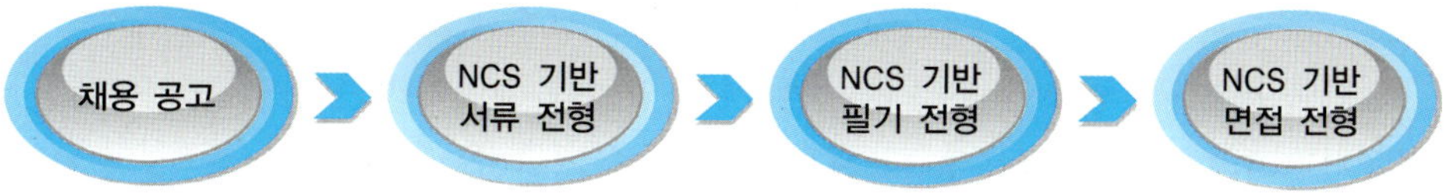

단계	As-Is	To-Be
인재 모집	1. 직무보다 인재상 중심 모집공고 2. 근무조건과 취업 가능성에 기초	1. 직무 요구와 개인 능력 중심 2. 구체적 직무 내용별 KSA 제시
서류 전형	1. 개인 신상 중심 2. 일대기 형식의 자기소개서 3. 직무연관성 미흡	1. 직무 요건이 초점 2. 직무관련 경험, 활동 중심 자기소개서 3. 직무에서 갖추어야 할 능력 간련 지원자 경험 등을 기술
필기 전형	1. 기초 인지능력 중심 2. 종합(일반) 적성검사	1. 직업기초능력 필기 검사 2. 직무수행능력 필기 검사
면접 전형	1. 개인특성 중심 2. 회사에 대한 동기 3. 회사 중심의 일방적 면접 4. 비구조화된 면접	1. 직무특성 중심 2. 직무에 대한 동기 3. 쌍방향적 면접의 기회 제공 4. 직무능력과 관련된 경험(경험면접), 업무수행 과정에서 발생 가능한 상황에 대한 대처방법(상황면접), 특정 직무관련 주제에 대한 의견(PT, 집단토론) 등을 중심으로 구조화된 면접 진행

출처: www. ncs.go.kr

또한 NCS 기반 능력중심 채용[1] 전형을 위해 ① 채용 공고문 확인하기(채용모집 공고문을 통해 모집분야, 채용인원, 지원 자격, 근무조건, 전형일정, 우대사항 등을 확인하고 채용분야에 대한 '직무 설명자료'를 통해 필요한 지식·기술·태도 등의 내용을 명확하게 파악한다.) ② NCS 기반 서류전형 준비(공고된 '직무 설명자료'를 기반으로 지원자의 교육이수 내용, 자격사항, 경험 및 경력사항 등을 모집 직무에서 요구하는 내용을 기입한다.) ③ NCS 필기전형 준비(채용공고에서 제시된 필기과목을 파악하여 해당 유형을 준비하고 '직무 설명자료'에 제시된 직업기초능력과 직무수행능력 등을 면밀히 학습한다.) ④ NCS 기반 면접전형 준비(NCS 기반 구조화된 면접의 주요 유형은 경험면접, 상황면접, PT 면접, 토의면접 등으로 채용공고에서 구체적인 면접 방법이 제시되면 그에 대한 명확한 준비를 진행한다.)를 꼼꼼히 확인하여 직무에 필요한 스펙(on-spec)을 준비할 수 있어야 한다(NCS 채용 가이드).

1) NCS 능력중심 채용이란 채용대상 직무를 NCS 기반으로 분석하고 그 결과를 바탕으로 해당 직무의 상세 내용 및 직무 능력 평가기준을 정하여 사전에 명확하게 공지하고 해당 평가기준을 토대로 인재를 선발하는 방식을 의미한다.

2) 취업전략

취업을 하기 전 중요한 부분 중 하나가 취업전략 수립이라면 취업전략의 핵심은 목표설정이다. 취업하고자 하는 목표가 없다면 전략이나 계획을 세울 수 없기 때문이다. 이때 자기 자신에 대한 객관적 이해와 직업세계에 대한 올바른 정보를 바탕으로 합리적 의사결정을 통해 최적·최선의 직업을 선택하고 선택한 직업을 갖기 위해 가능한 한 자신의 모든 역량을 활용하여 집중적으로 준비할 때 경쟁 우위를 차지할 수 있다. 또한 채용변화의 동향에 대한 이해와 고용 형태에 대한 이해는 자신의 비전과 목표를 효과적으로 달성하기 위한 구체적인 계획을 수립할 수 있다.

〈표 6-2〉 마케팅 STP전략을 이용한 목표설정

Segmentation

Targeting → 자동차 → 완성차 → 마케팅 → 서울 → 현대자동차 → Positioning

산업	제품	직군	지역	기업
유통	완성차	영업	서울	현대자동차
IT	브레이크	마케팅	경기	기아자동차
자동차	공조시스템	생산관리	충청	만도
전자	조향장치	품질관리	강원	현대 모비스
반도체	전자제어	기획	전라	

출처: compus Job&Joy

취업 목표/전략 수립

목표 수립	전략 수립
자신이 추구하고자 하는 구체적인 목표 수립	• 목표 달성을 위해 자신의 현 상태를 점검해 보고 우수한 부분의 유지와 부족한 부분의 향상에 대한 구체적인 활동계획을 수립한다. • 구체적이고 도전적인 목표가 있는 경우 이를 위한 자신의 노력 집중을 배가시킬 수 있다.
예시) • 직종 : 전문직 • 업종 : 세무사 • 업무 내용 : 기장 대리	예시) • 세무사 사무실에 입사하기 위해 올 4월에 시행되는 전산세무회계 자격증을 취득한다. • 2학기에는 지인을 통해 세무사 사무실에서 아르바이트를 통해 경력을 쌓는다. • 2018년 3월에는 반드시 세무사 사무실에 입사가 목표이다.

자신에 대한 이해(자기분석)를 토대로 취업하고자 하는 기업이 결정되었다면 취업을 준비하기 전에 기업을 분석하는 일은 필수적이다. 자신이 희망하는 기업에서 어떠한 인재를 원하는지를 미리 파악해야 기업에 맞는 인재가 될 수 있다. 기업분석은 ① 기업이 지향하는 목표와 나의 목표가 일치하는지를 확인할 수 있다. ② 기업에서 원하는 역량과 자신의 역량이 동일한지를 파악할 수 있다. ③ 자기소개서를 작성하거나 면접을 볼 때 정보가 된다. ④ 기업이 당신을 선택하는 것처럼 당신도 기업을 선택할 수 있어야 한다.

〈표 6-3〉 기업분석 항목

경험 이념	재무 상태
인재상, 상징, 핵심 가치 경영 이념, 경영 원칙 등	매출액, 영업 이익 재무 제표, 부채 비율 등
회사 정보	**강 · 약점**
기업 소개, 핵심 제품 인사 제도, 전자 사보 등	경쟁사와 비교하여 강점, 약점

기업 분석이 끝났다면 현재의 희망 기업 및 직무 목표를 설정하여야 하는데 직무 선택 시 고려해야 할 점은 ① 자신의 능력을 가장 잘 발휘할 수 있는 직무인가? ② 자신의 인생 설계 선상에 놓인 직무인가? ③ 채용 요강만으로 업무 내용을 너무 단정 짓지 말 것 ④ 사회적 평가와 장래성을 고려하여 취업목표 전략을 수립한다.

3) 학년별 취업준비

노동시장의 구조변화에 대응하기 위해 많은 재학기간 동안 자격증을 취득하거나 직업훈련을 받는 등 다양한 노력이 필요하며 양질의 일자리를 얻기 위해서는 취업 준비에 보다 계획적이고 적극적인 노력이 요구된다. 일반적으로 취업을 위한 제반 준비활동을 취업준비행동(employment preparation behavior)이라 하며 대학생들의 취업준비행동은 전공공부, 학점관리, 어학연수, 영어수준, 자격취득, 인턴십, 아르바이트 경험 등과 같은 사전관리와 미래직업에 관한 구체적 정보, 시험 준비, 취업 네트워킹, 설명회 참석, 원서제출 등과 같은 직접적인 구직활동으로 구분해 볼 수 있다. 이와 같은 사전 취업준비 활동이나 진로준비 행동은 직무만족도, 직무적합도 등 취업의 질을 높이는 요소로 작용된다.

대학에 입학하면 누구에게나 공평한 시간이 주어진다. 대학에 첫 발을 내딛는 순간의 능력은 모두 다르지만 대학에서 주어진 시간을 어떻게 보내느냐에 따라 졸업 후의 결과는 현저히 달라질 것이다. 따라서 입학부터 졸업까지 취업을 위한 학년별 중요 과제에 대한 취업 로드맵(역량스펙과 태도스펙)을 스스로 계획한다면 학년 변화에 따른 전공 만족도나 대학생활 적응 및 직장 선택에 긍정적인 영향을 줄 것이다.

1학년의 중요한 과제 – 진로를 찾아라!

자신이 '꿈과 비전은 무엇인지?, 내가 어떤 일을 잘 할 수 있는지?, 어떤 것을 좋아하는지?'에 대해 답을 찾는 것이 1학년의 주요 과제이다. 대부분의 많은 학생들은 자신의 비전과 목적이 있어야 학년에 따른 구체적인 목표를 세울 수 있을 것이다.

2학년의 중요한 과제 – 지식과 경험을 축적하자

2학년 때에는 전공 수업이 늘어나는 시기인데 이때 전공에 대한 기본 지식을 다지기 위해 노력해야 한다. 또한 구체적인 진로목표를 결정하고 취업준비를 위해 오랜 시간을 투자해야 하는 자격증 취득, 공모전 참여, 여행을 통해 사회에서 필요로 하는 기초능력을 갖추도록 노력해야 한다.

3학년의 중요한 과제 – 취업에 필요한 실무능력과 인턴 활동

3학년이 되었다면 최종 취업목표를 점검하고 구체적인 취업전략을 수립하여 전문적인 지식을 쌓아야 하는 시기이다. 학점(학점은 취업 성과에 영향을 미침)관리와 더불어 취업하고자 하는 희망 기업에서 요구하는 취업 역량 향상을 위해 전문 자격증 취득 및 인턴십을 통해 실무 경험을 쌓아야 한다.

4학년의 중요한 과제 – 취업전략 및 취업활동

취업을 희망하는 기업의 구체적인 채용정보를 수집하여 이력서 및 자기소개서 등 채용에 필요한 준비사항을 검토하는 시기이다. 대부분의 대기업이 년 초에 채용계획을 확정하다 보니 대학 4학년이 되면 마음이 조급해질 수 있다. 만일 대학생활 동안 취업에 대한 준비가 미비했다면 자신의 재능과 자격을 바탕으로 기업체 주관 인턴 프로그램에 참여하여 개인의 역량을 강화시켜야 한다.

취업 준비 8단계

학년	학기	단계	내용
1학년	1학기	학교 적응	• 꿈-설계, 교과목 수강을 통한 학교 적응 • 자신의 흥미와 적성에 대한 성찰 • 성실한 수업 참여 • 행사, 동아리 활동 참여 • 외국어 능력 점검
	2학기	진로 계획	• 진로 탐색을 위한 취업 교과목 수강 • 취업설계 및 취업상담 • 흥미와 적성 탐색을 위한 교양과목 수강 • 취업을 위한 지속적인 성적관리 • 외국어 분야 능력 향상
2학년	1학기	진로 목표 설정 단계	• 대략적인 진로목표 설정 • 진로목표와 전공의 연계성 검토 • 진로목표 달성을 위한 전공목표 검토 및 설정 • 진로목표 달성을 위한 준비사항 검토 • 성적관리 및 외국어 능력 향상 노력
	2학기	진로 탐색 및 결정 단계	• 졸업 시기의 경제 상황 및 유망업종 분석 • 구체적인 진로목표 설정 • 취업준비를 위한 부전공, 복수전공 신청 • 희망기업 입사 자격 기준 탐색 • 성적관리 및 외국어 능력 향상
3학년	1학기	취업 역량 확보 1	• 진로목표 점검 및 재설정 • 구체적인 취업전략 수립 • 희망 기업에 맞는 취업역량 강화 • 취업 희망 분야 현장 점검 • 컴퓨터 활용 능력 향상
	2학기	취업 역량 확보 2	• 취업준비를 위한 개인 역량 점검 • 희망기업에 맞는 취업 역량 강화 • 취업 희망 분야 현장 경험 • 취업 스터디 그룹 조직 및 운영 • 취업 스킬 향상을 위한 취업 교과목 수강
4학년	1학기	취업 지원 단계 1	• 취업 희망 기업의 구체적인 채용 정보수집 • 이력서, 자기소개서 등 채용에 필요한 준비사항 검토 • 면접능력 향상 프로그램 참여 • 전반기 기업채용 응시 • 취업 스터디 그룹 조직 및 운영
	2학기	취업 지원 단계 2	• 취업을 위한 개인 역량 재 검검 • 후반기 기업채용 준비 • 후반기 기업채용 응시 • 기업체 주관 인턴 프로그램 참여 • 취업 성공을 위한 추가계획 수립

출처: 대학생활 & 취업 매뉴얼(강원대학교).

| 요약정리 |

1. 진로란 직업과 관련된 모든 일을 의미하며 한 개인이 평생 동안 일과 관련하여 경험하는 일련의 과정을 말하며 개인이 일생에 걸쳐서 일이나 직업과 관련된 모든 활동과 행동, 경험의 경로를 포함하는 다차원적인 개념이다.
2. 생애관점에서의 진로는 내 삶을 책임을 질 수 있는 진로를 선택해야 하며 변화에 대한 적응과 수용을 위해서는 지속적인 학습을 통해 역량을 개발시키고 진로개발에서 삶의 행복을 결정짓는 요소 중 하나인 사회적 자본을 축적시켜 경제적 의사결정 능력을 키워서 자기가 하고 싶은 일을 하는 것이 중요하다.
3. 대학생활에서의 진로 특성을 표현하는 가장 대표적인 키워드는 역량과 전문성으로 기업의 채용시장은 직무분야에서 역량과 전문성을 갖춘 인재를 채용하는 패턴으로 채용의 문화가 빠른 속도로 변화하면서 전공분야의 실력과 직무능력만을 보고 직원을 채용하는 획기적인 채용방식은 노동시장에 큰 변화를 가져오고 있다.
4. 대학생활은 자아정체감 확립과 직업선택 등 발달과제를 수행하는데 있어 학문적 성취와 함께 노동시장으로의 진출을 위한 준비과정으로 일련의 모든 경험은 대학생활의 만족도와 학업 성취로 이어지며 졸업 이후 직업의 선택, 삶의 질과 만족도 등 인생 전반에 지속적인 영향을 미치므로 진로나 직무의 선택은 한 번의 결정으로 해결되는 것은 아니다.
5. 원만한 직업세계로의 이행을 위해서는 노동시장의 변화를 반영한 직업정보가 제공되어야 함에도 불구하고 이를 위한 정보가 미흡하다 보니 취업을 준비하는 취업준비자는 스펙 쌓기에 주력하다 보면 기업에서 요구하는 구직자의 역량검증에 애로를 겪게 된다.

[쉬어가기]

선택과 우선순위!

"인생은 B와 D사이 C다" - 장 폴 사르트르 -

"인생은 탄생 Birth(B)과 죽음 Death(D) 사이의 선택 Choice(C)이다."라는 말은 인생은 매순간 선택하고 결단하며 실행해야 한다는 뜻으로 인간의 삶은 태어나는 순간부터 죽을 때까지 선택의 연속이라고 말합니다. 현재의 자신은 과거의 자신이 선택한 길 위에 서 있고 그 길을 따라 살아가고 있다고 합니다. 그래서 인간은 항상 자신의 선택에 의해 행동하는 자유로운 영혼이기도 합니다.

우리는 하루에도 의식적이든 무의식적이든 수천 가지의 선택을 하며 살아가고 있다고 합니다. 어떤 선택은 좋은 결과를 가져오기도 하고 또 어떤 선택은 예상치 못한 결과로 우리를 곤경에 빠트리기도 합니다. 하지만 분명한 것은, 우리는 삶 속에서 매순간 무한한 선택을 해야 한다는 것입니다. 선택을 할 때 가장 중요한 것은 선택의 우선순위입니다. 어떤 일이 가장 중요하고 급한 일인지를 잘 판단하여 선택하는 것이 당신의 인생을 바꿔 놓을 수 있습니다.

선택! 과연 무엇이 중요하고 중요하지 않은지, 무엇이 급하고 급하지 않은지 판단해 보세요.

지금 당신은 어떤 선택을 앞두고 있나요?

당신은 무엇을 기준으로 선택할 것인가요?

그 선택의 결과가 당신과 당신 주변 사람들에게 모두 이로운 것인가요?

Worksheet 1

(월 일)

◈ 자기 주도적 삶을 살기 위한 마음 풀기(1)

■ 아래의 질문에 대해 토론하여 보세요.

1. 지금 나는 행복한가요?
2. 그렇다면, 그렇지 않다면 왜 그렇게 생각하는지 말해 보세요.
3. 지금 이상으로 무엇을 더 가지거나 갖추면 행복할 것 같나요?
4. 그것은 나에게 긴급하고 귀중한 것인가요?
5. 그것을 얻으면 반드시 행복해질까요?
6. 나답게 사는 일은 나를 행복으로 끌어 줄까요?
7. 나는 나답게 살고 있나요?
8. 나답게 사는데 오히려 불행해질 수도 있을까요?

■ 생각 모으기

내가 존재하는 이유는 무엇입니까?

Worksheet 2

(월 일)

◈ 취업 목표 달성 틀

성명		학번	
학과		학년	

취업 목표			
희망 산업/ 직업		희망 기업	
		희망 부서	
		희망 직무	
희망 기업 인재상			

구분	희망 기업 합격 조건	현재 나의 상황	자기평가		
			완료	준비	미흡
전공					
학점					
외국어 능력					
컴퓨터 활용 능력					
자격증					
인턴 경험 유무					
경력(인턴 경험 제외)					
직무 적성 검사 등					
채용 관련 능력					
기타 필요 능력					

출처: 대학생활 & 취업매뉴얼(강원대학교).

Chapter 7

거듭나는 자기계발 1⁺

학습목표

1. 미래사회의 특징을 나열할 수 있다.
2. 자기계발의 의미와 중요성을 설명할 수 있다.
3. 자신만의 독특한 자기계발 계획을 수립할 수 있다.

07

내면의 힘!
변화를 기꺼이 받아들이되 자신의 가치를 놓으면 안 된다.

-달라이 라마 14대-

1. 미래사회와 자기계발

1) 미래사회의 특징

현대사회는 노동력이 기계의 힘으로, 기계의 힘은 전기기술로, 전기기술은 정보통신기술로 짧은 기간 동안 끊임 없는 발전을 이루어 왔다. 최근에는 정보통신기술과 제조업이 융합되어 기존의 생산체제의 틀을 벗어날 것을 예상하는 4차 산업혁명(Fourth Industrial Revolution)이 진행되고 있다.

4차 산업혁명은 디지털 혁명에 기반하여 물리적 공간, 디지털적 공간 및 생물학적 공간의 경계가 희석되는 시대로 '초연결성(Hyper-Connected)', '초지능화(Hyper-Intelligent)'의 특성을 갖는다. 사물인터넷(IoT), 클라우드 등 정보통신기술(ICT)은 인간과 인간, 사물과 사물, 인간과 사물이 상호 연결되고 빅데이터와 인공지능(AI) 등으로 보다 지능화된 사회로 변화될 것으로 예측된다(세계경제포럼, 2016).

세계경제포럼 창립자 클라우스 슈밥(Klaus Schwab)은 4차 산업혁명을 이끄는 10개의 선도 기술을 제시했는데, 물리학 기술로는 무인운송수단 · 3D프린팅 · 첨단 로봇공학 · 신소재 등 4개 분야를, 디지털 기술로는 사물인터넷 · 블록체인 · 공유경제 등 3개 분야를, 생물학 기술로는 유전공학 · 합성생물학 · 바이오프린팅 등 3개 분야로 분류했다. 이러한 기술을 기반으로 클라우드 컴퓨팅(Cloud Computing), 빅 데이터(Big Data), 딥 러닝(Deep Learning), 드론(Drone), 자율주행차 등의 산업이 발전할 것이라고 보았다. 사물인터넷(LoT)은 다양한 플랫폼을 기반으로 사물(제품, 서비스, 장소)과 인간을 연결하는 새로운 패러다임을 창출하고 또 여기에 인공지능이 더해지게 되면서 다양한 서비스 제공이 가능해진다는 것이다.

4차 산업혁명의 등장은 자율주행 전기자동차와 드론을 활용한 택배, 3D프린터로 만들어 내는 상품의 상용화를 예측하고 기술의 진화에 따른 사회경제적 변화와 고용시장의 변화를 예고한다. 4차 산업혁명의 도래로 제조업은 빅 데이터, 인공지능, 사물 인터넷 등 디지털기술과 공유경제, 플랫폼 비즈니스와 결합하여 맞춤형 소량생산, 스마트 공장 등의 형태로 변화된다. 공유경제 시장에서는 온디맨드(on demand)[2]서비스를 선호하게 되고 이에 따라 긱 이코노미(Gig Economy)[3]라는 새로운 임시고용 트렌드가 부상할 것으로 예측하고 있다.

미래 고용시장에 대해 해외 전문가들은 크게 두 가지의 시각으로 바라보는데 첫 번째 시각은 미래 고용시장에 대한 낙관론이다. 긱 이코노미의 확산으로 특정기술이나 능력에 대한 수급 불균형을 완화해 새로운 일자리를 창출하거나 근로시간의 유연성 확대로 고용시장을 긍정적으로 전망한다. 이와 반대로 기술 진화에 따라 사라지는 일자리를 대신할 새로운 일자리를 창출하는 것은 쉽지 않을 것이라는 비관론이다. 컨베이어벨트와 같이 매뉴얼에 따라 제품이 만들어지는 작업들은 로봇이 대체하게 되고 모바일과 인터넷 뱅킹이 활성화되면서 금융, 보험, 법률 등의 산업까지 대대적인 인력 감축으로 일반 노동자들에게는 부정적 영향을 준다는 것이 그것이다.

그러나 위에 제시한 두 가지 시각과 상관없이 한 가지 공통적인 견해는 창의성과 창조성을 갖춘 인재를 선호한다는 것이다. 남과 다른 생각과 행동으로 기업의 경쟁력을 창출할 수 있는 인재, 도전과 문제해결 능력을 갖춘 인재를 필요로 한다는 것이다. 4차 산업혁명이 거부할 수 없는 시대적 패러다임이라면 4차 산업혁명으로 인한 고용구조의 변화에 능동적으로 대응할 수 있는 다각적인 문제인식 역량, 인과(因果) 조정이 가능한 협상·설득 능력 및 종합적 판단력 등 인공지능이 대체하기 어려운 인간 고유의 역량이 요구되는 시기이다.

2) 온디맨드 : 소비자의 개별적인 요구나 주문에 맞추어 바로 물품이나 서비스를 제공하는 사업의 개념 혹은 경제체제.
3) 긱 이코노미 : 필요에 따라 단기계약직이나 임시직으로 인력을 충원하고 그에 따른 대가를 지불하는 형태.

2) 일과 자기계발

미래의 트렌드를 알고 새로운 직업과 유망한 직업을 예측한다 하더라도 자신에게 가장 적합한 직업을 찾아 낼 수 있는 것은 아니다. 진입 장벽이 높고 전문성을 요구하는 일이라면 수요와 공급의 법칙에 따라 좋은 대우를 받게 되는 반면 새롭고 유망한 직업이라도 진입장벽이 낮고 공급이 넘치는 일이라면 고용의 안정성을 확보하기 어려울 것이다. 따라서 단순히 미래에 주목 받을 직업이나 처우가 좋은 직업을 찾기보다는 자신이 가장 좋아하는 일이 직업이 될 수 있는 '일'을 찾은 것이 중요하다. 이러한 점을 고려하여 자신에게 잘 어울리거나 자신이 갖고 있는 재능과 경쟁력을 극대화할 수 있는 일이 무엇인지 신중히 고려해 볼 필요가 있다. 왜냐하면 자신이 관심 있는 산업(업종)과 직업(직무)이 자신의 성향과 얼마나 잘 어울리는지에 따라 일에 대한 만족감과 성취감이 달라지기 때문이다.

최근 직장인을 비롯하여 초·중·고등 학생 및 대학생들 사이에서 유행하고 있는 현상 중 하나가 '자기계발'이다. 이는 치열한 경쟁과 사회적 변화로 인해 지속적으로 자기를 발전시키지 않으면 도태된다는 인식에 의해 나타난 사회적 현상 중 하나이다. 특히 자기계발은 학력중심 사회에서 능력중심 사회로 전환되는 과정에서 노동시장 진입을 준비하는 청년기에 반드시 준비해야 하는 필수적인 과제가 되고 있다.

청년기에 해당하는 대학생 시기는 사회인으로 진입해 가는 과도기로 자신의 정체성과 가치관을 찾고 부모로부터 독립하여 건강한 사회 구성원으로 성장하기 위한 기초를 세우는 시기라 할 수 있다. 그러나 우리나라 대학생들은 과거의 그 어느 때보다 심각한 취업난 속에서 취업을 통해 사회 구성원으로의 역할을 준비해야 하는 등 다양한 어려움에 직면해 있다.

그럼에도 불구하고 변화와 혁신요구에 절절하게 대응하고 성공적인 성인기 진입을 준비하기 위해서는 대학에서 제공되는 자기계발 훈련을 통해 자신의 삶을 책임지고 직면한 문제를 해결할 수 있는 능력을 키우려는 자세가 필요하다. 이때의 자기계발은 변화에 맞게 성장할 수 있도록 낡은 습관을 버리고 끊임없이 새로운 좋은 습관을 기르는 것이 중요하다.

새로운 좋은 습관은 인생의 각 단계마다 환경과의 상호작용 과정 안에서 이루어져야 하는데 인간들은 관성의 법칙에 따라 자신이 해 오던 행동이나 삶의 패턴을 계속 유지하려고 하는 속성으로 한번 정지한 인생은 계속 정지하고자 하고 활동적인 인생은 계속 활동을 하고자 한다.

단계별 성공적인 과업수행을 위해서는 셀프 스타터(self-starter)가 되어야 한다. 자신이 좋아하는 일과 잘하는 일에서 강점과 약점에 대해 스스로 분석하고 무엇인가를 해내려고 하는 적극적인 의욕과 실천은 일을 완성했을 때 만족감과 성취감이 더 크게 느껴지기 때문이다. 개인의 직무(일)성과는 자신이 행하는 과업들이 중요하다고 인식할 때 자신의 강점들을 직무에 더 많이 적용할 수 있다.

우리사회에서 '자기계발'이라 하면 대부분의 많은 사람들이 경쟁을 위한 수단이라는 편견으로 부정적으로 인식하는 경향이 높다. 그러나 다른 사람과의 경쟁구도에 맞추기 위한 자기계발이 아닌 어제의 나와 오늘의 나에서 어제보다 발전한 오늘의 나를 만나는 자기계발은 자신 속에서 자기가 원하는 것을(다이아몬드 광산)[4] 찾을 수 있을 것이다. 자신이 가지고 있는 거대한 강점은 누구나 동일하지 않지만 누구나 계발이 가능하다.

자기계발은 자기 개성을 실천함에 있어 자신에게 내재되어 있지만 명료하게 공식화되거나 언어로 표현할 수 없는 암묵적 지식을 찾아 남들이 하지 않고 생각하지 못하는 자신만이 갖고 있는 강점을 이끌어 낼 수 있는 것이 중요하다.

3) 자기계발 구성요소

자기계발은 자신의 내부에 잠재되어 있는 능력이나 재능 등을 외부로 드러내어 발휘될 수 있도록 일깨워주거나 이끌어주는 것을 말한다. 즉, 자신에 대한 이해를 바탕으로 자신의 삶에 자신의 잠재능력을 적용하려는 노력이다. 따라서 변화 주도적이고 미래 예측이 불가능한 사회에서의 자기계발은 내면 지향성과 자기주도성을 포함하는 개인의 성찰을 고양하는데 기여하여 자기실현을 가능하도록 해야 한다.

4) 옛날 인도에 살고 있던 알리 하워드라는 부자가 다이아몬드 광산을 찾기 위해 자신의 재산을 몽땅 팔아 탐험길을 떠났지만 광산을 찾지 못한 채 비참하게 죽었다. 훗날 그가 팔아버린 토지에서 세계 제일의 다이아몬드 광산이 발견 되었는데 이는 인간이 자신이 가지고 있는 것을 보지 못하고 항상 다른 곳에서 찾는다는 모순에 대한 이야기이다.

(1) 자기이해

자기이해란 스스로에 대해 아는 것을 말하며 개인의 성장을 위한 가장 기본적인 본질이라 할 수 있다. 또한 자신을 안다는 것은 자신의 가치나 신념, 태도 등을 아는 것을 넘어서 이것들이 자신의 행동에 어떻게 영향을 미치는지에 대해서까지 아는 것을 의미한다(ncs, 2016). 성공적인 자기계발은 자신이 무엇을 아는지를 알고 무엇을 모르는지를 아는 자기이해를 기초로 이루어지기 때문이다.

자기이해가 가능해야 독립적 주체로서의 삶이 가능하다. 자신에 대한 이해는 삶의 순위를 정할 수 있고 무엇을 모르는지에 대해 파악하여 계획을 짤 수 있다. 그러나 다양한 문화와 경쟁사회는 현대인으로 하여금 유행과 변화에 이끌려 자아를 상실하게 한다. 자신을 상실한 채 자기 개선을 위한 노력은 물거품에 불과하다. 자신을 이해하고 자신을 수용하는 사람이 자기 발전 및 인생의 성공을 예측할 수 있다. 자신을 잘못 이해하거나 수용하지 못하는 사람은 원만한 사회생활과 자기 향상을 위한 자기계발이 어려워진다. 특히 청년기의 발달 과업 중 하나인 올바른 자기이해는 자아 정체감을 향상시켜 자신이 추구하는 자기만의 자기계발 방법을 결정할 수 있게 한다.

(2) 자기주도성

자기주도성(Personal Initiative)이란 외부적인 요인에 의존하지 않고 자기의 삶을 자신의 의지대로 이끌어 갈 수 있는 힘을 말한다. 자기주도성은 자신의 선택에 책임감을 갖기 때문에 개인적으로 자기효능감과 성취감이 높아지게 된다. 이러한 개인들이 많을수록 조직의 생산성과 효율성이 획기적으로 성장하는 결과를 만들어 낼 수 있다.

자기계발은 수동적·타율적 형식에 지배받지 않고 자기 스스로 목표달성을 위해 부족한 점을 파악하여 보강해 가는 것이다. 자율적으로 학습활동에 참여한다는 점에서 자기계발 활동은 자발적 자기주도성을 전제로 한다. 자기계발이 피드백을 통해 계발 목표를 설정하고 계발활동에 참여하고 진행과정을 점검하는 일련의 과정을 의미할 때 자기계발은 각자가 스스로 계획을 세우고 경력을 발전시켜 나간다는 점에서 자기주도적 활동이라 할 수 있다.

(3) 인간관계

인간은 본래 자기중심적인 존재이다. 그러나 인간은 자신의 문제를 혼자 해결하기 어렵기 때문에 내가 아닌 다른 누군가와 함께 해결해 나가는 존재이기도 하다. 이러한 맥락에서 인간은 다른 사람과의 관계 속에서 살아가야 하는 사회적 존재인 동시에 인간관계의 출발점이자 종착점이다. 현대사회는 조직화, 거대화로 개인의 존재가치가 점점 미약해져서 있어도 그만 없어도 그만인 존재가 되고 있다. 긍정적 자아상의 확립은 환경과의 상호작용으로 형성되는데 환경이란 개인에게 중요한 타자로 구성되어 있어 원만한 인간관계는 건강한 삶을 보장 받을 수 있는 반면 인간관계의 결함은 여러 가지 부정적인 문제가 발생한다고 말한다. 이러한 이유로 인간관계의 기술은 자기계발의 중요한 주제가 된다.

갭이어(Gap year)

갭이어(Gap year)는 학업을 병행하거나 잠시 중단하고 봉사, 여행, 진로 탐색, 교육, 인턴, 창업 등의 다양한 활동을 직접 체험하고 경험하며 이를 통해 향후 자신이 나아갈 방향을 설정하는 시간을 말한다.

요즘은 10~20대 학생시절을 넘어 3~40대 직장인들에게도 가장 핫한 단어가 갭이어(gap year)다. 말 그대로 "쉬는 해"라는 뜻으로 학업이나 직장을 잠깐 중단하고 여행이나 봉사, 인턴 등 새로운 경험을 하며 넓은 세상을 배우고 진정 하고 싶은 일을 찾아 자신의 진로를 설계하고 목표를 설정하는 기간을 말한다.

특히 학력이나 스펙을 필수품처럼 여기는 요즘 우리 풍토에서 무엇보다도 중요한 것은 자신이 하고 싶은 일을 찾아 평생의 꿈을 잃지 않고 노력하는 것이 중요하다. 우리나라 청소년들은 입시 위주의 교육으로 인해 창의성이나 창조성이 실종된 청소년기를 보내게 되고 이런 상황은 직장에 입사해서도 자기 업무나 직무에 흥미를 느끼거나 성과를 낼 수 없게 된다. 갭이어는 아직 사회에 진출하기 전인 취업 준비생인 대학생들에겐 자신의 문제점을 파악하고 자신의 역량을 찾기 위해 더없이 필요한 시간이다.

청소년들이 '생의 목표', '평생의 꿈을 실현 시킬 수 있는 방법이 무엇일까?' 전문가들은 학교를 졸업한 뒤 바로 취업 전선에 뛰어들 것이 아니라 잠시 모든 근심, 걱정을 내려놓고 책을 읽고 여행을 하면서 사람을 만나고 봉사를 하며 자신을 뒤돌아보고 자신만의 강점과 역량을 찾아내어 진로를 설계하고 목표를 설정하는 갭이어(gap year)를 갖기를 권한다.

2. 차별화된 자기계발

> 차별화를 두는 것은 쉽지만 더 잘하는 것은 어렵다
>
> - 조나단 이브(Jonathan Ive)

우리의 인식은 지금까지 '처음 하는 것', '잘 못하는 것', '경험해 보지 않은 것'에 도전하고 모험하는 것보다 평범한 일상에서 정답을 찾는 훈련에 익숙해져 있다. 글로벌 시대에 인간 생존의 질을 높일 수 있는 것은 문제를 해결하는 능력을 키우는 것이다. 정답만을 찾아가는 것은 문제해결 능력을 키우는 것이 아니라 어떠한 상황에서 그 문제를 해결할 수 있는 지침서를 제공하는 것이다. 그러나 인생에서 정답으로 채워진 똑같은 상황은 또다시 일어나지 않는다. 이제는 자신의 인생이 타인에 의해서나 외부적인 시선을 의식해서 만족되어지는 삶이 아니라 자신의 주도적인 고유한 삶을 영위하기 위해 노력해야 한다. 그러기 위해서는 지적 수준을 향상하고 자신만의 고유성을 확보하는 능력이 필요하다.

무엇인가를 해내는 사람과 해내지 못하는 사람의 차이는 익숙한 것에 대한 반응이다. 지금까지 우리는 다른 사람과 똑같이 살려는 노력을 기울여 왔다. 그러나 새로운 산업과 기술은 더 이상 정답을 찾는 인재에 관심이 없다. 새로운 것을 만들어 내는 신기술과 시대를 관찰할 수 있는 통찰력을 갖춘 인재를 요구하고 있다.

차별화된 자기계발을 위한 기법

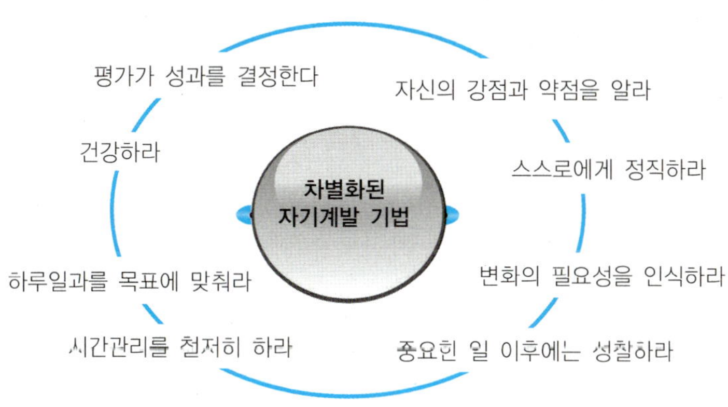

출처: 자기관리 성공노트(2007).

1) 차별화 패러다임

차별화란 남들과 뚜렷한 차이를 두어 구별된 상태가 되는 것을 말한다. 이때 차별화는 자신의 특성에 맞는 독특한 것을 담고 있어야 다른 사람과는 다른 차이를 만들어낼 수 있다. 그러나 단순히 다르다는 것만으로 차별화라고 말하기는 어렵다. 다른 이들이 제공하지 못하는 독특한 가치가 제공되어야 새로운 것을 만들어 낼 수 있다. 기술의 변화는 산업과 일자리에 빅뱅 디스럽션(Bigbang Disruption)[5]으로 2020년에는 기업의 평균 수명이 20년으로 줄어들 것으로 예상하고 있다. 이와 반대로 인간의 수명은 1970년 여자 65.8세, 남자 58.7세에서 2017년 남자 79세, 여자 85세로 남녀를 합친 한국인의 평균수명은 82세로 늘어났다. 이러한 현상은 줄어드는 일자리와 늘어나는 인간의 수명의 불일치로 한 직장에 뼈를 묻고 싶어도 회사가 생겨났다 사라지기 때문에 뼈를 묻을 수 없게 된다.

따라서 이제는 직장보다 직업이 중요한 시대가 되었기 때문에 직장 대신 직업을 가져야 한다. 이때 중요한 것이 직장에 기여하면서 자신만의 직업을 만들 수 있는가를 고민해 보아야 한다.

직장을 벗어나 직업을 준비하기 위해서는 학습이 필요하다. 지금까지는 25세 전후까지의 지식으로 평생을 살 수 있었지만 직업이 필요한 시대에서는 자신만이 할 수 있는 일을 위해 학습역량과 컨텐츠를 쌓아야 한다.

2) 차별화의 기본원칙

(1) 선택과 집중

차별화의 기본 법칙 중 하나가 개인의 역량에 집중하는 것이다. 개인의 목적이나 조직의 목적을 달성하는 과정에서 선택적 집중은 주어진 시간과 자원 안에서 한 가지를 잘하게 되면 나선형 자신감이 생기고 이러한 자신감은 '나는 할 수 있다'라는 성취 에너지를 만들어 낸다.

실패하는 사람이 있다면 성공하는 사람도 분명히 있다. 그저 단순한 성공이 아니라 다른 사람들이 상상하지 못할 정도 이상으로 성공하기 위해서는 단지 좋아하

---

5) 빅뱅 디스럽션 : 기존 제품·서비스의 개선에 그치지 않고 스마트폰·자율주행차처럼 새로운 시장을 창조하여 기존 질서나 시장을 전면적으로 뒤흔드는 혁신을 뜻한다.

는 것이 아닌 잘하는 것에 집중할 필요가 있다. 이를 위해서는 '열정을 가지고 할 수 있는 일', '경제적 성장의 원동력이 되는 일', '당신이 세계 최고가 될 수 있는 일'이 무엇인지를 알고 그 안에서 공통분모를 이해할 때 가능하다.

(2) 기버와 테이커

사물인터넷의 발달은 사람과 사람을 더욱더 잘 연결시키기 때문에 타인과의 상호작용이 그 어느 때보다 중요해지고 있다. 애덤 그랜트(Adam Grant)는 받는 것보다 주는 것을 좋아하는 기버(Giver), 준 것보다 더 많이 받기를 원하는 테이커(Taker), 받는 만큼 되돌려 주는 매처(Matcher)로 인간의 유형을 세 가지로 구분하였다.

현대사회는 상호교환을 포함하는 사회적 상호작용이 넘치는 시대로 친밀한 관계에서는 기버로 행동하고 연봉협상을 할 때에는 테이커로, 동료와 전문지식을 나눌 때에는 매처처럼, 우리는 상황에 따라 다르게 행동하는 경우가 많다. 그러나 조직에서 남을 대할 때에는 대체적으로 한 가지 행동 양식을 선택하게 된다. 상호교환 행동에서 기버가 성공하는 주된 이유는 인맥의 양과 질로 사회에서의 인맥은 성공의 중요한 요소로 작용되고 있다. 따라서 협동 작업과 서비스 산업이 크게 성장하고 개인들끼리 소통하는 소셜미디어가 급성장하는 현대사회에서의 기버적 행동은 나와 타인이 함께 성장하는 것을 돕는 일이라 하겠다.

(3) 대체 불가능한 사람

대체 불가능한 사람은 다른 사람에게 매력적인 투자 대상이 될 확률이 높다. 사람들은 자신의 독특한 재능을 최대한 활용할 수 있는 직업을 선호하게 되는데 조직에서 새로운 사람의 등장은 이전에 자신만이 갖고 있던 것과 비슷하거나 자신을 능가하는 재능을 가졌을 때 조직은 위협을 느낀다. 이와는 달리 조직에서는 자동화 산업에 따른 일자리 감소를 극복할 수 있는 창의적이고 창조적인 자신만의 신지식 트렌드를 갖춘 직원을 선호하게 된다. 따라서 자신의 직무에서 남들이 만들어 내는 그 무엇과는 전혀 다른 나만의 그 무엇을 제공할 수 있어야 한다. 이때 자신의 직무에 대한 차별화는 자신만의 직무를 꾸준히 습득하는 과정 안에서 자신에게 숨겨진 강점을 이끌어 내어 재능과 역량으로 만들어질 때 가능하다.

3) 차별화된 대표강점

> 강점 집중!
> 자신을 경영하고 다른 사람을 경영하기 위한 중요한 원리는 강점에 집중하는 것이다.
> - 피터 드러커(Peter Drucker)

재능을 능력으로 개발하기 위해서는 발상의 전환이 필요하다. 일반적으로 '자기계발' 하면 많은 사람들이 자신에게 부족한 무엇인가를 보완하는 것으로 생각하기 쉬운데 바람직한 자기계발은 자신이 가장 자신 있고 성공할 수 있다고 생각하는 분야를 집중적으로 개발하는 것이다.

4차 산업혁명을 이야기하고 기술 빅뱅시대를 논하는 이 시점에서 뭔가 새로운 것을 다시 준비하는 자기계발이 아닌 특정 분야에서 누구도 따라오지 못하는 자신의 강점을 최대한 발휘할 수 있는 방향의 자기계발이 필요하다.

대표강점이란 특정 활동에서 가치 있는 성과를 위해 최적의 기능을 할 수 있도록 느끼고 생각하고 행동하는 역량으로 성격 강점 중에서 개인의 특성을 가장 잘 반영하며 주로 사용하는 강점을 말한다. 대표강점은 시간과 환경에 상관없이 지속적으로 나타나는 심리적 특성으로 그 자체로서 가치를 지닌다. 이러한 심리적 특성은 부정적일 수도 긍정적일 수도 있는데 강점은 좋은 느낌과 희열감을 자아내는 긍정적 특성으로 발견과 창조를 통해 얼마든지 자기화가 가능하다. 즉, 강점은 자전거 타기의 기술이나 피아노 연주와 같이 개인의 자율선택과 의지를 통해 습득이 가능하며 자기만족과 긍정적 정서를 만들어 낸다.

마틴 셀리그만(Martin Seligman)은 대표강점은 만족에 이르게 하는 지속적이고 자연스러운 방법이며 참 행복은 자신의 대표강점을 발휘함으로써 긍정적 정서를 자아낸다고 설명했다. 또한 행복한 삶, 의미 있는 삶, 숭고한 삶을 다음과 같이 정의하였다. 첫째, 행복한 삶이란 일상생활에서 자신의 대표강점을 활용하여 주된 활동 영역 속에서 충분한 만족을 얻는 삶이다. 둘째, 의미 있는 삶이란 행복한 삶에 한 가지가 더해지는 것으로 대표강점과 미덕을 활용하여 자신의 존재보다 훨씬 더 큰 무엇에 봉사하는 삶을 말한다. 셋째, 숭고한 삶이란 신을 자기 삶의 궁극적인 목표로 삼아 신성하고 경의로운 진실한 삶을 추구하는 것을 말했다.

이상에서 논의한 바와 같이 강점은 그 자체로 가치를 지니며 계발이 가능하다. 또한 개인의 자율적 의지에 따라 결정되는데 강점을 언제 발휘하고 어떻게 지속적으로 계발하느냐를 선택할 수 있으며 언제부터 습득할 것인가에 대해서도 선택이 가능하다. 그렇기에 강점을 계발하고 일상생활에서 활용하는 것은 온전히 개인의 선택 문제이다.

대표강점과 관련하여 피터슨(Peterson)과 셀리그만(seligman)은 심리적 강점과 덕성에 대한 분류체계인 VIA(Airtues in Action)를 개발하고 이 분류체계는 6개의 범주와 24개의 강점으로 다음과 같다.

지혜	용기	인간애	정의	절제	초월
1. 창의성 2. 호기심 3. 개방성 4. 학구열 5. 예지력	6. 용감성 7. 끈 기 8. 진실성 9. 활 력	10. 사 랑 11. 친절성 12. 사 회 지 능	13. 시 민 정 신 14. 공정성 15. 리더십	16. 용 서 17. 겸 손 18. 신중성 19. 자 기 조 절	20. 감상력 21. 감 사 22. 낙관성 23. 유 머 24. 영 성

(1) 지혜(wisdom)와 지식(knowledge)

지혜와 지식은 더 나은 삶을 위한 인지적 강점이다. 창의성(creativity), 호기심(curiosity), 개방성(open-mindedness), 학구열(love of learning), 예지력(foreknowledge)이 이에 속한다.

(2) 용기(courage)

용기는 내적·외적 난관에 직면하더라도 추구하고자 하는 목표와 성취하려는 의지를 실천하는 강점들로 용감성(bravery), 끈기(persistence), 진실성(authenticity), 활력(vitality)이 있다.

(3) 사랑(Love)과 인간애(humanity)

타인을 보살피고 친밀해지는 것과 타인에 대한 관심과 관련된 대인 관계적 강점들로 사랑(love), 친절성(kindness), 사회 지능(social-intelligence)이 이에 속한다.

(4) 정의(Justice)

이 강점은 시민으로 행동할 때 드러나는 것으로 건강한 공동체 생활과 관련된 사회적 강점들로 시민정신(citizen-ship), 공정성(fairness), 리더십(leader-ship)이 있다.

(5) 절제(temperance)

지나침으로부터 보호해 주는 긍정적 특질로 모든 결정 사항들에 대해 독단에 빠지지 않게 하는 용서(forgiveness), 겸손(modesty), 신중성(prudence), 자기조절(self-regulation)이 있다.

(6) 초월(transcendence)

현상과 행위에 대해 의미를 부여하고 우주와의 연결성을 추구하는 초월적 강점들로 감상력(appreciation of beauty and excellence), 감사(gratitude), 낙관성(optimism), 유머(humor), 영성(spirituality)이 있다.

지금까지 대표강점에 대해 살펴보았다. 인간은 누구나 자신만이 잘하는 일, 자신 있는 무엇인가가 있다. 이것이 대표강점이다. 이러한 대표강점을 학업, 인간관계, 대학 및 직장생활, 사랑, 여가 등에 자주 활용한다면 긍정적인 피드백을 받으면서 자신감이 향상될 것이다. 우리 주변에 사소한 것이라도 좋다. 학교 근처의 맛집이나 주변의 카페를 잘 아는 것도 학교생활에 요긴하게 사용되는 대표강점이 될 수 있다. 물론 이러한 수준의 강점 외에 학업이나 대학생활에서 두드러질 수 있는 대표강점을 찾고 개발한다면 일하는 동안 누릴 수 있는 최대의 행복을 누릴 수 있을 것이다.

자신의 강점과 약점을 파악하는 방법

<table>
<tr><td rowspan="6">1. 자신의 능력 이해하기</td><td>자신의 노력 인정하기</td><td>이미 잘하고 있는 것과 향상이 필요한 부분을 살펴보고 자신이 잘한 부분에 대해 기억하기</td></tr>
<tr><td>잘하고 있는 일 적어보기</td><td>일주일간 하루에 어떠한 활동을 하였는지 적어보고 어떠한 활동을 좋아하는지 파악하기</td></tr>
<tr><td>가치 반영하기</td><td>자신이 추구하는 가치를 발견하여 자신의 삶 속의 강점과 약점이 무엇인지 확인하기</td></tr>
<tr><td>테마와 패턴 검토하기</td><td>반복되는 행동 패턴을 검토하기</td></tr>
<tr><td>삶과 가치를 동일 선상에 놓기</td><td>추구하는 가치와 현실을 분석하기</td></tr>
<tr><td>상황적 의미 고려하기</td><td>자신이 소속되어 있는 곳의 관습 파악하기</td></tr>
<tr><td rowspan="4">2. 강점 확인 실행하기</td><td>질문에 응해줄 사람 찾기</td><td>자신의 강점을 확인해 줄 수 있는 사람 떠올려 보기</td></tr>
<tr><td>피드백 받기</td><td>자시의 강점이 무엇인지, 어떠한 상황에서 발견되는지 물어보기</td></tr>
<tr><td>공통점 찾기</td><td>결과 도출 후 비슷한 점을 모아 보기</td></tr>
<tr><td>자화상 만들기</td><td>장점이 모아지면 장점들로 이루어진 자화상 그려보기</td></tr>
<tr><td rowspan="3">3. 행동 리스트 만들기</td><td>행동 적기</td><td>특정 상황에서 어떤 반응을 보이는지 기록하기</td></tr>
<tr><td rowspan="2">어려웠던 상황 생각하기</td><td>즉흥적으로 반응했던 순간 떠올려 보기</td></tr>
<tr><td>어려운 상황에서 빠르게 행동했던 상황 떠올리기</td></tr>
<tr><td rowspan="3">4. 바라는 점의 리스트 만들기</td><td>바라는 점 자신에게 질문하기</td><td>특정한 활동과 목표들을 왜 성취하고자 하는지 질문하기</td></tr>
<tr><td>좋아하는 것 결정하기</td><td>삶에서 가장 즐겁게 생각하는 것 질문하고 답 적기</td></tr>
<tr><td>동기부여가 되는 것 적어보기</td><td>가장 에너지가 넘치고 동기부여가 되는 것은 무엇인지 적기</td></tr>
<tr><td rowspan="8">5. 강점과 약점 평가하기</td><td>약점에 대해 다시 생각하기</td><td>부정적 느낌의 약점 대신 향상에 필요한 영역 생각하기</td></tr>
<tr><td>성장 가능한 영역 발견하기</td><td>약점을 인정하고 성장 가능한 영역 떠올리기</td></tr>
<tr><td>강점에 집중하기</td><td>강점과 관련하여 가장 효율적인 부분에 집중하기</td></tr>
<tr><td>강점과 약점 적어보기</td><td>자신의 삶에서 강하거나 약하다고 느끼는 부분 적어 보기</td></tr>
<tr><td>강점과 약점 평가하기</td><td>욕구와 강점 사이의 불일치 비교하기</td></tr>
<tr><td>결과 보기</td><td>결과에 대해 어떤 행동들이 필요한지 적어 보기</td></tr>
<tr><td>완벽주의 거부하기</td><td>약점에 너무 매달리지 않고 재능을 발전시키기</td></tr>
<tr><td>중요한 순간 부정하지 않기</td><td>한번도 경험해 보지 않는 것에 대해 맞추어 나가 보기</td></tr>
<tr><td rowspan="4">6. 기술 활용하기</td><td>강점과 약점의 연관성 고려해 보기</td><td>지원하고자 하는 직업에서 자신의 약점과 강점이 어떤 관련이 있는지 생각해 보기</td></tr>
<tr><td>정직함과 자신감 보이기</td><td>자신의 강점과 약점에 대해 솔직하기</td></tr>
<tr><td>어려움 극복해보기</td><td>일상생활에서 의도적으로 실천해 보기</td></tr>
<tr><td>강점에 대해 자신감 갖기</td><td>겸손하면서도 강점들을 정직하게 이야기해 보기</td></tr>
</table>

3. 대학에서의 자기계발

> 대학 졸업장은 한 인간이 완성품이라는 증명이 아니라 인생의 준비가 되었다는 표시이다.
>
> \- 에드워드 말로이(Edward A. Malloy)

1) 성공적 자기계발

자기계발(self-improvement)은 자신의 내면에 잠재되어 있는 능력이나 재능, 장점 등을 밖으로 드러낼 수 있도록 이끌어 주거나 일깨워 주는 것을 의미한다. 또한 자기계발은 자기관리(self-management), 자기성장(self-growth), 자기향상(self-advancement) 등 다양한 용어로도 표현되고 있는데 일반적으로 자기계발은 자발적 선택과 자율성에 기초 한다는 점에서 자신이 주체가 된다는 것이 중요한 특징이다.

평소에 자기계발에 노력을 기울인 사람이라면 자신에 대한 새로운 그 무엇을 만들어 내는 것에 있어 변화의 필요성을 스스로 지각하여 목표를 설정하고 계획을 수립하여 실행한다. 이 과정에서 자신의 능력과 역량, 잠재 가능성이 충분히 발휘된다는 점에서 잠재능력을 계발해 가는 것이 바로 자기계발이다. 자기계발은 자신의 문제에 대해 자신이 갖고 있는 잠재력과 주변 환경자원을 활용할 수 있는 역량을 최대로 발휘할 때 성공적인 자기계발을 이룰 수 있다.

그러나 대부분의 사람들은 평균에 이를 때까지 열심히 노력하지만 평균에 도달하면 그 상황에 만족하고 거기에서 멈춰버리는 경우가 많다. 평균에서 +1만 노력한다면 현재보다 훨씬 높은 곳으로 자신을 끌어올릴 수 있음에도 불구하고 평균 수준이 되면 스스로 만족하고 멈추게 된다. 능력을 개발하기 위해서는 무엇인가를 해내려는 적극적인 의욕과 열의가 필요하다.

최근 심각한 청년 실업문제나 경쟁을 강조하는 사회에서 우리들에게 맹목적인 자기계발이나 평균값에 도달하기 위해 마지못해 하는 자기계발은 성공적 자기계발이라고 말하기 어렵다.

성공적 자기계발은 자발적 주체가 되어 자신의 역량을 발휘할 때 나타난다. 특히, 현재 하고 있는 일에 대해 즐거움을 갖고 자신의 노력에 대한 만족감, 성취감을 느낄 수 있도록 지속적인 노력과 자기계발이 이루어져야 한다.

2) 대학생의 핵심역량(Core Competencies)

취업에 있어 가장 중요한 것은 직무에 필요한 핵심역량을 키우는 일이다. 역량이란 기초직업 능력 등으로 번역되는 개념으로 환경과의 상호작용을 효과적으로 만들어내는 개인의 능력을 말한다. 개인의 역량은 급속하게 변화하는 직업세계에서 직무수행을 위해 필수적으로 요구되는 능력으로 특정 상황이나 직무에서 성과 창출의 원인이 되는 개인의 내적인 특성(동기, 자질, 가치관, 태도, 스킬, 지식 등)을 의미한다.

사회심리학자 데이비드 맥클리랜드(David McClleland)는 '역량'을 개인성과를 예측하거나 설명할 수 있는 다양한 심리적·행동적 특성이라고 정의하였으며 역량은 지능지수(IQ)보다 실제 직무성과를 더 잘 예측한다고 주장하였다. 다양성의 가치를 중요시 하는 창조적 사회에서 공동의 이익을 창출해 낼 수 있는 힘은 보유하고 있는 지식 그 자체가 아니라 자기 자신의 고유성을 확보하면서도 다른 경쟁자들보다 우위에 있는 자신만이 갖추고 있는 신지식이나 핵심역량에서 비롯된다.

핵심역량에 대한 논의는 조직에서의 직무에 대한 문제점을 극복하기 위하여 대두되었다. 신지식기반 경제사회로의 급격한 변화는 직무에 대처하기 위한 노력보다 직무를 수행하는데 필요한 기능과 핵심역량을 가지고 있는 개별 개인에게 초점을 맞추는 것이 유리하다고 판단한 것이다. 이러한 맥락에서 직무를 수행하는 개인의 역량에 초점을 두게 되었다.

역량은 동기(motives), 특질(traits), 자아개념(self-concept), 지식(knowledge), 기술(skill)의 다섯 가지 유형이 있다. 이것을 기업의 채용관점에서 보면 지식이나 기술은 입사 후에도 얼마든지 개발할 수 있는 역량이다. 따라서 교육을 통해 변화시키기 어려운 동기나 태도를 잘 갖춘 사람을 채용한다는 점에서 개인의 역량은 과제 수행을 위한 최소한의 기본 능력인 셈이다. 개인이 가지고 있는 핵심역량은 기술과 지식 등과 결합하여 생겨나는 행동영역으로 직종이나 직위에 상관없이 대부분의 직종에서 직무를 성공적으로 수행하게 한다. 핵심역량을 주로 직무수행을 위해 필요한 능력으로 간주함으로써 기업들의 인사정책이나 인사제도의 운영이 변화되고 있다. 지금까지 채용의 중심이 연공서열(seniority)이나 스펙(spec)이었다면 최근에는 스펙을 초월하여 인성이나 직무역량을 중심으로 뽑아야 한다는 인식이 확산되고 있는 것이다.

경영 및 인사관리에서 역량이 중요한 기준이 되고 있는 것은 ① 기업의 생존을 위해 성과의 중요성이 부각되고 있다. 우수한 성과와 업무수행은 개인의 학력이나 보유하고 있는 지식에 의해 좌우되는 것이 아니라 보유하고 있는 능력들이 종합되어 직무나 업무행동으로 발휘되기 때문이다. ② 기술혁신으로 인한 직무(신규 직무, 도태 직무)가 바뀌고 동일 직무라 하더라도 수행방법이 지속적으로 변화되고 있다. 고성과자가 발휘하는 행동역량은 직무수행 방법이나 절차가 바뀌어도 기존에 학습된 지식과 기술에 비해 상대적으로 쉽게 바뀌지 않는 안정적 특징이 있다. ③ 인적자원에 대한 관점의 변화를 들 수 있다. 과거와는 달리 고학력화에 따라 교육수준이 높고 학습 및 훈련의 기회가 많기 때문에 조직에서 구성원들의 기본 수준은 거의 유사하다는 점에 있어 성과의 차이는 개인의 역량에 의해 결정된다고 본다.

기업에서 논의되고 있는 역량은 OECD의 DeSeCo 프로젝트를 통해 학교 교육에 도입되어 역량 관련 담론을 확산시켰다. 아울러 역량 중에서도 ① 사회와 개인을 위해 가치 있는 성과물이 산출되도록 기여하는 역량, ② 다양한 맥락 속에 있는 중요한 요구에 개인이 부합하도록 돕는 역량, ③ 전문가를 위해서 뿐만 아니라 모든 개개인을 위해서 필요한 역량을 핵심역량이라고 개념화하였다.

핵심역량에 대해 한국교육개발원에서는 핵심역량을 발달단계의 관점에서 접근하여 생애에 걸쳐 요구되는 과업들을 성공적으로 수행하기 위해 필요한 가장 기본적인 능력으로 규정하였다. 전 생애에 걸쳐 모든 개인에게 요구되는 핵심역량은 일반적이고 보편적이지만 초·중·고등의 각 단계별에 따라 상대적이며 각자의 상황적 특수성을 갖게 된다.

사회적 변화와 기업의 요구에 부응하는 인재양성을 위해 대학생들이 기본적으로 함양해야 할 핵심역량(essential skills)은 의사소통역량, 자원·정보·기술 활용역량, 종합적 사고 역량, 글로벌 역량, 대인관계역량, 자기관리역량을 꼽고 있다. 또한 대학생 직업기초능력은 개인의 평생고용을 보장받기 위해 필수적으로 습득해야 할 핵심 능력으로 직업 현장에 투입되기 전에 이루어지는 지식, 기술, 태도 등을 말한다. 직업마다 필요한 역량이 다르고 특정한 하나의 직무에 숙달된 기능인보다 변화하는 환경과 요구에 적절하게 대응할 수 있는 ① 직업윤리, ② 조직이해

능력, ③ 기술 능력, ④ 정보 능력, ⑤ 대인관계 능력, ⑥ 자원관리 능력, ⑦ 자기개발 능력, ⑧ 문제해결 능력, ⑨ 수리 능력, ⑩ 의사소통 능력의 중요성이 점점 더 증대 되고 있다.

대학생 핵심역량 진단평가(K-CESA, Korea Collegiate Essential Skills Assessment)

<table>
<tr><th>상위요소</th><th>평가영역</th><th>평가요소</th></tr>
<tr><td rowspan="15">인지적 요소</td><td rowspan="3">의사소통
(Communication)</td><td>적극적인 경청과 이해 능력</td></tr>
<tr><td>효과적인 의사전달 및 발표</td></tr>
<tr><td>토론과 조정</td></tr>
<tr><td rowspan="3">자원 · 정보 · 기술의 활용 능력
(Resource, Information Technology Skills)</td><td>자원의 처리 및 활용 능력</td></tr>
<tr><td>정보의 처리 및 활용 능력</td></tr>
<tr><td>기술의 처리 및 활용 능력</td></tr>
<tr><td rowspan="4">종합적 사고
(Higher-order thinking skills)</td><td>분석적 능력</td></tr>
<tr><td>추론적 능력</td></tr>
<tr><td>평가적 능력</td></tr>
<tr><td>대안적 능력</td></tr>
<tr><td rowspan="5">글로벌 역량
(Global competency)</td><td>외국어 능력</td></tr>
<tr><td>글로벌 환경에 대한 노출 정도</td></tr>
<tr><td>유연성 및 적극성</td></tr>
<tr><td>타 문화에 대한 지식 및 이해</td></tr>
<tr><td>글로벌 및 글로벌 경제에 대한 이해</td></tr>
<tr><td rowspan="9">비 인지적 요소</td><td rowspan="5">대인관계 능력
(Interpersonal & cooperative skills)</td><td>정서적 유대</td></tr>
<tr><td>협력</td></tr>
<tr><td>중재</td></tr>
<tr><td>리더십</td></tr>
<tr><td>조직에 대한 이해</td></tr>
<tr><td rowspan="4">자기관리
(Self-management)</td><td>자기 주도적 학습 능력</td></tr>
<tr><td>계획수립 및 실행 능력</td></tr>
<tr><td>직업 의식</td></tr>
<tr><td>정서적 자기조절 능력</td></tr>
</table>

출처: www.kcesa.re.kr

3) 자기계발 시작방법

'작심삼일'과 '시작이 반이다'이라는 속담이 있다. 전자는 마음에 결심을 해도 3일을 넘기기 힘들다는 말이고 후자는 무엇이든 시작이 어렵지 일단 시작하면 일을 끝마치기는 그리 어렵지 않다는 말이다. 새로운 일에 있어 사람들은 저마다 계획을 세우지만 정작 실천하기란 그리 쉬운 일은 아니다. 그러나 다시 생각해 보면 계획을 세웠다는 것은 어느 방향으로 가고 싶은지에 대한 분명한 목표를 가지고 있다는 의미일 수도 있다.

목표란 어떤 목적을 이루려고 하거나 어떤 지점까지 도달하고자 하는 것으로 1년 정도까지의 목표를 단기목표라 하고 1년 이상 장기간에 걸쳐 이뤄야 할 목표를 장기목표라 한다. 즉, 목표란 마감 시한이 있는 꿈이다. 계획을 세워놓고 마냥 기다리기만 한다면 그것은 목표가 아닌 헛된 꿈에 불과하다. 꿈과 목표의 차이는 행동력에서 나타난다. 적극적인 사람은 계획을 세우면 바로 실행에 옮겨 행동을 개시하는 반면 소극적인 사람은 행동하는 것을 주저한다. 여기에서 목표라 함은 단순히 내가 되기를 또는 이루기를 원하는 것만을 의미하지 않는다. 자신이 도달하고자 하는 바를 어떻게 성취할 수 있는지에 대한 계획을 포함하는 것으로 잘 계획된 목표가 있으면 자신이 원하는 바를 달성할 확률이 높아진다. 목표는 ① 정확히 무엇을 하고 싶은지, ② 목표달성 여부를 어떻게 판단할 수 있는지, ③ 달성 가능한 일인지, ④ 현재의 상황에서 가능한 일인지, ⑤ 언제까지 달성할 것인가에 대해 정확히 알아야 계획을 수립할 수 있다.

계획이란 '어떤 것을 하겠다.'와 같은 의지와 구체적인 실천방법의 행동계획을 말한다. 고등학생이라면 대학입학의 계획을, 대학생이라면 취업을 위한 계획을, 결혼을 앞둔 사람이라면 결혼 계획을 세우는 것처럼 많은 사람들은 모든 일에 앞서 계획을 수립한다.

그러나 이러한 계획이 너무 과도하거나 무리한 계획이라면 오히려 자신에게 스트레스로 되돌아 올 수 있기 때문에 자신에 대한 이해를 바탕으로 최대한 여유를 가지고 계획을 수립하는 것이 좋다. 무엇인가 목표가 정해졌다면 성취하고자 하는 목표를 일, 주, 월, 년 단위로 변화시키고자 하는 일을 적어본다. 예를 들어 인간관계나 의사소통, 또는 직업, 건강, 재정문제 등 몇 달 동안 또는 몇 년 동안 삶에서 부담이 되었던 어떤 것이든 좋다. 이러한 목표설정은 자기계발의 시작이 된다. 언고자 하는 목표가 정해졌다면 자신과 목표 사이에 존재하는 방해 요인을 나열해 본다. 행동을 옮기는 것에 있어 일어날 수 있는 모든 방해 요인을 미리 예상하고 대책을 강구함으로써 목표에 도달할 수 있다.

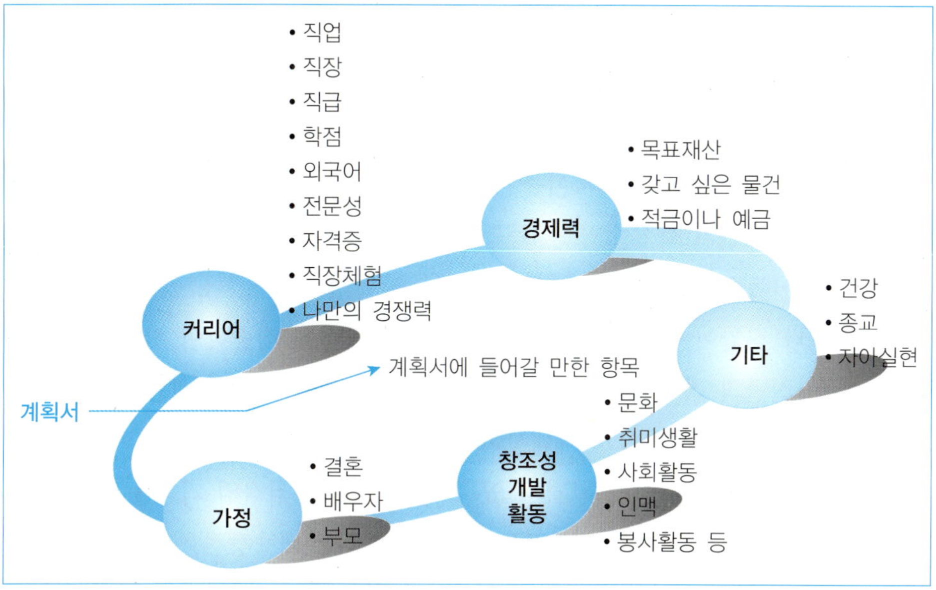

출처: 한국고용정보원.

| 요약정리 |

1. 자기계발은 학력중심사회에서 능력중심사회로 전환되는 과정에서 노동시장 진입을 준비하는 청년기에 반드시 준비해야 하는 필수적인 과제가 되고 있다.
2. 자기계발은 수동적·타율적 형식에 지배받지 않고 자신의 내부에 잠재되어 있는 능력이나 재능 등을 외부로 드러내어 발휘될 수 있도록 일깨워 주거나 이끌어주는 일이다.
3. 차별화는 남들과 뚜렷한 차이를 두어 구별된 상태가 되는 것을 말하며, 이때 차별화는 자신의 특성에 맞는 독특한 것을 담고 있어야 다른 사람과는 다른 차이를 만들어낼 수 있다.
4. 직장보다 직업이 중요한 시대에서는 자신의 역량에 집중하여 직장에 기여하면서 자신만의 직업을 만들 수 있는 능력과 대체 불가능한 사람으로서의 면모를 갖출 때 매력적인 투자대상이 될 수 있다.
5. 대표강점은 특정 활동에서 가치 있는 성과를 위해 최적의 기능을 발휘할 수 있도록 느끼고 생각하고 행동하는 역량을 말한다. 대표강점은 개인의 특성을 가장 잘 반영하며 시간과 환경에 상관없이 지속적으로 나타나는 심리적 특성으로 그 자체만으로도 가치를 지니며 발견과 창조를 통해 얼마든지 자기화가 가능하다.

[쉬어가기]

자기계발을 위한 조언!

"독만권서(讀萬卷書), 행만리로(行萬里路) - 동기창 -

"독만권서(讀萬卷書), 행만리로(行萬里路), 교만인우(交萬人友)"

중국 명나라 말기 문인이며 화가이자 서예가인 동기창의 저서 ≪화선실수필(畵禪室隨筆)≫에 나오는 글로 '글씨와 그림에서 향기가 나려면 만권의 책을 읽고 만리를 여행을 해야 한다'라는 뜻으로 전해져 오다가 그 후 누군가가 '만명의 친구를 사귀'라는 것을 덧붙여 '삶을 향기롭게 영위하려면 만권의 책을 읽고, 만리를 여행하고, 만명의 벗을 사귀어 보라'는 의미로 화자 되는 글로 자신의 삶과 미래의 진로를 성찰해야 할 젊은이들에게는 꼭 필요한 글인 것 같다.

21C를 책임질 대학생이라면 다른 사람과의 차별화와 자기계발을 위해서 이 문구를 잘 음미하고 실천해 보면 어떨까 싶다.

Worksheet

(월 일)

◈ 만다라트 목표달성

〈예시 1〉

			몸만들기	제구	구위			
			멘탈	8구단 드래프트 순위	스피드 160Km/h			
			인간성	운	변화구			

〈예시 2〉

	원인 A			원인 B			원인 C	
		↖		↑		↗		
			A	B	C			
	원인 H	←	H	문제	D	→	원인 D	
			G	F	E			
		↙		↓		↘		
	원인 G			원인 F			원인 E	

〈예시 3〉

몸관리	영양제 먹기	FSQ 90kg						
유연성	**몸만들기**	RSQ 130kg		**제구**			**구위**	
스테미너	가동역	식사 저녁 7수저(가득) 아침 3수저						
			몸만들기	**제구**	**구위**			
	멘탈		**멘탈**	8구단 드래프트 순위	**스피드 160Km/h**		**스피드 160Km/h**	
			인간성	**운**	**변화구**			
	인간성			**운**			**변화구**	

〈예시 4〉

몸관리	영양제 먹기	FSQ 90kg	인스탭 개선	몸통강화	축을 흔들기지 않기	각도를 만든다	공을 위에서 던진다	손목 강화
유연성	**몸만들기**	RSQ 130kg	릴리즈 포인트 인정	**제구**	불안정함을 없애기	힘 모으기	**구위**	하체 주도로
스테미너	가동역	식사 저녁 7수저(가득) 아침 3수저	하체 강화	눈을 열지 않기	멘탈 컨트롤 하기	볼을 앞에서 릴리즈	회전 수업	가동역
뚜렷한 목표, 목적을 가진다	일희일비 하지 않기	머리는 차갑게 심장은 뜨겁게	**몸만들기**	제구	**구위**	축을 돌리기	하체 강화	체중 증가
편치에 강하게	**멘탈**	분위기에 휩쓸리지 않기	**멘탈**	8구단 드래프트 순위	**스피드 160Km/h**	몸을 강화	**스피드 160Km/h**	어깨주의 강화
마음의 파도를 만들지 말기	승리에 대한 집념	동료를 배려하는 마음	**인간성**	운	**변화구**	가동역	라이너 캐치볼	피칭을 늘리기
감성	사랑받는 사람	계획성	인사하기	쓰레기 줍기	부실 청소	카운트볼 늘리기	포크볼 완성	슬라이더의 구위
배려	**인간성**	감사	물건을 소중히 쓰자	**운**	심판분을 대하는 태도	늦게 낙차가 있는 커브	**변화구**	좌타자 결정구
예의	신뢰 받는	지속력	플러스 사고	응원 받는 사람이 되자	책읽기	직구와 같은 폼으로 던지기	스트라이크 에서 볼을 던지는 제구	거리를 이미지 한다

〈활용〉

- 만다라트 기법이란 목표 달성을 위한 본질과 핵심을 파악한 후 핵심개선의 세부 항목을 작성하는 기법이다.

1. 중앙에 이루고자 하는 분명하고 확실한 단 하나의 목표를 적는다.
2. 최종목표를 적었다면 그 목표 주변 8개의 칸에 최종목표 달성에 필요한 요인을 적는다.
3. 각 세부 과제를 주변부 사각형의 중심에 옮겨 적는다.
4. 주변 사각형의 정 가운데 몸만들기, 제구, 구위, 멘탈, 스피드, 인간성, 운, 변화구를 채워 넣는다.
5. 주변주 사각형 정 가운데 자리한 목표를 달성하기 위해 필요한 요소를 적는다.
6. 모든 칸이 채워졌다면 계획을 하나씩 실천한다.

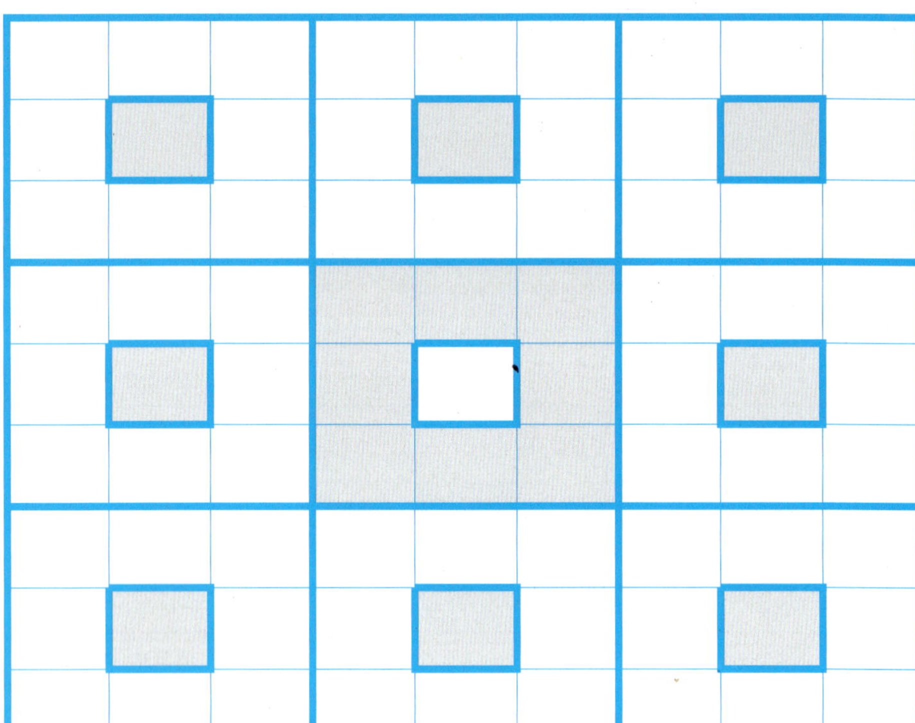

출처: 대학생활 & 취업매뉴얼(강원대학교)

Chapter 8

미래의 인재상

학습목표

1. 셀프리더십의 개념 및 중요성을 이해할 수 있다.
2. 창의력의 개념 및 중요성을 이해할 수 있다
3. 메타인지능력의 개념 및 중요성을 이해할 수 있다.

08

비판은 깊은 의심에서 나온 심술이나 고약한 의견이 아니다. 비판은 바람이다. 이마를 시원하게 식혀주고 눅눅한 곳을 뽀송뽀송하게 만들어주며, 나쁜 균이 번식하지 못하도록 막아준다. 그러기에 비판은 쉼 없이 들을수록 좋다.

-프리드리히 니체-

훌륭한 아이디어는 길을 막는 법이 없다. 스스로 무엇을 원하는지 알고 있고, 또 그것이 절실히 필요하다면 어떻게든 그것을 얻을 방법을 찾게 될 것이다.

- 짐 론 -

1. 셀프리더십의 이해

리더십이란, 한 개인이 타인에게 이미 설정된 목표를 향해 전진하도록 영향력을 행사하는 과정으로 정의한다. 다시 말하면, 리더십이란 목표를 제시하고, 구체적으로 설명하며, 리더가 그 목표달성을 위하여 솔선수범하여 열심히 일하는 것이다. 그러므로 리더십은 현대사회 속에서 매우 필요한 요소가 될 수밖에 없다.

리더십은 타고난 재능이나 유전적인 영향을 받기보다는 타고난 능력과 환경의 영향 아래 습득된 기술의 조합이라고 해야 할 것이다. 이러한 기술습득은 자연적으로 시간이 지나면 주어지는 것이 아니라, 후천적인 동기와 노력의 영향을 더 받으므로 노력 여하에 따라 누구나 강력한 리더십을 가질 수 있다. 이러한 의미에서 요즈음은 셀프리더십을 중요시하고 있다.

1) 셀프리더십의 정의

셀프리더십은 개인 스스로가 자신의 생각과 행동을 변화시켜서 자신에게 영향력을 행사하는 리더십을 말한다. 1989년 멘츠(Manz)와 심스(Sims)는 셀프리더십에 대해 '개인의 효율성을 증진시키는 과정이며, 자신이 진정으로 무엇을 하고자 하는지 자문하고 일상생활에서 자신이 하고자 하는 일을 실행하기 위한 탐구과정' 이라 정의하였다. 1997년 쉘턴(Shelton)은 셀프리더십을 개인이 주도적으로 동기 부여할 수 있도록 계획한 일련의 행동 및 인지적 전략으로 정의하였다. 1998년 나폴리타노(Napolitano)와 핸더슨(Henderson)은 셀프리더십이란 '리더가 자기계발 영역을 유지하기 위하여 필요한 비전, 통합, 열정, 용기, 자신감, 집중력과 규칙, 융통성, 인내, 지혜, 인간성, 자기계발, 균형과 같은 의미를 갖는 가치로운 것'으로 리더십의 핵심이라고 하였다. 다시 말하면, 셀프리더십은 외부의 지시나 통제와는 상관없이 자기를 규제하고 개선하는데 목적을 두고 있으며, 자기주도적 전략을 이용하여 자신에게 바람직한 행동을 결정하기 위해 자신의 행동을 스스로 구성하는 자율성을 지닌 리더십이다. 김미선(2005)은 셀프리더십에서 셀프(self)는 자아의 개념으로 인간내부의 기본적인 성향인 자율성을 강조하고 있으며, 셀프리더십은 학습되는 것이기 때문에 누구나 유능한 셀프리더는 아니더라도 어느 정도는 셀프리더십을 발휘할 수 있다고 주장하였다. 김민정(2007)은 셀프리더십을 개인이 스스로 목표한 바를 이루기 위하여, 생각과 행동을 통제하는 것으로 스스로 동기부여 할 수 있는 행동을 발견하고 시도하며, 긍정적이고 건설적인 마음으로 일에 임할 수 있도록 생각을 변화시키는 것이라고 하였다. 신용국(2009)은 셀프리더십을 개인이 스스로 목표한 바를 이루기 위해서 생각과 행동을 통제하는 것이라 하였다. 이렇게 여러 학자들의 정의를 종합하면, 셀프리더십이란 '개인이 스스로 목표한 바를 이루기 위해서 자신의 생각과 행동을 관리하는 지속적인 과정'으로 정의할 수 있다. 즉, 자신의 정체성을 찾고, 스스로 먼저 생각하고 행동하도록 하는 것이다. 그렇게 할 때 행동의 결과에 상관없이 다른 사람들로부터 호감을 얻고 능력을 인정받게 되고 스스로 행함으로써 즐거움도 누리게 된다.

2) 셀프리더십 등장 배경

셀프리더십의 등장 배경은 20세기를 주도한 고도의 기계문명의 발달이다. 이는 인간에게는 물질적으로는 풍족하게 하였지만 인간을 지나치게 소외시키고, 비인간화 시킴으로써 삶을 왜곡시키도록 만들었다. 이러한 사회적 현상은 다수의 사람들에게 인간성을 되찾는 노력을 하게 하였고 개인들의 만족감을 향상시키는 노력들은 계속되었다.

셀프리더십은 1980년대 미국 기업들이 국제경쟁력에서 밀려 경제가 침체되자 이를 극복하기 위한 과정으로 "신세대 근로자 관리"라는 문제점에 대한 하나의 해답으로 멘츠(Manz)와 심스(Sims)에 의해 개발된 개념이다. 이들은 젊고 교육수준이 높은 신세대 중산층 근로자들이 나이가 많은 동료 근로자보다도 작업의 질이 떨어진다는 점에 대해 연구한 결과, 전통적인 관리방식이 신세대에게는 부적합하다는 것이었다. 신세대 근로자들은 자신의 정열을 회사에 바치고자 하는 것이 아니라 자신의 일에 바치고자 하며 명령만을 받게 되면 참지 못하고 그들의 고유한 재능과 능력을 충분히 발휘하지도 못한다는 것이다. 따라서 신세대 노동자의 특성에 맞는 리더십, 즉 변화와 진보를 촉발하는 자발적이고 혁신적인 행동을 이끌어내기 위해 새로운 리더십이 필요하게 되었고, 이것이 바로 셀프리더십의 등장 배경이 된 것이다.

한편, 셀프리더십을 나타나게 만든 기본 주체는 '환경'과 '개인'과의 관계이다. 즉, 환경이 변하면 거기에 따라 개인이 변해야 된다는 의지이며, 이를 바탕으로 주도적으로 움직이는 리더들을 셀프리더라고 한다.

셀프리더십을 나타나게 하는 기본 원리는 다음과 같다. 첫째, 환경변화에 대한 대응방식이다. 현대는 환경요인이 큰 폭으로 변화하고 있기 때문에 그 변화에 적응하기 위해서는 필연적으로 변화에 대응해 갈 수 있는 방법들을 찾아야 한다. 즉, 외부환경이 급격하게 변화하는 과정 속에서 조직과 개인이 기존의 직렬관계가 아닌 동등한 병렬의 관계로 파트너십 형태를 가지고 대응하도록 나타나는 현상이다. 둘째, '개인의 자세'이다. 최근 조직이나 시대는 확장형 인재, 즉 주어진 것에 맞춰진 수동적인 인재보다는 스스로 만들고 이끌어 갈 줄 아는 주체적 인재를 선호한다. 따라서 개인 스스로도 자신의 가치를 확대할 줄 알아야 하며, 스스로의 가치를 강화시키는 자기계발이나 자기 노력을 지속적으로 하여야 한다. 따라서 확장형 인재의 요소들이 스스로를 계발하는 셀프리더의 요소로 나타나고 있다. 마지막으로 생존을 위한 변화와 용기이다. 21세기 지식사회나 정보사회는 기존에 갖고 있는 가치적인 요소들을 그대로 활용하는 것이 아니라 새로운 변화에 따라서 새로운 가치와 이념, 그리고 새로운 지식들을 수용해서 좀 더 부가가치적으로 만들어 갈 수 있는 방향을 인식하도록 요구받고 있다. 따라서 스스로가 환경에 적극적으로 대응할 수 있는 자세가 필요한 것이 셀프리더가 중요한 배경이라고 볼 수 있다.

3) 셀프리더십 전략

개인의 통제와 자율성을 강조하는 셀프리더십을 개발하는데 필요한 전략으로 행동중심전략, 내재적 보상전략, 건설적 사고전략을 제시하고 있다(박계홍, 김종술, 2013).

(1) 행동중심 전략

셀프리더십의 첫 번째 전략은 성공적으로 일, 과제, 학습을 완수할 수 있도록 자신을 효과적으로 관리할 수 있는 행위에 초점을 맞춘 전략을 말한다. 하위 요소로는 자기목표 설정, 자기관찰, 자기보상, 자기비판, 단서관리 등을 포함하고 있다.

① 자기목표 설정 : 장기적으로 달성하고자 하는 목표를 설정한 후, 우선순위를 정하고 스스로에게 실행을 지시하는 행동을 의미한다. 목표는 그 자체로 동기부여 효과를 가지고 있으며 성과를 향상시키는 역할을 한다. 목표의 달성은 더 높은 목표로 리드하는 강한 강화적 특성을 가지고 있으며, 이때 목표는 단기목표일 수도 있고, 장기목표일 수도 있다.

② 자기관찰 : 자기관찰이란 개인의 특정행동이 언제, 왜, 어떤 상황에서 나타나는가를 알아보는 것이다. 이는 자신의 성과를 향상시키기 위한 목표를 더욱 효과적으로 하는 행동변화의 중요한 자료가 되며, 자기평가의 기초를 제공한다.

③ 자기보상 : 자기보상은 자신이 일을 잘 했다고 판단될 때, 스스로에게 보상을 주는 것을 의미한다. 자기보상은 자기 자신을 새로운 성취, 새로운 목표로 이끄는 데 있어 가장 강력한 방법으로 중요하다.

④ 자기처벌 : 자기처벌은 스스로의 바람직하지 못한 행동에 일정한 징계나 비판을 가함으로써 실수를 반복하지 않도록 하는 데 도움을 주는 방법이다. 자기보상이 바람직한 행동을 강화시키는 것이라면 자기처벌은 부정적 행동을

감소시키는 것이다. 지나친 자기비판이나 처벌은 의욕을 저하시키는 행위전략으로 조심해야 한다.

⑤ 단서관리 : 단서관리란 기억력 인출에 도움을 받고자 포스트잇이나 점검표와 같은 물리적 도구를 활용하는 전략이다. 이는 자신이 하고자 하는 바람직한 행동을 장려하고 그렇지 못한 행동을 억제하도록 단서가 될 만한 것들을 활용하는 행위이다.

(2) 내재적 보상전략

내재적 보상전략은 자연적 보상을 통한 자기존중을 추구하는 것이다. 내재적 보상전략은 즐겁고 보람 있는 수행활동에 의해 진정한 가치와 보람을 찾는 내적인 보상에 초점을 두고 있다. 이는 즐겁고 보람 있는 과업활동을 추구하는 행위를 포함하며, 이런 성과를 달성함으로써 유능감, 자기통제감, 그리고 목적의식을 제공해 줄 때 사람들은 보다 더 내적인 보상이 된다고 보는 것이다(Manz & Sims, 2001). 이처럼 내재적 보상전략이란 내재적 동기와 유사한 개념으로서, 수행직무 달성을 통해 가치에 대한 향유, 믿음, 몰입 등을 갖게 된다.

(3) 건설적 사고전략

1992년 호튼(Houghton)과 넥(Neck)은 기존의 행동 중심 전략 및 내재적 보상의 내용을 담고 있는 셀프리더십을 보다 체계적으로 정립하기 위해 건설적 사고전략을 추가하였다. 건설적 사고전략은 자신의 사고 속에 건설적이고 효과적인 습관이나 패턴을 확립한다(예: 부정적 사고가 아닌 긍정적 사고를 추구). 건설적 사고패턴은 장애요인에 집착하기보다는 기회요인으로 보는 긍정적 사고를 의미한다. 건설적 사고전략은 신념을 관리하는 것, 자신과 대화하는 것, 상상적 경험과 같은 요소들을 관리함으로써 얻어질 수 있다.

① **신념(가치)** : 셀프리더십 역량과 관련된 가장 중요한 신념 또는 믿음은 어떤 특정한 수행할 수 있는 능력에 대한 자기효능감이다. 즉, 왜곡된 사고(극단적 사고, 지나친 일반화 등)를 수정하는 것이다.

② **상상적 경험** : 어떤 행동에 들어가기 전 항상 긍정적인 결과를 의도적으로 상상하는 셀프리더십 사고전략의 한 가지 방법이다.

③ **자신과의 대화** : 자신과의 대화는 해야 할 일들을 더 잘 수행할 수 있다고 스

스로에게 확신을 주어 긍정적인 결과가 나오도록 하는 정신적 테크닉을 말한다. 자신과의 대화에서 역기능적인 내용을 건설적인 내용으로 대치하려는 노력은 사고패턴을 효과적으로 관리하는 데 유용한 방법이다(이상호, 2009).

4) 대학생을 위한 셀프리더십 교육의 필요성

우리나라 대학생들은 중·고등학교 시절인 청소년기에 정체성을 발견할 수 있는 기회가 거의 없다. 대부분의 대학생들은 대학 진학에만 목표를 두고 생활하면서 실제로 대학에서 무엇을 배우고, 앞으로 무엇을 해야 할 것인가와 관련 있는 가치관, 자기 목표, 그리고 자아정체성을 제대로 형성하지 못하고 있다. 또한 그들은 일단 대학에 입학하면 고등학교 당시 익숙했던 지시나 타율에 의한 수동적이고 의존적인 생활방식과 달리 스스로 책임지고 독립적이며 능동적인 생활방식으로 전환하도록 요구받게 된다.

한편 대학생 시기에는 자율적으로 전공 공부를 하면서 효율적으로 진로를 계획하고 준비할 뿐 아니라, 더불어 살아갈 수 있는 책임감 있고 성숙한 사람으로 성장해야 하는 과업이 있다는 사실도 발견할 수 있다. 따라서 독립적인 주체로서의 기반을 다지는 대학생 시기에 꼭 개발되어야 할 리더십은 매우 중요하다. 다시 말하면, 대학생들이 셀프리더십 개발을 통하여 자율성과 책임감, 그리고 협동심과 공동체성을 학습함으로써, 성인이 되면 발휘하게 되는 역량에 차이가 나게 된다. 그러므로 셀프리더십 개발은 성인에게만이 아니라 도전과 시행착오의 기회가 많은 대학생들에게 더 필요하다.

대학생 리더십 개발의 필요성은 대학생 시기에 나타나는 다섯 가지 발달단계의 특징과도 관련지어 생각해볼 수 있다(김광수 외, 2003). 첫째, 대학생 시기는 독립적인 성인으로 성장하고, 정신적·경제적으로 자립심을 구축하는 시기이다. 또한 법적·경제적·정신적 측면에서 독립적으로 생각하고 행동하기를 기대한다. 따라서 자율적으로 시간을 관리하고, 해야 할 일들의 우선순위를 정하고, 실천하며, 목표를 가지고 스스로 학습을 계획할 수 있도록 지원하는 리더십 개발이 필요하다. 둘째, 자신의 정체성과 개성을 발견하고, 인정하며, 일관성 있게 형성해가는 시기이다. 외모와 건강 및 취미와 독서 영역뿐만 아니라 다양한 활동에 참여하여 자신의 개성을 발현할 수 있게 된다. 그러므로 리더십 개발이 필요하다. 셋째, 성공적인 대인관계 특히 이성과의 건전한 관계형성방법을 터득해가는 시기이다. 또한 확장된 인간관계를 통하여 함께 살아가는 사회에서의 적응력을 키울 수 있으며, 협력하는 사회인으로서의 자질을 기를 수 있다. 그러므로 다른 사람과 공감적인 의사소통을 할 수 있으며, 협동할 수 있는 리더십 개발이 필요하다. 넷째, 자기 의사를 분명히 표현하고, 자발성과 적극적인 참여의식이 발휘되는 시기이다. 대학생들은 학교 안팎에 있는 다양한 동아리 활동에 참여하기도 하고, 관심 있는 영역의 다양한 공모전에 참가하기도 하며, 봉사활동에 참여하기도 한다. 이와 같이 대학생들이 다양한 경험에 노출되고, 경험들을 반성하고, 통합하면서 자발성, 적극성, 그리고 원만한 일 처리 능력을 배우게 될 것이다. 마지막으로 자신의 적성에 맞는 진로를 탐색하는 시기이다. 자신의 적성을 발견하고, 적성에 맞는 진로를 선택하며, 선택한 진로를 미리 체험해보는 기회를 갖게 되기도 한다. 따라서 자신의 영역에서 리더십을 발휘할 수 있는 역량을 가질 수 있도록 지원해야 할 것이다.

2. 의미에 디자인을 더한 창의력

요즈음 급격한 시대적 흐름으로 4차 산업혁명시대가 많이 언급되고 있다. 이러한 시대에 필요한 능력을 꼽으라 하면 관리력, 공감력 그리고 창의력을 들 수 있다. 그 중에서 창의력에 대한 관심이 자녀를 키우는 부모에서부터 시작해 성인에 이르기까지 계속 커져가고 있다. 단순 반복적인 정보를 찾고 쏟아내는 것, 그리고 수학과 같은 연산을 기가 막히게 하는 것은 이미 인공지능 로봇이 더 잘할 수 있는 영역임을 알기 때문이다. 그렇다면 과연 창의력은 무엇을 말하는 것일까? 우리는 너무 흔하고 쉽게 쓰고 있지만 가만히 생각해보면 창의력이 어떤 것인지에 대해 잘 모르고 있는 것 같다.

1) 창의력(creativity)의 개념

창의력이란 '새로운 것을 생각해 내는 능력'이다(표준국어대사전, 2017). 한마디로 창의력은 '생각력'이라고 할 수 있다. 새로운 어떤 것을 창조하고 만들기 전에는 반드시 생각이 필요하다. 예를 들어 '왜 달은 땅에 떨어지지 않는가?'라고 생각한 과학자는 만유인력을 발견하게 되고, '하늘을 날고 싶다'라는 생각을 지닌 자전거 수리공이었던 두 형제는 백여 년 전 인간을 최초로 하늘에 띄우는데 성공한다. 우리 주변을 봐도 마찬가지다. 단지 먹고 화장실 볼일 보는 휴게소가 아니라 휴식을 취하고 즐길 수 있는 머물고 싶은 휴게소를 만들자 라는 '생각'이 고속도로의 휴게소를 가능케 했다. 또한 최근 등장한 카카오뱅크 역시 그동안 불편했던 은행 업무를 스마트폰을 이용해 어떻게 하면 쉽게 만들 수 있을까 하는 '생각'으로부터 나온 것이다. 남들이 해놓은 생각의 통념으로부터 벗어나 제품과 서비스 혹은 정책이 실행될 때 혜택을 받을 사람들을 떠올려야 한다. 그것을 위해 내가 정말 좋아하는 것으로부터 시작한다면 남들보다 조금 나은 것이 아닌 남들과는 '다른' 창의적 생각을 해낼 수 있을 것이다. 그렇다면 창의력을 키우는 방법은 명확해진다. '생각력'을 키우면 되는 것이다. 수영을 잘하기 위해서는 물속에 들어가 많이 움직여보아야 하듯이 생각력을 키우기 위해서는 다양한 생각 속에 노출될 수 있어야 한다. 창의적 고수들이 사용했던 방법들을 보면 이런 생각의 시간을 극대화하려고 노력했음을 알 수 있다. 빌게이츠는 Think week를 통해 새로운 사업을 구상하였다고 한다. 3M이나 구글의 경우에도 모든 직원들에게 주어진 업무시간 이외에 자신만의 과제를 가지고 생각하는 15~20%의 시간을 갖게 하였다는 이야기는 매우 유명한 사례이다.

창의력의 핵심은 몰입이다. 인간은 몰입상태에서 아이디어가 나온다. 어려운 문제를 해결하려 할 때 처음은 힘들지라도 지속적으로 생각하다 보면 완전히 몰입되고, 창의적인 아이디어가 나온다. 이러한 일이 반복적으로 일어날 때 문제를 해결할 수 있다. 그렇다면 창의적 아이디어가 생기는 원리는 무엇일까? 아이디어가 떠오르고 아이디어를 적고 어떻게 떠올렸나 살펴보지만 원리를 밝히기 어렵다. 이러한 원리를 '세렌디피티(Serendipity)'라고도 한다. 세렌디피티(Serendipity)는 뜻밖의 발견, 운 좋게 발견한 것을 뜻한다. 과학분야에서는 실패나 실수에서 얻은 중대한 발견 또는 발명을 의미하기도 한다.

2) 창의적 사고과정

창의적 사고가 어떻게 가능한가에 대한 이론은 그렇게 많지 않다. 그 가운데 영국의 심리학자 월러스(G Wallas)의 창의적 사고과정에 관한 설명이 가장 많이 인용되고 있다. 그는 세렌디피티(Serendipity)를 중심으로 하여 창의적 사고의 과정을 준비단계, 부화단계, 통찰단계, 검증단계의 4단계로 나누었다.

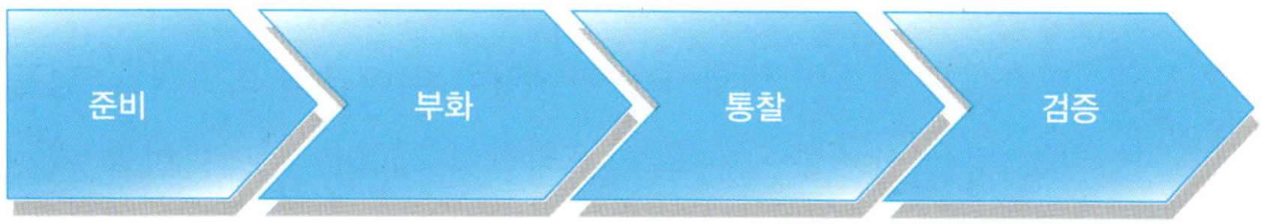

먼저, 준비단계에서 문제를 분석하고, 그에 대한 자료를 수집한다. 이 과정에서는 가능한 한 많은 자료가 축적되어야 한다. 그 다음은 부화단계이다. 이 단계는 성숙했던 생각이 어느 정도의 시간을 거친 후 숙성된 아이디어로 나오게 된다. 이 부화단계가 얼마나 걸리는가는 사람에 따라 다르다. 한국사회에서 가장 부족한 부분이 바로 이 부화단계다. 창의적인 문제해결을 위해서는 그 문제로부터 몸과 마음이 일시적으로 떠나 있는 시간이 필요하다고 주장한다. 마치 닭이 알을 품고 있는 부화의 시간처럼, 창조적 해결을 위한 침묵의 시간이 필요하다는 것이다. 이 시간이 바로 휴식이고 여가인 것이다. 세 번째는 통찰단계이다. 이 단계가 바로 세렌디피티(Serendipity)이다. 준비와 부화라는 단계에서 오랫동안 숙성하고 가만히 두는 시간을 거치면 불현듯 통찰을 한나는 것이다. 하지만 세렌디피티(Serendipity)라고 하는 우연적 발견은 각자가 적극적이고 주도적으로 계속적으로 노력하면 창의적 아이디어라는 결과를 도출할 수 있다. 월러스의 4단계는 각자가 해당하는 주제에 대해 오랫동안 지식을 습득하고 (준비단계) 그 주제와 관련한 문제를 고민하며, 마음에 품고(부화단계) 진행과정에서 개인적 사고력 증대를 위해 매우 의미 있는 활동이 될 것이다. 마지막 단계는 검증이다. 통찰단계에서 암시된 아이디어가 해결안으로서 타당한지를 검증하고 그 결과에 따라 완전한 아이디어로 정리하게 되는 것까지를 포함한다.

3) 창의적 사고의 구성요소

창의적 사고의 구성요소는 정의적 요소와 인지적 요소로 나눌 수 있다. 정의적 요소는 민감성, 상상력으로 구성되어 있으며, 특히, 민감성은 창의적 사고의 가장 기본이 되는 기초능력이다. 인지적 요소는 유창성, 융통성, 독창성, 정교성으로 구성되어 있다.

(1) 창의적 사고의 정의적 요소

① **민감성** : 민감성은 감각이 발달하여 관찰력이 뛰어남을 의미한다. 남들이 그냥 지나치는 것을 예민한 감각으로 포착하여 새로운 아이디어를 내는 것이다. 그 중에서도 가장 중요한 것은 '문제 상황에 대한 민감성'이라고 말할 수 있다. 문제 상황에 대한 '민감한 관찰'은 사물이 있는 그대로의 현상을 주의 깊게 살펴보는 것을 의미한다. 관찰력이 뛰어나야 감각이 예민해지고 더 많은 것을 보고, 듣고, 냄새 맡고, 생각할 수 있게 된다. 제대로 관찰하려면 주의집중을 해야 하고 많은 노력이 필요하다. 특히 오감을 통한 민감성 훈련은 어릴 때부터 훈련되어야 한다. 유의점으로는 오감을 통한 활동에서는 한 가지 감각에 집중시켜야 한다. 시각을 통한 활동에서는 손으로 만지거나 냄새를 맡거나 귀로 듣는 활동은 철저히 금지되어야 한다.

② **상상력** : 사람의 가장 기본적인 심리학적 경험 중 하나이다. 상상력은 눈에 보이지 않는 어떤 사물을 구체적인 이미지로 형상해내는 정신능력을 말한다. 특히 상상력은 과거의 경험이나 지식, 아이디어 등의 표상을 바탕으로 앞으로 해야 할 일이나 행동을 계획하고자 새로운 표상을 만들어내는 능력이다. 그러므로 상상력이 발달하려면 과거의 경험이나 지식이 축적되어 있어야 한다. 그리고 축적된 지식이나 경험을 새로운 상황에 알맞도록 통합하고 조합할 수 있어야 한다.

(2) 창의적 사고의 인지적 요소

인지적 요소는 주로 기능적 요소이다. 아이디어를 많이(many), 다양하게(varied), 독특하게(original), 그리고 정교하게(elaborative) 생성해내는 것으로 정의하고 있다.

① 유창성 : 유창성은 사고의 속도개념으로 어떤 자극 또는 물건에 관한 아이디어를 제한시간 내에 많이 생성해내는 양적인 사고과정이다. 따라서 아이디어

의 질보다 양이 중요하므로 자유로운 분위기에서의 활동이 요구된다. 양적으로 많은 아이디어가 질적으로 모두 우수한 아이디어라고 말할 수는 없지만 질적으로 우수한 아이디어가 포함되어 있다는 가정하에 아이디어를 생성해 내는 것이다. 또한 유창성은 다른 요소들에 비해 가장 기초적인 단계로 비교적 쉽게 향상된다.

② 융통성 : 어떤 문제가 제시될 때 접근하는 사고의 폭을 의미한다. 고정적이고 경직된 사고방식이나 지각체제에서 벗어나, 폭넓고 다양하게 접근함으로써 여러 종류의 문제해결 방법을 생각해 내는 사고능력인 것이다. 즉, 사고의 범위개념으로 다양한 측면에서 다양한 시각으로 폭넓게 사고하는 능력이다. 융통성만을 위한 활동 또는 유창성만을 위한 활동이라기보다는 한 가지 활동으로 여러 가지의 요소를 함께 생각하며 활동하는 것이 바람직하다.

③ 독창성 : 독창성은 사고의 새로운 개념으로, 기존의 것에서 탈피하여 다른 사람들이 문제를 해결했던 방식이 아닌, 독특한 방식으로 생각하는 능력을 의미한다. 즉, 주어진 문제 상황에서 기존의 방안이나 생각을 바탕으로 자기 나름대로 색다르고 참신한 문제해결방법을 생각해내는 능력을 뜻한다.

④ 정교성 : 정교성은 한 가지 아이디어를 설명하고자 상세한 내용을 가득 채워 넣거나 심층적인 아이디어를 생산해내는 능력이다. 즉, 사고가 피상적인 수준에 머물지 않고 더욱 세부적으로 나아갈 수 있는 구체적인 수준으로 아이디어를 재미있고 완전한 것으로 확대시켜 가는 사고과정을 말한다.

4) 창의력 개발 방법

창의력을 개발하는 방법에는 다음과 같은 것들이 있다.

- 호기심 : 항상 새로운 상황에 합당한 사고능력을 키우려면 새로운 생각의 씨앗이 자라나게 해야 한다. 그 첫 번째가 바로 호기심이다. 호기심은 창의력의 가장 좋은 밑거름이라고 할 수 있다.
- 칭찬 : 자신을 칭찬하고 격려하는 습관을 들인다면, 무슨 일을 하든, 동기부여가 생긴다.
- 관찰하기 : 칭의성은 다양성에서 온다. 따라서 환경주변의 변화와 현상을 분석하는 여행을 떠나는 것도 좋은 방법이다.

- 감정표현의 극대화: 창의력은 이성보다는 감성적인 측면이 더 강하다. 풍부한 감수성의 표현이야말로 창의력 개발에 큰 도움이 된다.
- 역발상, 사고의 전환: 야구선수가 홈런을 많이 치려면 삼진 당하는 것을 두려워하지 않아야 하듯이 창의적 혁신가는 작은 실수에도 기회를 찾을 수 있다. 그 기회 안에서 창의력이 발휘될 수 있다.
- 작문 및 메모: 명확한 목적에 의한 작문 또는 작은 것을 메모하는 습관은 창의력을 기르는 방법 중의 하나이다.

3. 조화와 공감으로 무장한 메타인지능력

1) 메타인지능력의 개념

메타인지라는 개념은 1970년대에 프레벨(J. H. Flavell)에 의해서 처음 사용되었으며 자신의 인지과정에 관한 인지라고 정의할 수 있다. 즉, '자신의 사고과정에 대해서 알고, 그것을 토대로 사고과정을 조절하는 것이다. 메타인지는 '인지에 대한 지식'과 '인지에 대한 조절'로 나눠볼 수 있다. 인지에 대한 지식은 메타인지적 지식(metacognitive knowledge)으로 자신의 인지상태에 대한 인식이나 자신의 성취를 위해 언제 의도적으로 노력을 해야 하는지 등에 대한 지식을 의미하고, 인지에 대한 조절은 메타인지적 실행(metacognitive regulation)으로 자신이 어떤 것을 성취하기 위해 유용한 변인이나 전략을 선택, 활용하며 그 결과를 점검하고 평가하는 것 등을 의미한다.

'인지에 대한 지식'을 3개의 하위 범주로 나눌 수 있다.

- 선언적 지식(declaratine knowledge) : 스스로에 대한 지식이나 전략에 대한 지식
- 절차적 지식(precedural knowledge) : 전략을 어떻게 사용할 것인지에 대한 지식
- 조건적 지식(conditional koowledge) : 전략을 언제 그리고 왜 사용할 것인지에 대한 지식을 말한다.

'인지에 관한 조절'은 3개의 하위범주로 나눠볼 수 있다. 계획(planning), 모니터링 혹은 조절하기(monitoring or regulation), 평가(evaluation)이다

- 계획하기(planning) : 적절한 전략들을 확인하고 선택하며, 자원들을 활용하는 것과 관련이 있으며, 목표를 세우고, 배경 지식들을 활성화하며 시간 조절을 하는 것까지 포함할 수 있다.
- 모니터링 혹은 조절하기(monitoring or regulation) : 주의를 기울이고 수행과제에 대한 이해 및 인식상태와 관련 있으며, 자기테스트를 포함할 수 있다.
- 평가하기(evaluating) : 결과물과 수행성과에 대한 과정을 평가하는 것으로 정의되며 목표를 다시 한 번 수정하고 다시 시도해 보는 것까지 포함한다.

이러한 메타인지는 처음에는 메타기억이라는 개념에서 출발했다. 이 근거로 프레벨의 실험을 들 수 있다.

프레벨(Flavell)과 그의 동료들은 취학 전 아동과 초등학생을 대상으로 자신이 완전히 암기했다는 확신이 들 때까지 암기활동을 계속하는 실험을 하였다. 그러한 실험에서 어린 피험자들은 나이든 피험자들과 달리 제대로 암기하지 못하면서도 암기에 대한 확신을 쉽게 가지며 자신의 암기 노력을 중단하는 것으로 드러났다(Flavell, Ffiedrich, & Hoyt, 1970). 이 후 유사한 실험을 통해 그 같은 사실이 재차 확인되면서 그들은 마침내 한 가지 결론에 도달하게 되었다. 그것은 아동들에게는 암기활동을 성공적으로 완수하는 데 필요한 암기활동 그 자체에 대한 지식이 결여되어 있다는 것이다. 그리하여 프레벨(Flavell, 1971)은 암기활동에 대한 지식을 의미하는 말로서 '메타기억'이라는 용어를 처음으로 사용하였으며 그 후 메타인지로 발전하게 된다.

EBS 다큐멘터리 '학교란 무엇인가'에서 '메타인지'와 관련된 재미있고 놀라운 실험 하나를 했다. 우선 상위 0.1% 성적의 학생들과 평범한 학생들을 불러 연관성 없는 단어, 즉 변호사, 우산, 초인종, 여행 등과 같은 단어들을 보여주었다. 그 다음 보았던 수많은 단어들 중에서, 본인이 기억하고 있다고 생각하는 '단어의 개수'를 노트에 적도록 했다. 그 결과는 놀라웠다. 상위 0.1% 아이들은 자신이 기억하는 단어의 개수를 대부분 정확하게 예측했다. 이 연구에서 중요한 것은 문제를 많이 맞고 틀리고가 아니라 자신이 맞을 거라고 확신한 개수를 거의 정확히 예측했다는 것이다. 딱 한 명의 학생만 예측한 개수보다 하나 더 맞혔다. 반면 평범한 학생들은 예측한 개수와 실제 정답 수에서 큰 차이를 보였다. 예측한 것보다 3개를 더 많

이 맞기도 하고 여섯 개를 더 틀리기도 했다. 자신이 정확히 기억하는 건지 모르는 건지 확실히 몰랐다는 이야기이다. 결과적으로 메타인지능력이 높은 사람은 스스로에 대해 정확하게 알고 예측 가능하여 체계적인 자기관리가 가능할 수 있다.

2) 메타인지 기능

2006년 마르티네즈(Martinez)는 자신의 연구에서 메타인지의 방대한 기능을 세 가지 주요한 카테고리로 설명하고 있다. 메타기억과 메타이해(Meta-memory and meta-comprehension), 문제해결(problem solving), 비판적 사고(critical thinking)가 그것이다.

메타기억과 메타이해는 '아는 상태에 대한' 스스로의 주관적인 평가를 의미한다. 단, 이러한 메타인지적 평가는 부정확할 수도 있다.

문제해결은 특히 예측 불가능하고 복잡한 사회에서 지속적으로 요구되고 또 연습된다. 문제해결은 보통 목표에 이르는 방법이 불확실할 때에도 그것을 추구하는 것으로 정의되는데, 이는 무엇을 해야 할지 명확히 알지 못하는 상태에서도 무엇인가를 하는 것을 의미한다. 메타인지는 문제 해결의 과정 속에서 한걸음 뒤로 물러나 목표를 다시 한 번 확인하고, 지금까지 걸어온 경로가 맞았는지 평가하며, 목표를 위해 현재 시점에서 해야 할 다음 것들을 계획하는 중요한 역할을 담당한다.

비판적 사고는 어떤 것의 질을 위해 생각들을 평가하고, 특히 그것이 말이 되는 것인지 아닌지를 판단 내리는 것이다. 예를 들면, 생각들을 평가할 때 '이 아이디어가 명확히 진술되나? 한 가지 아이디어가 다른 것과 논리적으로 연결되나? 그 주장은 논리적이고 합리적이며, 일관되었나 아니면 그 자체로 모순되어 있거나 혹은 보장할 수 없는 추론이나 지지할 수 없는 일반화들을 만들어 내는가? 과학적인 연구방법들의 기준에 잘 부합하는 근거와 분석에 의해 뒷받침 되는가?' 등의 질문들을 하게 되는데, 생각에 대한 이러한 평가가 바로 메타인지적 속성이다.

3) 메타인지능력 향상 방법

(1) 말로 설명하기

메타인지능력을 향상시키기 위해서 가장 효율적인 방법은 '말로 설명하기'라고 말할 수 있다. 실제로 EBS 다큐멘터리의 전교 1등 친구들도 친구에게 설명하기, 엄마에게 설명하기 등 설명하기 공부법을 적극적으로 활용하였다. 심리학자들도 공부를 잘하는 아이와 평범한 아이의 가장 큰 차이는 '메타인지'이며, '설명하기'가 메타인지를 올리는 가장 효과적인 방법이라 주장했다. 설명을 해보면 내가 아는 것과 모르는 것의 구분이 명확해지고, 알고 있는 지식들의 인과관계도 정리되기 때문이다.

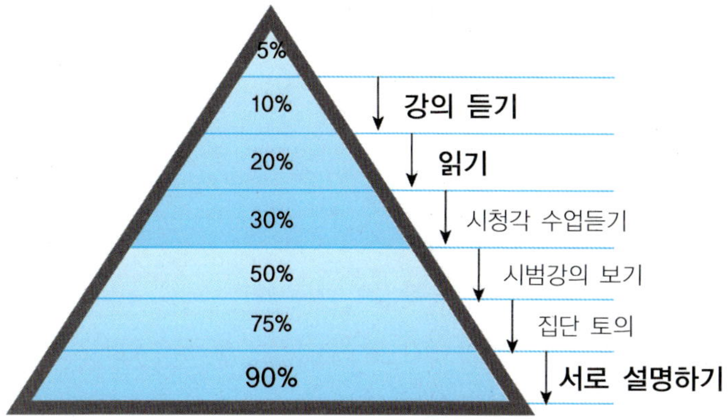

출처: EBS

[그림 8-1] 학습효율성 피라미드

위의 [그림 8-1]은 미국 교육기관 NTL에서 연구한 학습효율성과 관련된 것이다. 〈학습 효율성 피라미드〉를 보면 강의를 설명하며 공부할 경우 학습 후 24시간이 지나도 내용 90%를 기억할 수 있었다. 하지만 일방적 강의를 듣기만 했을 때 5%에 그쳤다. 이처럼 '설명'하면서 공부하면 '메타인지'를 향상시키고 '학습 효율성'도 높아진다는 것을 연구로 보여주었다.

(2) 질문

메타인지 향상을 위한 질문방법으로 아래와 같다.

※ 인식

- 내가 이 일에 어떻게 접근하고 있는가?
- 이 프로젝트를 하면서 나는 무엇을 하고 있는가?
- 책을 읽으면서 내용을 이해하지 못할 때 나는 무엇을 하는가?
- 문제가 생기면 나는 무엇을 하는가?

• 읽고 있는 동안 나는 무슨 생각을 하는가?

※ 계획

• 어떤 종류의 작업인가?
• 목표는 무엇인가?
• 필요한 정보는 무엇인가?
• 이 일을 하는 동안 어떤 문제가 생길 수 있고 그때 어떻게 처리해야 하는가?
• 어떤 전략이 도움이 될까?
• 내가 가지고 있는 자원은 무엇인가?
• 이 과제는 얼마나 걸리나?
• 큰 프로젝트 내에 어떤 소단위 작업이 있는가?
• 어떤 순서로 해야 하며 항상 내가 할 수 있는 게 무엇인가?
• 누구와 어떤 사건에서 협조하여야 하는가?
• 누가 나를 도와줄 수 있나?
• 이 프로젝트에서 배우고자 하는 바는 무엇인가?

※ 모니터링

• 이것이 내가 하려고 했던 것인가?
• 이 일에서 무엇을 이해하지 못하는가?
• 다른 결과를 얻으려면 어떻게 했어야 했나?
• 다시 시작해야 하나?
• 더 효과적으로 하기 위해 내가 어떤 방식을 바꿀 수 있는가?
• 작업환경 중에서 어떤 부분을 통제할 수 있는가? 예상치 못했던 도전에 어떻게 대응할 수 있는가?
• 내가 무엇을 배우고 있는가?
• 더 많은 것을 더 잘 배우려면 어떻게 해야 하는가?
• 이 방식이 최선의 방식인가?

| 요약정리 |

1. 셀프리더십의 이해

1) 셀프리더십은 개인 스스로가 자신의 생각과 행동을 변화시켜서 자신에게 영향력을 행사하는 리더십을 말한다.

2) 대학생 리더십 개발의 필요성은 첫째, 대학생 시기는 독립적인 성인으로 성장하고, 정신적 · 경제적으로 자립심을 가지기 시작하는 시기이다. 둘째, 대학생 시기는 자신의 정체성과 개성을 발견하고, 인정하며, 일관성 있게 형성해가는 시기이다. 셋째, 대학생 시기는 성공적인 대인관계 특히 이성과의 건전한 관계형성방법을 습득하고 터득해가는 시기이다. 넷째, 대학생 시기에는 자기 의사를 분명히 표현하고, 자발성과 적극적인 참여의식이 발휘되는 시기이다. 다섯째, 대학생 시기는 자신의 적성에 맞는 진로를 탐색하는 시기이다.

3) 창의력이란 '새로운 것을 생각해 내는 능력' 즉, '생각력'이라고 할 수 있으며, 창의적 사고의 과정은 4단계로 준비단계, 부화단계, 통찰단계, 검증단계이다.

4) 메타인지라는 개념은 1970년대에 프레벨(J. H. Flavell)에 의해서 처음 사용되었으며 자신의 인지과정에 관한 인지라고 정의할 수 있다. 즉'자신의 사고과정에 대해서 알고, 그것을 토대로 사고과정을 조절하는 것이다.

2. 의미에 디자인을 더한 창의력

창의력이란 '새로운 것을 생각해 내는 능력' 즉, 생각력이라 할 수 있으며, 창의적 사고과정은 4단계로, 준비단계, 부화단계, 통찰단계, 검증단계이다.

3. 조화와 공감을 바탕으로 한 메타인지능력

메타인지라는 개념은 1970년대에 프레벨(J. H. Flavell)에 의해서 처음 사용되었으며 자신의 인지과정에 관한 인지라고 정의할 수 있다. 즉, '자신의 사고과정에 대해서 알고, 그것을 토대로 사고과정을 조절하는 것이다.

Worksheet 1 ▸ 셀프테스트로 나의 리더십을 진단해 보자.

※ 유의사항

1. ①번에서 ⑤중 하나만 체크하자.
2. 한 문항에 대해 너무 오래 생각하지 말고 체크하자.

	문 항	← 전혀 그렇지않다/ 매우 그렇다 →				
1	나 자신의 성취를 위해 특정 목표를 정한다.	①	②	③	④	⑤
2	직업과 성과를 위해 목표를 의식적으로 정한다.	①	②	③	④	⑤
3	나 자신을 위해 세운 특정 목표를 위해 매진한다	①	②	③	④	⑤
4	미래에 성취하려고 계획한 목표에 대해 생각한다.	①	②	③	④	⑤
5	나 자신의 성취를 위한 특정 목표들을 적는다.	①	②	③	④	⑤
6	어떤 과제를 특별히 잘 해결했을 때 내가 즐기는 활동인 무언가로 나 자신에게 보상하기를 좋아한다.	①	②	③	④	⑤
7	내가 어떤 것을 잘 해냈을 때, 나는 특별한 외식이나 영화, 쇼핑과 같은 이벤트로 나 자신에게 보상한다.	①	②	③	④	⑤
8	내가 성공적으로 어떤 과제를 완수했을 때 나는 종종 내가 좋아하는 어떤 것으로 내 자신에게 보상한다.	①	②	③	④	⑤
9	나는 불완전한 성과를 냈을 때 낙심하는 경향이 있다.	①	②	③	④	⑤
10	업무를 제대로 수행하지 못했을 때 나 자신에게 혹독한 경향이 있다.	①	②	③	④	⑤
11	나는 업무를 제대로 수행하지 못했을 때 자책감을 느낀다.	①	②	③	④	⑤
12	나는 업무를 제대로 수행하지 못했을 때 종종 나 자신에 대한 불만을 표현한다.	①	②	③	④	⑤
13	나는 학기 수행 정도를 관리하기 위해 스스로 점수를 매긴다	①	②	③	④	⑤
14	나는 어떤 활동의 수행 정도를 대개 인식하고 있다.	①	②	③	④	⑤
15	내가 일을 얼마나 잘하고 있는지에 대해 주목하고 있다.	①	②	③	④	⑤
16	내가 진행하고 있는 과제에 대한 진도를 인식하고 있다.	①	②	③	④	⑤
17	나는 성과를 내는 데 필요한 것을 상기하기 위해 기록한 메모를 활용한다.	①	②	③	④	⑤
18	나는 성과를 내는 데 필요한 것에 초점을 맞추고 도움이 되는 구체적인 것들을 활용한다(메모와 체크리스트 등).	①	②	③	④	⑤
19	나는 업무(학업)의 불쾌한 측면보다는 유쾌한 측면에 초점을 맞추는 편이다.	①	②	③	④	⑤
20	나는 바람직한 행동을 유발할 수 있는 물건이나 사람들 가까이에 있으려고 노력한다.	①	②	③	④	⑤
21	나는 선택권이 나에게 있을 때 대충 일을 끝내기보다는 즐겁게 일을 하려고 노력한다.	①	②	③	④	⑤

	문 항	← 전혀 그렇지않다/ 매우 그렇다 →				
22	나는 일에서 즐기는 활동들을 찾아낸다.	①	②	③	④	⑤
23	내가 가장 좋아하는 방식을 찾아 일을 끝낸다.	①	②	③	④	⑤
24	상상력을 발휘해 중요한 업무를 잘 수행하는 것을 머릿속에 그려본다.	①	②	③	④	⑤
25	나는 말하기 전에 그 일을 성공적으로 수행하는 것을 스스로 머릿속에 그려본다.	①	②	③	④	⑤
26	나는 때로 실제로 일하기 전에 성공적인 수행에 대해 마음속으로 그려본다.	①	②	③	④	⑤
27	나는 의도적으로 내가 직면한 도전들을 극복하는 것을 머릿속으로 그려본다.	①	②	③	④	⑤
28	나는 실제로 도전에 직면하기 전에 종종 도전에 대처하려고 계획한 방안을 마음속으로 시연해 본다.	①	②	③	④	⑤
29	나는 때로 내가 직면한 어려운 문제들을 대처하는 데 도움이 될 수 있도록 큰 소리로 또는 마음속으로 되뇌어 본다.	①	②	③	④	⑤
30	때로 나는 어려운 상황을 극복하면서 일하기 위해 스스로에게 (큰소리 또는 마음속으로)이야기를 한다.	①	②	③	④	⑤
31	나는 어려운 상황에 직면할 때마다 내 자신의 신념과 가정에 대해 생각한다.	①	②	③	④	⑤
32	내가 직면한 문제의 상황과 관련해서 자신의 신념에 대한 정확성을 마음속으로 평가하려고 노력한다.	①	②	③	④	⑤
33	다른 사람과 의견의 불일치를 갖게 될 때 내 자신의 가정에 대해 솔직히 말하고 평가한다.	①	②	③	④	⑤
34	다른 사람과 의견의 불일치를 갖게 될 때 내 자신의 속마음을 솔직히 말하고 평가한다.	①	②	③	④	⑤
35	내가 갖고 있는 신념과 가정에 대해 생각하고 평가한다.	①	②	③	④	⑤
	합 계	M :				

(채점방법 및 해석)
1. 1번에서 35번까지 √표시한 숫자를 모두 더한다.
2. 합한 숫자를 35로 나누어 평균(M)을 구한다.
3. 평균(M)의 값이 5점에 가까울수록 셀프리더십 수준이 높고 1에 가까울수록 낮은 것을 의미다.

출처: 이종원(2015). 청년대학생 취업 Cheer up!. pp.34-36.

Worksheet 2 ▸ 가치 탐사하기

◎ 공동체에서 가치는 구성원들을 묶어주는 정신적 원칙으로 그 공동체의 목표를 촉진하고 성공하도록 돕는다. 대학은 취업률이 중요하기도 하지만 대학의 중요한 역할은 인간사랑, 자유, 진리, 사랑… 과 같은 이런 가치를 구현하는 것이다. 이러한 가치는 대학을 다니는 우리가 구현해나가야 한다. 우리가 다니는 학교건물, 교수님, 선배들, 연혁 같은 것들을 살펴보면서 찾아보자.

※ 우리 학교가 추구하는 '가치' 탐사하기

step 1 아래의 질문 중 하나를 골라 각자 실감나게 리얼하게 적고 이야기 해보자.

1. ○○○ 대학교를 지원하게 된 동기, 입학하기 전 우리 학교에 대해 전해들은 이야기는?

2. ○○○학교 교정(건물, 도서관, 강의실, 식당 등)에서 느낀 점은?

3. ○○○학교 사람 중 '이 사람 참 괜찮네!!'라고 생각한 사람은?(어떤 점 때문에)

4. ○○○학교가 배출한 인물 중 존경하는 사람은?(무엇 때문에 존경하는지..)

5. '○○○학교를 선택하기 정말 잘했다'라고 경험한 사건이 있었다면?

6. ○○○학교 홍보매체(홈페이지 포스터, 플래카드 등)에서 알게 된 가치는?

step 2 그룹별 각자 이야기를 듣고 3개의 키워드를 찾는다._키워드 찾기

step 3 그룹별 전지에 각자의 키워드를 써 넣는다.(1인당 3개씩) _ 맵핑

step 4 각 사람이 쓴 3개의 키워드 중에서 각자 1개의 키워드를 뽑아낸 후, 그 키워드를 연결하여 문장을 만듭니다.

대학은

한 곳이다.

Chapter 9

성공을 부르는 효과적인 시간관리

학습목표

1. 효과적인 시간관리에 대해 설명할 수 있다.
2. 시간관리의 기술에 대해 설명할 수 있다.
3. 미래시간에 대해 계획을 세울 수 있다.

09

가장 오래 산 사람이란 가장 오랜세월을 살아온 사람이 아니라 가장 뜻있는 삶을 겪은 사람이다.

-장쟈크 루소-

시간이 언제나 당신을 기다리고 있다고 생각지 말라. 게을리 걸어도 결국 목적지에 도달할 날이 있을 것이라는 생각은 잘못이다. 하루하루 전력을 다하지 않고는 그 날의 보람은 없을 것이며 동시에 최후의 목표에 도달하지 못할 것이다.

- 요한 볼프강 폰 괴테 -

1. 대학생활과 시간관리

한국에는 매년 약 60만 명(일반대학 40만 명과 전문대학 20만 명)의 대학생이 탄생한다. 대학 진학은 인생에 있어서 커다란 변화에 속한다. 대학생활이 이전의 학교생활과는 현저하게 다르기 때문이다. 대학생활의 특성을 잘 이해하지 못하면 대학생들은 커다란 어려움에 처하게 된다. 4년여의 대학생활을 하는 동안 매우 다양한 많은 일들이 벌어진다. 대학에 진학하자마자 수강신청, 수업부담, 시험 스트레스, 외로움, 친구와의 갈등, 경제적 어려움, 전공분야의 불만족, 졸업 후 진로고민 등으로 마음이 복잡하고 힘들다. 그래서 요즈음 대학생활에서 나타나는 다양한 문제들과 함께 학업관리, 인간관계, 연애, 자기계발, 진로준비, 시간관리, 스트레스 관리 등에 대해 고민도 많다. 하지만 대다수의 교수들은 연구와 강의에 바빠 학생 개개인에게 따뜻한 관심을 기울이지 못한다. 다시 말하면 대학은 외형적인 발전에 관심을 집중할 뿐 학생들의 대학생활 적응에는 깊은 관심을 기울이지 못한다. 매년

초 신입생을 위한 오리엔테이션을 하고 있지만 매우 피상적인 내용을 형식적으로 전할 뿐이다. 신입생의 대다수가 대학생활에 대한 이해가 부족한 가운데 수많은 시행착오를 겪으며 방황하고 있는데도 말이다.

대학생활의 가장 큰 특징은 자유다. 자유는 대학생활의 가장 큰 매력이자 특권이다. 대학생은 자유로운 생활을 통해서 마음껏 자신의 개성과 능력을 발휘할 수 있다. 인생과 세상에 대한 다양한 학문분야를 마음껏 탐색하여 배울 수 있다. 하지만 대학생활의 자유는 무계획적이고 무질서한 생활, 충동적이고 무절제한 행동, 무책임한 태도로 이어질 수도 있다. 이러한 대학생활을 하는 가장 큰 특징은 인생의 비전과 목표가 없다는 점이다. 대학입학이라는 목표를 향해 달려 왔지만, 대학에 입학한 후에는 목표를 상실한 것이다.

대학교는 미래의 인생을 위해 전인적인 내공을 쌓는 곳이다. 지식의 습득뿐만 아니라 자기수양, 인생관 탐색, 인간관계를 통해 좀 더 성숙한 인간으로 성장하기 위한 장이다. 그러므로 대학생활을 어떻게 하느냐가 인생의 많은 부분을 결정한다.

대학생들이 최근 취업과 더불어 궁금해 하는 것은 시간관리, 생활계획, 방학을 유용하게 보내는 방법 등에 대해서다. 이와 관련한 구체적인 내용들을 선배들이 알려주는 것이라고 여겼지만, 스스로 찾아야 하는 경우가 대부분이다. 대학생활 4년은 시간관리를 어떻게 하는가에 따라 자신의 모습이 바뀔 수 있다. 그래서 대학생이라면 시간관리가 중요하다는 것만 알고 실천에 옮겨도 4학년 때 편하게 미래준비를 할 수 있다.

대학생으로서 시간관리의 중요한 영역으로 공부해야 하는 것, 즐길 수 있는 것, 사회로 나가기 위한 진로설계 및 계획 준비를 해야 하는 것으로 나눌 수 있다. 또한 새내기 대학생으로서 할 수 있는 것, 4학년이 취업을 위해 준비해야 하는 것은 각각 다르다. 각 학년별로 반드시 해야 하는 것들이 있기는 하지만 그 순서가 모두에게 일률적이지는 않다. 자신의 학교, 전공, 성향, 교우관계, 가족의 자본 여부 등을 잘 따져서 4년간의 시간을 알차게 보낼 수 있도록 시간관리 계획을 세우고 실천하여야 한다.

1) 시간의 개념

시간은 원래 희랍어로는 크로노스(chronos)와 카이로스(kairos)의 이중적 의미를 가지고 있다. 크로노스는 물리적 시간의 개념으로 1년이나 1달 또는 1시간, 1분등 달력이나 시계로 잴 수 있는 것을 의미하며, 카이로스는 기회나 위기 등의 어떤 특정한 시기를 의미한다. 즉, 크로노스는 어떤 일을 하는데 필요한 적당한 물리적인 시간의 양이라면 카이로스는 그 일을 성취하는데 적절한 시기와 의미라고 할 수 있다. 또 다른 측면에서 시간을 정의하면 양적인 개념과 질적인 개념으로 정리할 수 있다. 양적인 개념의 시간은 유한성의 성격으로 시간은 누구에게나 공평하게 주어지는 무형이며 유한한 자원이다. 위에서 언급한 크로노스(chronos)의 시간을 의미한다. 질적인 개념의 시간은 무한성의 성격으로, 시간을 어떻게 사용하느냐에 따라 그 가치가 달라진다는 견해로서 시간 사용의 효율성이며 질적 자원이다. 이 또한 위에서 언급한 카이로스(kairos)의 시간을 의미한다.

한편 시간의 속성을 다섯 가지로 설명할 수 있다. 첫째, 시간은 인생의 중요한 자본이다. 산다는 것은 시간을 소유했다는 것이요, 죽는다는 것은 시간이 없어진 것이다. 둘째, 시간은 쉴 새 없이 흘러간다. 세월은 시간을 기다리지 않는다. 한 번 간 시간은 다시 오지 않는다. 셋째, 시간은 돈 주고 살 수 없다. '시간은 돈이다'라는 말이 있는데 사실 시간은 돈 이상이다. 이 귀중한 시간은 누구에게나 하루 24시간이 주어지며 이를 남보다 더 잘 활용하는 사람이 성공한다. 넷째, 시간은 저축할 수 없다. 시간은 돈이나 물건과 달라 붙잡아 둘 수도, 저축 할 수도 없다. 주어진 지금, 이 시간을 최대로 활용해야 한다. 다섯째, 시간은 남에게 빌려주거나 빌려 쓸 수 없다. 나에게 주어진 시간을 성실하게 써야 함을 명심해야 하겠다.

2) 시간관리의 의미

시간은 귀중한 자원으로 인간에게 기회를 제공하고. 모든 사람에게 똑같은 양으로 분배되며, 저장할 수 없고 자기관리의 한 부분으로 삶을 효과적으로 운영하는 중요한 자원이다. 따라서 이러한 시간을 계획적으로 관리하는 일은 매우 중요하다. 시간관리란 시간을 가장 효율적으로 사용하고 자신의 인생에 긴장과 이완을 주는 올바른 기술을 일상생활에서 효과적으로 계속 실천하는 것이다. 즉, 시간관리란 넓게는 삶 전체를 관리하는 것이며, 좁게는 인간으로서 영위해야 할 식사, 취침, 휴식 등의 기본생활을 제외한 시간을 관리하는 것이다. 대학이나 각급 학교의 상담소에서 학생들에게 제공되는 시간관리는 프로그램의 형태를 지닌다. 보통 이러한 시간관리 프로그램은 학생들로 하여금 그들의 공부시간을 효율적으로 이용하게 하려는 목적으로 시행되기 때문에 '공부 방법'의 매우 중요한 하위 요소가 되기도 한다. '공부 방법'의 한 부분으로서의 시간관리는 학생들에게 매일 자신의 생활을 기록하게 하여 자신의 시간사용을 분류하게 한다. 특히, 공부시간, 친구와의 교제시간, 여가시간, 신변처리에 관련된 시간 등을 측정하여 자신의 생활에 대한 통제력을 높이고 공부에 투입되는 시간을 늘려 자기 효율성을 제고하게 한다. 그러나 시간의 질적 개념에서 보면 실제로 시간관리의 대상은 시간이 흐르는 동안 개인이 행하는 활동을 관리하는 것이다. 즉, 목표를 성취하기 위해 활동의 우선순위를 정하고, 이를 실천할 수 있도록 환경과 자신을 통제하는 것이다. 많은 사람들에게 시간관리의 중요성을 언급하는 이유는 시간관리가 효과적으로 이루어짐으로써 삶을 균형 있게 운영할 수 있으며, 가치 있는 일에 보다 많은 시간을 투자함으로써 목표달성을 쉽게 할 수 있다. 더불어 급변하는 현 시대에서 효과적으로 적응할 수 있으며, 정신적·육체적 스트레스를 예방하며 건강한 삶을 살 수 있는 중요한 요소가 되기도 한다.

2. 시간관리 기술

시간관리는 시간을 체계적으로 관리함으로써 사람들의 목표를 성취하도록 도와주는 중요한 기술이다. 대학생에게는 다양한 활동뿐만 아니라 자유시간도 많이 주어진다. 따라서 시간관리는 매우 중요하다. 시간관리의 원칙은 기록이다. 따라서 성공적인 대학생활을 원한다면 반드시 플래너를 사용하는 습관을 들여야 한다.

시간관리는 목표정하기, 계획세우기, 실행하기의 세 과정으로 이루어진다. 시간관리의 첫 단계는 목표를 정하는 것이다. 즉, 제한된 시간 동안에 이루고자 하는 목표를 구체적으로 정하고 그 중요성과 긴급성을 고려하여 우선순위를 정한다. 두 번째 단계는 목표와 관련된 구체적 계획을 세우고 시간대별로 실행할 수 있는 활동을 시간대별로 배정한다. 세 번째 단계는 시간대별 계획에 따라 실천하는 것이다. 이러한 실천과정에서 발생되는 여러 가지 장애물을 잘 극복하는 것이 무엇보다도 중요하다.

1) 목표 우선순위 정하기

대학생활은 하고 싶은 일과 해야 할 일들이 많다. 학교 강의준비에서부터 동아리활동, 데이트, 아르바이트, 공모전 준비, 취미활동, 각종 모임 등이다. 뿐만 아니라 사람이라면 기본적인 생활에 해당되는 활동도 매일 해야 한다. 이처럼 기본 생활에서부터 대학에서의 다양한 활동을 두서없이 하게 되면, 늘 시간에 쫓기게 되고 대학생활은 성과 없이 졸업하게 될 것이다.

시간관리의 첫 단계는 목표정하기이다. 일반적으로 목표는 기간에 따라 연 목표, 월 목표, 주간 목표, 일일 목표 등으로 나눈다. 각 기간 동안에 하고 싶은 일과 해야 할 일들을 나열해 보고 그 목표들의 우선순위를 정한다.

〈성공하는 사람의 7가지 습관〉의 저자 스티븐코비(Stephen R, Covey)는 우선순위를 정하는 방법을 제시하고 있다. 우선순위를 정하는 데 있어 가장 핵심은 중요성과 긴급성에 바탕을 두고 있다. 중요성에 해당하는 사항은 결과와 연관되고 사명, 가치관, 목표에 기여하는 정도를 의미한다. 긴급성에 해당하는 사항은 즉각적인 처리를 전제조건으로 하며 눈에 잘 띄며 심리적 압박감을 수반한다. 스티븐코비(Stephen R, Covey)는 이 두 축을 통해 아래와 같이 시간관리 매트릭스 4분면으로 구분하였다.

	긴급함	긴급하지 않음
중요함	• 마감시간 임박한 꼭 해야 할 과제 (나음 수 동아리 발표회, 다음주 중간 시험 등) • 기한이 있는 프로젝트 1사분면	• 미래를 위해 준비해야 할 일 (인간관계구축, 자기계발, 건강관리, 운동 등) 2사분면
중요하지 않음	3사분면 • 마감시간이 임박했지만 꼭 할 필요는 없는 일 (e-mail 정리, 사소한 모임, 행사참석 등)	4사분면 • 시급하지도 중요하지도 않은 하찮은 일 (잡담하기, 인터넷 서핑, 게임, TV보기 등)

1사분면은 반드시 해야 할 뿐만 아니라 지금 당장 하지 않으면 안 되는 일이다. 당장 준비해야 할 리포트, 마감시간이 임박한 과제, 내일 치러야 할 시험, 눈앞에 닥친 통학시간 등은 중요하면서도 당장에 해결하지 않으면 안 되는 긴급한 일이다. 하지만 1사분면에 과다한 시간을 소비한다면 일들은 긴박감은 넘칠 수 있으나

끊임없는 스트레스의 원인이 되기도 한다. 그러므로 시간관리 방법은 효과적이지 않다.

2사분면의 일은 긴급하지는 않지만 중요한 활동이 속해있는 영역이다. 건강관리, 가족관계, 대인관계, 자기계발, 어학공부, 진로설계, 목표 설정 등 당장하지 않아도 큰일이 생기지는 않는 그런 영역이다. 하지만 2사분면의 일이 지금 당장 급하지 않다고 해서 미루다 보면 인생에 있어서 중요한 일은 하지 못하고 중요하지 않은 일을 긴급하게 처리하는 1사분면으로 바뀌는 특성이 있다. 예를 들어 건강관리에 소홀하여 건강에 위험신호가 오면 그때는 매우 긴급하고 중요한 일로 바뀌게 된다. 특히 미루기를 습관처럼 하는 사람들은 2사분면에서 여유 있게 할 수 있는 일도 1사분면의 긴급한 일로 만들어 스트레스를 수반하는 경우가 많다. 인생에 있어서 가장 중요한 일을 소홀히 하여 놓치는 일이 없도록 하여야 한다.

3사분면의 일은 긴급하지만 덜 중요한 일로 이루어진 영역이다. 다른 사람에게 위임해도 좋은 간단한 일들이 이 영역에 해당한다. 3사분면은 전화호출, 친구의 사소한 부탁, 술자리, 축제 등을 거절을 하지 못하고 이리저리 끌려 다니는 유형이다. 하지만 많은 사람들이 이 영역에 속하는 일을 실제보다 더 중요한 일이라고 착각한다. 따라서 3사분면의 일에 시간을 많이 뺏기게 되면 상대적으로 2사분면의 일을 미루게 되고 그 결과 자신이 세운 목표는 늘 뒷전으로 밀려나게 된다.

4사분면은 긴급하지도 않고 중요하지도 않은 일이 속해 있는 영역이다. 특별히 목적이 없는 일들이다. 새벽까지 이어지는 술자리, 밤 깊은 줄 모르고 탐닉하는 컴퓨터 게임, 과도한 TV 시청과 같은 활동들은 전형적인 4사분면의 활동이다. 이러한 4사분면 활동을 많이 하는 사람은 아무런 목표나 계획이 설정되지 않거나, 1사분면의 활동을 많이 하다 보니 누적된 스트레스를 풀기 위해 그러한 활동을 즐기는 경우일 수도 있다. 많은 사람들이 가장 많이 시간을 할애하는 활동은 3사분면, 1사분면의 활동이다. 결국 많은 사람들이 중요하지 않지만 긴급하거나 긴급하면서 중요한 일을 처리하느라 대부분의 시간을 할애하고 있는 것이다.

그렇다면 중요하지 않으면서 긴급한 일의 함정에서 벗어나기 위해서는 3사분면의 활동 절반과 1사분면의 활동을 10% 정도만 2사분면의 활동으로 배분한다면 해결될 수 있을 것이다. 이렇게 하기 위해서는 첫째, 1, 3, 4사분면의 활동들을 점검하여야 한다. 그리고 그런 활동들을 제거하거나 줄이는 작업을 하여야 한다.

둘째, 2사분면의 시간계획을 세우고, 그 시간에 몰입하도록 하여야 한다. 2사분면의 활동계획을 위해 시간블록을 만들고, 주변에 있는 사람에게 이를 알려라. 어떤 사람들은 문을 걸어 잠그고 정말 중요한 일이 아니면 특정한 시간에 다시 오도록 부탁하는 팻말을 걸어놓기도 한다.

셋째, 다가오는 일주일, 그리고 일 년을 시각화하자. 주간계획을 세울 때, 다가오는 한 주의 시간사용을 2사분면의 양식 내에 시각화한다. 계획을 시각화하게 되면 3사분면의 활동에 직면했을 때, 더 쉽게 저항할 수 있을 것이다. 또한 일 년 혹은 그 이상을 시각화하자. 이렇게 하면 2사분면의 활동에 초점을 맞추게 될 것이다.

넷째, 매일 10분간의 자유로운 시간을 찾아내자. 2사분면의 활동 중 하나를 선택하여 매일 그 시간을 할애해라. 나의 계획을 점검한다든지, 나의 내면에 잠깐의 휴식을 주는 것도 좋다. 결과적으로 하루에 행하는 활동 중 50%의 활동을 2사분면에 포함되는 활동을 한다면 목표를 세우고 실천하는 일은 잘 수행이 될 것이다.

2) 계획 세우기

하고 싶은 일과 해야 할 일들에 대한 우선순위를 정하면 그 목표를 성취할 수 있도록 체계적 계획을 세워야 한다. 계획을 세울 때 중요한 것은 하위 목표들을 찾아내고 시간적 순서에 따라 실행계획을 구체적으로 세우는 것이다.

시간관리계획은 연간계획, 월간계획, 주간계획, 일일계획 모두 필요하지만, 시간관리의 기본은 주간계획 잘 세우는 것이다. 대학생의 경우 특히 주간계획이 중요하다. 대학생활에서 가장 중요한 강의시간이 주 단위로 반복되기 때문이다.

3) 계획 실행하기

시간관리의 마지막 단계는 행동으로 실천하는 것이다. 대학생의 경우 주간계획표를 기준으로 실행하고 시간사용을 제대로 하였는지 점검하는 것이 바람직하다. 시간관리에서 중요한 것은 계획과 실천의 GAP을 줄이는 것이다. 계획을 실천하기 위해서는 다음과 같은 노력이 필요하다.

(1) 주간계획표를 가지고 다니며 체크해라.

주간계획표를 가지고 다니면서 하루에 두세 번은 점검하고 기록한다. 계획을 세울 때는 욕심을 부리지 않아야 한다. 돌발 상황이 발생하여 계획처럼 실행이 되지 않는 경우가 많다. 이러한 상황을 고려하여 여유시간을 만들어 주는 것이 좋다. 또

한 사용한 시간을 점검하고 그 결과에 따라 시간계획을 수정 보완한다.

(2) 시간을 블록으로 묶어 활용한다.

중요한 일을 할 때는 시간을 한 덩어리로 묶어 집중적으로 실행하는 것이 효율적이다. 오늘 할 일을 낱낱이 쪼개어 실행하는 것보다 집중할 수 있는 시간으로 묶어서 처리하는 것이다. 즉, 한주에 해야 할 작은 일들을 하루에 모아서 처리한다. 또는 집중이 잘되는 시간대에 중요한 일을 한다. 아무런 간섭을 받지 않은 시간 및 장소를 확보한다.

(3) 자신만의 집중시간을 찾아라.

사람마다 아침에 집중이 잘되는 아침형, 밤늦은 시간에 집중이 잘되는 야간형이 있다. 하루 중 자신만의 집중시간을 파악하여 그 시간에 중요한 일을 하도록 계획을 세워라. 일반적으로 아침형이 야간형보다 시간활용이 효율적이라 알려져 있다. 가능하면 중요한 일은 오전에 하는 것이 효과적이다.

(4) 시간도둑을 잡아라.

매주 계획이 제대로 실행되었는지 확인하고 평가하여야 한다. 만약 계획대로 실천하지 못했다면 주된 원인을 찾아야 한다. 첫째, 자신에 대한 과대평가를 들 수 있다. 대학생들이 계획을 세울 때 무리한 계획을 세우는 경우가 많다. 시간계획은 60% 정도 지켜지면 성공이다. 따라서 계획을 세울 때는 실행하지 못한 계획에 대해 보완할 수 있는 여유시간을 두어야 한다. 둘째, 미루기 습관이다. 대학생은 자율적으로 시간을 관리해야 한다. 때문에 스스로에게 힘들거나 어려운 일은 미루기 쉽다. 또한 미루기가 습관화되어 있는 학생들도 있다. 시험 준비 및 과제물에 대해 막판까지 미루다가 낭패 보는 경우가 많다. 셋째, 유혹과 타인의 부탁을 거절하지 못하는 경우이다. 친구의 부탁이나 유혹을 거절하지 못하는 마음약한 사람들이 시간관리에 어려움을 겪는다. 또한 동아리 활동을 하면서 시간을 할애하다 보면 자신의 우선순위를 미루는 경우가 있다. 중요한 것은 스스로가 선택과 집중을 할 수 있는 지혜가 필요하며, 'NO'라고 말해야 할 때 'NO'라고 말할 수 있어야 한다. 마지막 시간도둑으로 게임, TV, 인터넷, 스마트폰 등을 들 수 있다. 이러한 기기사용은 스스로의 통제가 중요하다.

3. 미래시간

목표는 미래에 실현되기를 소망하는 결과다. 따라서 각자 노력을 통해서 성취하기를 바라는 미래 상태를 뜻한다. 대학생들이 살아가고 있는 현재는 조만간 과거가 되고 미래는 머지않아 현재로 다가온다. 우리들의 삶에서 가장 중요한 것은 지금 내가 현재 어디에 서 있느냐가 아니라 어디를 향해 나아가고 있느냐이다. 즉 우리는 자신의 인생목표와 방향을 뚜렷하게 하는 것이 매우 중요하다.

목표는 대학생들의 일상적인 삶을 살아가는 데 강력하게 영향을 미친다. 분명한 목표를 정하고 실천하는 것은 내 삶의 행복과 성공의 필수요소이기 때문이다. 목표가 주는 유용성을 살펴보면, 첫째 우리 삶에 의욕과 생동감을 준다. 목표를 분명히 하고 열망이 클수록 더욱 열정적으로 살아간다. 목표가 성취되었을 때를 상상하기만 해도 가슴 뛰고 설레기 때문이다. 둘째, 목표는 각자 삶의 방향과 의미를 제공한다. 목표가 뚜렷한 학생은 매일 반복되는 대학생활이라 할지라도 오늘 무엇을 해야 하는지 분명하게 드러난다. 이러한 노력이 각자의 삶에 어떤 의미를 주는지도 잘 안다. 셋째, 목표는 행복감을 느낄 수 있도록 한다. 목표를 성취했거나 진행되고 있다고 인식할 때 행복감으로 느껴진다. 넷째, 목표는 일상생활의 스트레스를 이겨낼 수 있도록 역할을 한다. 즉, 목표가 분명하고 실행해 가는 사람은 역경을 잘 이겨낼 수 있다. 다섯째, 목표는 성공가능성을 높여준다. 분명한 목표를 가지고 있는 사람은 그렇지 않은 사람보다 더 의욕적이고 열정적으로 노력한다. 따라서 더 뛰어난 성과와 성취를 거두게 된다.

1) 목표의 조건

(1) 가슴을 설레게 하는 목표를 세워라.

목표는 생각만 해도 가슴 벅찬 행복감을 느낄 수 있는 것이어야 한다. 큰 목표이든 작은 목표이든 각자의 열정과 도전의식을 북돋우는 것이어야 한다. 지금 이 순간부터 계획한 목표를 위해 실행할 수 있는 것이어야 한다. 대학생활이 즐겁고 행복하도록 만드는 그런 목표를 세워라.

(2) 달성 가능하되 도전적인 목표를 세워라.

목표는 달성 가능한 것이어야 한다. 가슴 설레는 목표가 반드시 달성 가능하지는 않다. 또한 달성하기 쉬운 목표는 성취감을 충분히 주지 못한다. 너무 쉬운 목표는 권태감을 주며 너무 어려운 목표는 불안과 좌절감을 준다. 따라서 자신의 역량을 최대한 발휘하여 열심히 노력해서 달성할 수 있는 도전적인 목표는 매력적이면서도 의욕과 열정을 강화한다.

(3) 목표는 자율적으로 정한 것이어야 한다.

목표는 스스로 선택하고 결정한 것이어야 한다. 타인에게 강요된 목표보다는 자율적으로 정한 목표가 우리의 가슴을 설레게 하고 열정을 자극할 수 있다. 이러한 목표를 위해 열심히 노력하고 실천할 때 더 많은 성취감을 느낄 수 있다.

대학생 중에는 부모의 결정으로 자신이 원하지 않은 목표를 위해 시간을 할애하고 실천하는 경우가 많다. 목표와 관련된 연구에 따르면 타율적으로 부과된 목표를 추구하는 사람은 삶의 만족도가 낮을 뿐만 아니라 학업성취도도 낮았다.

(4) 목표는 구체적이어야 한다.

목표는 최대한 구체적으로 계획되어야 한다. 막연한 목표는 실천하기 어렵다. 따라서 목표는 달성했는지 측정 가능하도록 구체화되어야 한다. 즉, 2017년 공부 열심히 하기보다는 '이번 학기 전체평점 A학점 이상 받기, 또는 '다이어트하기'보다는'현재 몸무게에서 5kg 이상 줄이기' 등이 목표달성에 훨씬 효과적이다.

(5) 목표달성의 기간을 정한다.

목표는 달성 가능한 기간을 정해야 한다. 언제까지 목표를 달성하겠다는 시점을 분명하게 정해야 한다. 기간을 정하지 않으면 스스로 목표를 성취하려는 의지가 약해질 뿐만 아니라 일상적인 다른 일에 밀려 목표 달성이 지연될 수 있기 때문이다.

가슴 설레게 하는 목표, 노력하면 달성 가능한 목표, 자율적으로 정한 목표, 구체적인 목표를 하루하루 실천해 간다면 대학생들의 하루는 매우 활기차고 열정이 넘치며 행복할 것이다.

2) 장기목표와 단기목표

목표는 실현되기를 소망하는 미래의 시점에 따라 단기목표, 중기목표, 장기목표로 나눌 수 있다. 단기목표는 당장 이번 주 내에 이루어지기를 기대하는 것들이다. 이는 일상생활과 관련되어 있는 미시적인 것들이다. 즉, 이번 학기, 이번 달, 이번 주의 계획과 관련이 있다. 중기목표는 적어도 3~10년 사이에 이루고자 하는 목표이다. 즉, 대학생활을 통해 이루고 싶은 것, 20대에 달성하고 싶은 것 등이 여기에 속한다. 장기목표는 10~20년 후에 이루어질 수 있는 목표들이다. 이는 인생의 오랜 시간을 걸쳐 이루어지는 거시적인 것들이다. 즉, 평생을 통해 이루고자 하는 인생의 비전, 40~50대의 전성기에 이루기를 원하는 성취, 각자의 인생에서 사회적으로 성공한 상태의 직업이나 직위 등이다.

단기목표 및 중기목표, 장기목표의 조화가 매우 중요하다. 장기적 목표설정을 통해 인생의 거시적 방향을 설정하고 이를 이루기 위해 중기적 목표를 설정한다. 중기적 목표달성을 위해 구체적인 사항들을 단기목표로 설정하여 행동으로 실천 가능하도록 계획하는 것이다.

3) 대학생활에서 목표세우기

대학생활의 목표에 대해 고민해 보자. 대학생활을 통해 정말 하고 싶은 일은 무엇인가? 또는 꼭 이루고 싶은 일은 무엇인가? 투자의 황제 워렌 버핏은 목표설정에 대하여 다음과 같이 제시하고 있다.

버핏이 제시하는 목표설정은 다음과 같다.

1단계 : 가까운 미래, 또는 일생동안 이루고 싶은 목표 25가지의 목표를 작성한다. 현재의 삶과 관련이 없더라도 떠오르는 대로 적는다.

2단계 : 중요한 목표에 해당하는 5가지 목표를 추려낸다. 5개의 목표를 목록 A, 나머지 20개의 목표를 목록 B로 두 개의 목록을 만든다.

3단계 : 목록 A를 실행하기 위해 구체적 실행계획을 세우고 가장 중요한 항목부터 실행한다. 버핏은 중요한 목표 5가지에만 집중하라고 조언한다. 목록 B는 목록 A를 다 실행하기 전까지는 거들떠보지도 말하고 하였다.

버핏의 목표관리법이 시사하는 것은 우리의 모든 행동에는 비용이 따르기 때문에 진정한 성공을 이루려면, 어떤 목표를 어떻게 이룰지 만큼이나 무엇을 하지 않을 것인지 구별해내는 것도 중요하다는 사실을 강조하였다(Worksheet 2 참고).

4) 목표성취를 위한 5단계 전략

자신만의 목표를 달성하는 사람들은 특징이 있다. 이들은 목표를 세우는 것뿐만 아니라 지속적으로 관리를 한다는 것이다. 목표관리는 스스로 정한 목표달성을 위해서 구체적인 계획을 세우고 실행하며 평가해나가는 체계적인 행동을 말한다.

[그림 9-1] 목표달성의 5단계 과정

목표를 잘 관리할 수 있는 5단계의 전략은 다음과 같다.

① **목표설정하기** : 현실적인 목표를 구체적으로 세운다. 대학생활에서 중요한 것뿐만 아니라 자신이 소망하는 목표를 세운다. 그리고 목표를 구체화한 후 달성을 확인할 수 있는 시한을 정한다. 가장 중요한 목표 순으로 우선순위를 정한다.

ex) 이번 학기 새로운 친구 사귀기- 친구 3명 이상 만들기(같이 커피마실 수 있는 친구, 영화볼 수 있는 친구, 고민 의논 할 수 있는 친구)

② **계획수립하기** : 목표를 성취하기 위해 구체적인 계획을 세운다. 목표를 이루기 위해 필요한 일들을 잘게 쪼개어 하위목표를 구성하고 하위목표를 이루기

위해 실행할 수 있는 행동과 시간계획을 세운다. 이러한 계획들은 반드시 기록한다.

③ **계획 시행하기** : 계획을 실천에 옮긴다. 먼저 쉽게 행할 수 있는 작은 것부터 실천한다.

④ **점검하고 평가하기** : 계획에 따라 실천이 이루어지고 있는지 매주 또는 매달 정기적으로 확인한다. 조금씩 변화되는 작은 성과에서 내 스스로 칭찬해라. 이러한 것들이 습관화되도록 지속적으로 노력한다.

⑤ **목표 재확인 또는 수정하기** : 성공한 성과에 대해 자축하며, 목표달성에 실패했다고 한다면 문제와 장애요인이 무엇이었는지를 살펴본다. 이러한 점들을 고려하여 수정하거나 재설정한다.

〈사례〉 목표의 중요성_ 하버드대 연구

1979년 하버드 경영대학원 졸업생들을 상대로 설문조사가 있었다. 질문은, "장래에 대한 명확한 목표를 설정했는가? 그렇다면 그 목표를 기록해두었는가? 그 목표를 달성하기 위한 구체적인 행동계획이 있는가?" 이었다. 그 결과 특별한 목표가 없다고 답한 사람이 20%, 목표는 없으나 학업을 열중하여 안전한 직업을 갖겠다는 사람 64%, 확고한 목표는 있지만 그것을 종이에 적어 두지는 않았다는 사람 13%이고, 목표를 구체적으로 설정하고 기록해두었다는 사람이 3%였다. 그로부터 10년 후인 1989년, 연구자들은 그 졸업생들을 추적해 어떻게 살고 있는지 확인해보았다. 결과는 흥미로웠다. 목표를 구체적으로 설정하고 기록을 한 3%는 대기업CEO, 각 분야계의 거물, 미국에 꼭 필요한 사람이 되어 있었고 기록하지 않았지만 목표가 있다고 대답한 13%는 사회의 고위층, 중소기업사장, 변호사, 의사 등등 사회에 꼭 필요한 인물이 되어 있었다. 목표는 없으나 학업을 열중하여 안전한 직업을 갖겠다는 64%는 하루 벌어 살아가는 서민층이 되어 있었고, 특별한 목표가 없는 20%는 하루하루 힘들게 살아가는 노동인, 노숙자가 되어 있었다. 하버드 대학을 나온 학생들인데 정말 충격적이었다. 이와 비슷한 연구가 1953년 예일 대학에서도 있었다. 설문조사결과 글로 적어놓은 3%학생들이 나머지 97%의 졸업생들을 전부 합친 것보다 경제적으로 풍요한 생활을 하고 있는 것으로 나타났다. 이렇듯 성공의 비밀은 글로 쓴 구체적인 목표설정에 있다고 말할 수 있나.

| 요약정리 |

1) 대학생으로서 시간관리의 중요한 영역으로 공부해야 하는 것, 즐길 수 있는 것, 사회로 나가기 위한 진로설계 및 계획 준비를 해야 하는 것으로 나누어 이야기해 볼 수 있다.
2) 시간관리란 시간을 가장 효율적으로 사용하고 자신의 인생에 긴장과 이완을 주는 올바른 기술을 일상생활에서 효과적으로 계속 실천하는 것이다.
3) 시간관리는 목표정하기, 계획세우기, 실행하기의 세 과정으로 이루어진다. 시간관리의 첫 단계는 목표를 정하는 것이다. 즉, 제한된 시간 동안에 이루고자 하는 목표를 구체적으로 정하고 그 중요성과 긴급성을 고려하여 우선순위를 정한다. 두 번째 단계는 목표와 관련된 구체적 계획을 세우고 시간대별로 실행할 수 있는 활동을 시간대별로 배정한다. 세 번째 단계는 시간대별 계획에 따라 실천하는 것이다. 이러한 실천과정에서 발생되는 여러 가지 장애물을 잘 극복하는 것이 무엇보다도 중요하다.
4) 대학생들의 일상적인 삶을 살아가는 데 목표설정은 강력하게 영향을 미친다. 목표가 주는 유용성을 살펴보면, 첫째 우리 삶에 의욕과 생동감을 준다. 둘째, 목표는 각자 삶의 방향과 의미를 제공한다. 셋째, 목표는 행복감을 느낄 수 있도록 한다. 넷째, 목표는 일상생활의 스트레스를 이겨낼 수 있도록 역할을 한다. 다섯째, 목표는 성공가능성을 높여준다.

Worksheet 1 ▸ 일상생활에서 어떤 유형에 시간을 많이 사용하고 있는지 점검해보자.

다음 각 문항을 읽고 평소에 나의 일상생활과 비슷하거나 일치하는 □에 점수를 기재하자(매우 그렇다: 5점, 그렇다: 4점, 보통이다: 3점, 그렇지 않다: 2점, 전혀 그렇지 않다: 1점).

	내 용	에 5점~1점 기재			
1	항상 시간에 쫒기며 살아간다.				
2	마음의 여유를 가지고 생활한다.				
3	상대방의 요구에 거절을 못한다.				
4	지금 하고 있는 일에 흥미나 보람을 못 느낀다.				
5	언제나 다급하고 바쁜 생활을 한다.				
6	항상 미래를 준비하고 계획하며 산다.				
7	남을 도와주느라고 내 일을 못할 때가 많다.				
8	시간이 지나도 늘 그 자리에 있는 느낌이다.				
9	당장 해결하지 않으면 안 되는 일거리가 많다.				
10	일의 우선순위를 따져 실행에 옮긴다.				
11	일을 하다보면 우선순위가 낮은 일을 하는 경우가 많다.				
12	늘 생활이 지루하고 따분하다.				
13	늘 당장 눈앞에 닥친 문제 해결에 초점을 맞춘다.				
14	일에서 일관되고 지속적인 성취감을 얻는다.				
15	어떤 일을 만나면 늘 바쁜데 성과는 없다.				
16	시간이 남아 무엇을 해야 할지 모를 때가 많다.				
17	늘 할 일에 비해 시간이 부족하다는 느낌이 든다.				
18	매시에 'Yes'와 'No'가 분명한 편이나.				
19	내가 일의 희생자라고 생각한다.				
20	나는 소일거리나 시간 때울 거리를 찾을 때가 많다.				
21	나는 일(공부)이 끝나면 스트레스를 많이 받는 편이다.				
22	나는 일(공부)에서 심리적인 만족과 안정감을 얻는다.				
23	나는 무슨 일을 하고 나면 마음이 허전하고 씁씁할 때가 많다				
24	나는 무기력감이 들거나 자신이 싫어질 때가 많다.				
	각 사분면의 합계점수				
	환산점수(%)=(각 사분면의 합계점수×100)÷각 사분면의 총계				
	※ 각 사분면의 총계= 1+2+3+4 유형의 합계 예) 1, 2, 3, 4사분면의 합계점수가 각각 17, 15, 4, 20이라면 총계는 56이고 1유형의 환산점수는 (17×100)÷56으로 계산해서 30.4%임	1 사분면	2 사분면	3 사분면	4 사부면

① 1~4번의 □에 5점에서 1점까지 적는다.

② 가장 높은 점수(환산점수)가 나온 유형이 자신의 시간관리 유형으로 본다.

Worksheet 2 ▸ 대학생활에서 하고 싶어나 꼭 이루고 싶은 일 25가지 적기

대학생들은 지금 내가 하고 싶은 일이 무엇이고 반드시 이루고 싶은 것은 무언인지 생각하여 보자. 떠오르는 대로 적어보자(25가지)_워렌버핏의 목표설정

번호	목　표	중요도
1		
2		
3		
4		
5		
6		
7		
8		
9		
10		
11		
12		
13		
14		
15		
16		
17		
18		
19		
20		
21		
22		
23		
24		
25		

※ ① 중요한 목표에 해당하는 5가지 목표를 목록 A, 나머지를 목록 B로 영역화 한다.
② 목록 A를 실행하기 위해 구체적 실행계획 설정
③ 목록 A를 달성한 후 목록 B 중 다시 우선순위 바탕으로 5가지 선정

Chapter 10

부스터엔진을 단 방학 만들기

(방학100% 활용하기)

학습목표

1. 자신의 대학생활을 스스로 점검할 수 있다.
2. 대학생을 대상으로 하는 다양한 프로그램에 관한 정보를 수집할 수 있다.
3. 자신의 전공과 진로를 고려한 방학계획을 세울 수 있다.

10

미래는 현재 우리가 무엇을 하는가에 달려 있다.

–마하트마 간디–

1. 대학에서 방학이란

1) 고등학교와 대학의 차이

한국사회에서는 대학에 대한 학생들과 학부모들의 관심이 대단하다. 입시철이 다가오면 올해 대학입시는 어떻게 진행되는지부터 수학능력시험 당일에는 수험장의 모습까지 방송해주는 우리사회에서 대학에 대한 관심은 입시에 상당히 집중되어 있다. 어린 시절부터 원하는 대학에 가기 위해 열심히 공부해야 한다는 이야기는 심심치 않게 들어왔을 터이다. 힘든 고3 수험생활을 마치고 입학통지서를 받는 순간 드디어 대학생이 됐다는 기쁨과 새로운 학교생활에 대한 기대와 설렘으로 그동안의 고생은 기억 저편으로 희미해지기 시작한다. 그동안 수험생으로 지내면서 참고 미루었던 일들을 한꺼번에 다 할 수 있는 때가 왔다는 자유와 흥분의 시간과 함께, 이제 성인으로 내가 하고 싶은 일이라면 무엇이든 다 할 수 있을 것만 같다.

하지만, 초등학교부터 고등학교까지 12년 동안의 긴 학교생활 동안 '대학'에 대한 많은 이야기들을 들어왔음에도 불구하고 정작 대학생활에 대해서는 정보를 많이 듣지 못한 상태로 입학하는 경우가 대부분이다. 대학생활의 시작은 이전의 학교생활과 확연히 다르다. 집 근처로 배정받아 다니던 초·중·고등학교와 달리 대학은 본인의 지원에 따라 시·도를 넘나들어 다닐 수도 있다. 그러다보니 낯선 지역에서 아는 사람도 별로 없는 상태에서 새로운 생활을 시작해야 한다. 예전에는 배정된 반에서 담임 선생님의 지도하에 정해진 시간표에 따라 한 교실에서 수업을

듣고, 정해진 시간에 식사를 하고 조회와 종례를 통해 필요한 사항을 전달받았다. 출결은 학교생활의 기본이었고 이를 지키지 않거나 학교생활을 성실히 하지 않으면 담임 선생님과 개인 상담을 하고 경우에 따라 부모님을 학교에 모시고 와야 했다.

그러나 대학생활은 이전의 학교생활과 상당히 다르다. 졸업을 위해 학생으로서 들어야 할 수업과 출석여부, 그리고 다른 졸업요건에 대한 규정은 명확하지만 이를 실행하고 그 결과를 달성하는 것은 전적으로 여러분에게 달려 있다. 졸업학점과 한 학기 수강할 수 있는 학점은 정해져 있지만 어떤 과목을 몇 학점 이수하느냐는 여러분의 의지에 달려 있다. 학교생활을 지도해 줄 담임 선생님도 없고 같은 반 친구들도 없다. 학과 교수님들과 전공생들이 수업시간에 마주했다 흩어지고, 때로는 선후배들과 또는 타 전공생과 같이 수업을 듣기도 한다. 친구를 사귀고 함께 어울려 수업을 듣고 스터디를 하면서 무리지어 다닐 수도 있지만, 혼자서 수업을 듣고 개인 활동에 중심을 두고 학교생활을 할 수도 있다. 이 모든 것이 여러분의 선택에 달려 있다.

〈사례 10-1〉

"대학만 붙으면 될 줄 알았는데"… '새춘기' 호소하는 새내기들

매일 쏟아지는 과제, 다가오는 첫 중간고사, 아직은 불편한 사람들…. 대학 새내기 A는 혼란스럽고 불안하다. 갑자기 찾아온 이 '짐'들을 어떻게 극복해야 할지에 대해 그동안 다닌 학교나 학원에서 배운 적이 없다. 지긋지긋한 '입시 터널'만 지나면 캠퍼스의 낭만이 기다리고 있을 것이라 믿어왔는데 현실은 달랐다. 초등학교 6학년 때 처음 찾아온 사춘기처럼 스무 살 A는 그렇게 '새춘기(새내기+사춘기)'를 보내고 있다.

대학 개강 후 한 달이 지난 요즘, 캠퍼스 곳곳에선 제2, 제3의 A들을 쉽게 찾아볼 수 있다. 이제 막 성인이 된 다수의 대학 신입생들이 새로운 학업 · 진로 · 인간관계 등 갑자기 찾아온 변화로 극심한 스트레스와 우울감을 호소하고 있다. 이들의 모습은 마음이 예민해지고, 작은 일에도 쉽게 짜증이 나는 청소년 시기의 '사춘기' 증상과 유사하다. 으레 새내기라면 한 번쯤 느낄 법한 감정이지만 최근에는 이 새춘기 증상을 호소하는 새내기들이 더 많아졌다. 올해 서울의 모 대학 새내기가 된 김민주(19)씨는 "초 · 중 · 고 때는 목표가 '수능'에 맞춰진 채로 정해진 장소, 정해진 교재를 따라가기

만 하면 그만이었다. 그렇게 10년 넘게 혼자선 아무것도 못할 애로 만들어 놓고 대학에 가자마자 '니가 다 알아서 해'라고 하니까 세상 한가운데 홀로 덩그러니 있는 기분이다"고 말했다.

특히 입학 후 첫 중간고사를 앞두고 새내기들은 혼란에 빠졌다. 올해 연세대 국제학부에 입학한 김혜진(19)씨는 "고등학교 때와 달리 스스로 답을 찾아야 하는 과제가 많아 부담이 크다. 길을 찾지 못하는 느낌이다"고 털어놨다. 원어민 수준의 영어 실력을 구사하는 학부 동기들에게 열등감을 느낄 때도 많다. 그는 "가끔 '내가 이러려고 이 전공을 택했나' 하고 생각한다"고 말했다. 다른 새내기 조효정(19)씨는 "교수님들마다 학점을 주는 스타일이 다르다는데 어떻게 준비해야 할지 몰라 답답하다"고 말했다. 서울 강남의 학원가에는 이들을 겨냥한 '학점관리반' 수업까지 생겨났다.

갑자기 확장된 인간관계에 어려움을 느끼는 경우도 많다. 이 과정에 적응하지 못한 새내기들은 '아싸(아웃사이더의 줄임말)'를 자처하며 '혼족(혼자 다니는 사람)'의 길로 빠지기도 한다. 대학 신입생 방모(19)씨는 "신입생 오리엔테이션에 참가하지 못했는데 개강 후 학교에 와보니 다들 친해져 있어 쉽게 다가가기가 어려웠다. 이제 대학 친구들과 꼭 가까워져야만 한다는 생각을 안 하게 됐다"고 말했다. 대졸자 취업의 문턱이 갈수록 높아지면서 '각자도생'의 길을 택한 대학생들이 많아 새내기 입장에서는 조언을 해줄 만한 선배 '멘토'를 찾기도 어려운 실정이다. 염유식 연세대 사회학과 교수는 "요즘은 대학 자체를 또 하나의 학원이나 스펙 쌓는 도구로 생각하는 경향이 강해 학생들 간의 유대감이 갈수록 떨어지고 있다"고 지적했다.

전문가들은 아직 본인의 정체성이 확립되지 않은 이 시기에 급격한 환경 변화를 경험하면 심리적인 불안과 갈등을 느낄 수밖에 없다고 분석한다. 윤인진 고려대 사회학과 교수는 "하버드대는 신입생이 들어오면 1년 동안 학교에서 재정지원을 해 진로 탐색의 기간을 갖는 시스템이 갖춰져 있다. 이런 제도를 한국에 당장 적용하긴 어렵겠지만 그만큼 학교 차원에서 새내기들에게 시간을 주고 다양한 상담 프로그램들을 마련해야 한다"고 말했다. 송인한 연세대 사회복지학과 교수는 "대학을 다음 번 직장을 위한 스펙 쌓는 곳으로 생각하지 말고 왜 자신이 대학에 들어오려 했는지, 대학 생활 자체의 의미가 무엇인지 고민해야 한다"고 말했다.

출처: 중앙일보, 2017년 4월 11자 기사
http://news.joins.com/article/21464056

(1) 대학생활을 위한 팁

① 스스로 찾아보고 결정하기

대학생활이 이전의 학교생활과 크게 다른 점은 자신의 일을 스스로 계획하고 실천하고 그 결과에 대해 책임져야 한다는 것이다. 그동안 학교생활에서 해결해야 할 문제나 선택에 있어 부모님에게 의지하면서 지냈다면 이제는 독립해야 한다. 학교생활에 필요한 정보를 스스로 찾고 여러 가지 대안들 중에서 내가 좋아하는 방식, 내가 잘 하는 것들을 고르고 선택하는 연습을 해야 한다. 부모님과 담임 선생님이 학교생활을 관리 · 감독하였다면 이제는 스스로를 관리해야 한다.

② 학교를 적극 활용하기

대학은 적극적으로 참여하는 학생이 많은 것을 얻어갈 수 있는 곳이다. 같은 등록금을 내고 누구는 수업을 듣고 학점을 취득하는 것으로 대학생활을 마무리하지만 누군가는 학교의 지원 프로그램을 통해서 등록금 이상의 혜택을 받는다. 그러기 위해서는 학교 홈페이지에 자주 접속하여 익숙해질 필요가 있다. 학교 홈페이지에서는 학교의 학칙과 졸업요건부터 시작하여 학생들을 지원하는 각 행정부서의 담당업무와 공지사항을 볼 수 있다. 교내외 장학금을 비롯하여 근로장학생 선발, 교환학생 프로그램 등 재학시절 누릴 수 있는 각종 정보들도 학교 홈페이지에서 찾아볼 수 있다. 그리고 학과 사무실과 게시판을 적극 활용해야 한다. 학과 행사일정과 전공 관련 외부 행사, 아르바이트 모집, 취업의뢰 등을 알 수 있고 전공생으로서 소속감을 가지고 학교생활에 임할 수 있다.

③ 지도교수님 찾아가기

초 · 중 · 고등학교와 달리 담임 선생님은 없지만 학교에 따라 학과 교수님이 전공생들을 나누어 지도하도록 담당하는 제도가 있다. 학교생활을 하면서 어려운 점이나 전공과 관련하여 궁금한 점을 교수님과 상의할 수 있다. 대학에서 수업방식이나 내용을 따라가기가 어려운 경우에는 해당 교과의 담당 교수님께 여쭈어 보는 것을 권한다. 학생들은 교수님을 찾아가 상담을 하거나 수업을 따라가는데 어려움이 있다는 이야기를 하는 것이 부정적으로 보일까 걱정하여 혼자 고민하는 경우가 있는데 그럴 필요가 없다. 그만큼 본인이 적극적으로 학교생활을 하고 있으며 수업에 관심이 많다는 것을 의미하기 때문이다. 강의계획서나 학기 초 수업시간을 통해 교수님과 상담 가능한 시간이 언제인지 확인하고 미리 약속을 잡아 찾아가길 권한다.

④ 암기가 아닌 이해를 위한 공부

대학은 이전의 학교들과 다른 공부방식의 차이가 있다. 교과서에서 정답을 찾는 방식에 익숙한 학생들은 대학에 와서 하나의 현상에 대해 서로 다른 관점을 가진 여러 학자들의 이론을 배우게 된다. 서로 경쟁하는 다양한 관점과 이론들을 배우고 그 중 어떤 이론이 더 타당한가를 논리적으로 설명하는 방식에 익숙해지기 위해서는 연습이 필요하다. 수업에서 배운 것들을 사회현상과 연결하여 생각해보거나 자신의 경험을 통해 그 사례를 찾아보는 연습, 여러 이론들의 특징을 비교·분석하고 장점과 한계점을 설명하는 연습, 자신의 생각을 글로 표현하는 연습, 사람들 앞에서 자신의 생각을 밝히고 그 이유를 설명하는 연습이 필요하다.

책에서 배운 내용을 달달 외워서 시험을 보거나 정리하여 과제를 작성하는 것으로 좋은 성적을 기대할 수 없다. 무엇보다 중요한 것은 주어진 내용을 토대로 스스로 사고하고 궁금한 것들을 찾아보면서 학습하는 능력을 키우는 것이다. 과제나 시험은 이러한 과정을 거쳐서 나온 결과물들을 정리하여 보여주는 것이다.

(2) 나의 대학생활 점검하기

대학생활은 자기 스스로가 필요한 정보를 찾고 활용하고자 하는 의지가 중요하다. 시간과 노력을 투자하여 학교 안에서 누릴 수 있는 것들을 찾고 그 중에서 자신의 전공과 관심분야의 능력을 키워나갈 수 있는 것들을 선별할 수 있어야 한다. 이전의 학교와 가장 큰 차이점은 주어진 일상을 열심히 하는 것이 아니라 나의 선택에 따라 일상을 만들어 나갈 수 있다는 점이다.

무엇보다 대학 졸업을 위해 반드시 이수해야 할 필수요건에 대한 정보는 미리 확인을 해두어야 한다. 군대를 다녀오거나 기타 개인적인 사정으로 휴학을 하여 복학한 경우 후배들과 함께 학교생활을 하다가 본인의 졸업요건을 갖추지 못해 졸업하기에 어려움을 겪는 학생들이 많다. 자신의 졸업요건은 입학년도를 기준으로 한다. 이는 여러분이 입학 시 받은 대학요람에 나와 있으며 학교 홈페이지를 통해 확인가능하다. 이를 기본으로 대학생활 동안 학교에서 지원해주는 여러 가지 지원 프로그램을 통해 여러분의 능력을 키우고 원하는 분야에 진출할 수 있는 소위 '스펙'을 갖출 수 있다.

현재 여러분의 대학생활은 어떠한가? 수업을 듣고 학점을 이수하는 것이 학교생활의 전부라면 본인이 낸 등록금에 비해 학교를 적절히 활용하지 못하고 있는 것이다. 학교는 여러분이 낸 등록금으로 수업 외에 여러 가지 프로그램들을 운영하고 있다. 학교 곳곳에 숨어 있는 이 혜택들은 먼저 찾아 누리는 사람의 몫이다. 학교 홈페이지를 잘 살펴보면 공지사항을 통해 각종 프로그램 안내와 모집공고가 올라오며 교외 장학금과 인턴십 및 취업에 대한 정보들이 올라온다. 학교 홈페이지는 일종의 보물지도와 같다. 이를 찾아 누리는 것은 여러분의 의지에 달려 있다.

〈대학생활 자기점검표〉

문항	전혀 그렇지 않다 (1점)	그렇지 않다 (2점)	보통이다 (3점)	약간 그렇다 (4점)	매우 그렇다 (5점)
1. 나는 학교 홈페이지에 자주 접속한다.					
2. 나는 학과 게시판을 자주 확인한다.					
3. 나는 학과 사무실에 자주 들린다.					
4. 나는 학사일정을 잘 파악하고 있다.					
5. 나는 학교 도서관을 자주 이용한다.					
6. 나는 수업 시간에 지각·결석하지 않는다.					
7. 나는 조별과제에 적극 참여한다.					
8. 나는 학과 교수님들과 자주 소통한다.					
9. 나는 선후배들과 자주 어울리는 편이다.					
10. 나는 학과 친구들과 학교 밖에서도 자주 어울린다.					
11. 나는 졸업을 위한 요건을 잘 알고 있다.					
12. 나는 교내 장학금에 대해 잘 알고 있다.					
13. 나는 교환학생 프로그램에 대해 잘 알고 있다.					
14. 나는 학과 취업률에 대해 알고 있다.					
15. 나는 학교 근로장학생 또는 교내 아르바이트에 관심이 있다.					
합계					
총점					

- 진단결과
  - 69점 이상 적극적으로 대학생활을 아주 잘 하고 있음
  - 68~57점 대체로 대학생활을 잘 하고 있음
  - 56~45점 보통
  - 44점 이하 노력이 필요함

2) 대학에서의 방학

방학의 사전적 의미를 살펴보면 일정 기간 동안 수업을 쉬는 일, 또는 그 기간을 말한다. 우리나라의 경우 학교에서 학기나 학년이 끝난 뒤 실시하는데 보통은 교육법 시행령에 규정된 휴업일 중에서 하기(夏期)·동기(冬期) 및 학기말 휴가를 말한다. 방학은 학생의 건전한 발달을 위한 심신의 피로를 덜어주기 위해서 실시하는 장기간의 휴가로서, 그 기일은 법정 수업일수를 제외하고 학교의 특수성에 따라 신축성 있게 정할 수 있다. 대학의 방학기간은 2개월 정도로 한 학기의 약 절반에 해당하는 시간이다. 결코 짧지 않은 기간인데 이전의 초·중·고등학교와 달리 방학숙제나 특별히 수행해야 하는 지정된 사항이 없다.

방학은 여러분이 계획하기 나름이다. 아무것도 하지 않고 마냥 집에서 쉬다 올 수도 있고 계절학기 수강이나 학원수강을 통해 학기 중 부족한 공부를 채울 수도 있다. 취업을 대비하여 필요한 자격증을 취득하고 어학시험을 준비하며 보낼 수도 있다. 열심히 아르바이트를 하여 등록금을 마련할 수도 있고 친구들과 여행을 하며 세상 구경을 할 수도 있다. 방학을 어떻게 생각하는가에 따라 활용하는 방법은 저마다 달라질 수 있다.

방학은 평소 수업이나 과제의 부담에서 벗어나 자신의 관심분야를 탐색하고 자기개발을 할 수 있는 좋은 기회이다. 먼저, 전공차원에서 볼 때 계절학기 수강과 졸업요건을 위한 자격증 취득을 해야 한다면 이 둘을 우선순위에 놓아야 한다. 그리고 평소 수업에 필요한 발표능력과 관련된 프레젠테이션이나 프레지 등이 미숙하다면 이를 배우는 시간으로 활용해야 한다. 즉, 학교 수업을 위한 능력들이지만 학교에서 가르쳐주지 않는 것들을 보충하는 시간으로 방학을 활용하는 것이 우선시되어야 한다. 그리고 평소 전공수업 중 관심 있는 분야를 학교라는 장소와 학점에 얽매이지 않고 스스로 찾아 학습하는 시기이기도 하다. 전공분야와 관련된 아르바이트나 대학생 재능기부를 통해 책에서 나오는 이론이 아닌 실제 경험을 통해 나의 능력을 시험해보고 업그레이드 할 수 있는 시간이라는 점에서 방학은 중요하다.

개인적인 관심이나 흥미차원에서 볼 때 방학은 나의 버킷리스트를 실현할 수 있는 즐거운 시간이다. 버킷리스트는 '죽기 전에 꼭 하고 싶은 일'을 목록으로 작성한 것으로 여러분의 노력을 통해 이루어질 수 있는 것들을 의미한다. 여러분이 대학생 시절 꼭 하고 싶은 일 10가지를 작성해 보고 이 중 방학을 이용해 실현 가능한

것들은 무엇이 있는지 정리해보자.

〈대학생활 버킷리스트〉

번호	대학생활 동안 하고 싶은 일	이유	준비 및 실행 사항
1	예) 교환학생 선발	외국어 능력을 기르고 외국 학교생활을 해보고 싶어서	선발에 필요한 어학성적을 받기 위해 학원수강
2			
3			
4			
5			
6			
7			
8			
9			
10			

※ 대학생활 버킷리스트 작성을 위한 팁

- 학교 홈페이지를 검색하여 각 부서별 학생지원 프로그램을 검색
- 도서관, 취업지원부서, 교수학습센터, 학생상담소 등
- 학교 홈페이지를 검색하여 각종 장학생 모집 공고 검색
- 학과 홈페이지를 검색하여 학과 행사 및 모집 공고 검색
- 대학생 온라인 커뮤니티 가입하여 각종 공모전 및 인턴십 정보 검색
- 대학생 아르바이트 정보 검색
- 대학생 여행관련 할인 정보 검색

2. 방학동안 무엇을 해야 하나

1) 학교 안의 보물찾기

방학동안 학교에서 무엇을 할지 생각해 보았는가? 초·중등학교처럼 방학기간 동안은 학교에 나오지 않는 것이라 생각했다면 아직도 학교를 100% 활용하지 못하는 것이다. 대학은 방학동안 계절학기 외에 수업은 없지만 학교의 도서관과 각종 시설들을 개방하고 학생지원을 위한 여러 가지 프로그램을 운영한다. 경우에 따라서는 학생들을 선발하여 방학기간에 연수를 보내기도 한다. 이 모든 것이 여러분의 등록금에 포함된 것이다. 먼저 찾아서 지원하는 사람만이 누릴 수 있다는 사실을 명심하자.

(1) 교환학생 준비

우리대학과 협약을 맺은 외국의 대학에서 단기로 공부하는 제도이다. 외국어 능력을 향상시키고 다른 문화를 접함으로써 다문화적 감수성을 키울 수 있는 기회가 될 수 있다. 무엇보다 자비로 어학연수나 단기유학 가는 경우보다 비용이 저렴하고 학교끼리 협약이 되어 가는 것이기에 학점을 인정받을 수 있다는 장점이 있다. 교환학생을 가기 위해서는 일정한 학점과 어학성적을 요구한다. 따라서 방학동안 필요한 외국어 공인성적을 받기 위해 공부하고 필수로 이수해야 할 선수과목이 있는지 확인하고 학점을 관리하여야 한다.

(2) 도서관 활용

취업포털 잡코리아가 아르바이트 포털 알바몬과 함께 대학생 1,910명을 대상으로 독서 현황에 대한 설문조사를 실시한 결과, 대학생들이 하루 평균 인터넷에 133분의 시간을 할애하면서도 책을 읽는 데는 30분 남짓만 사용하는 것으로 나타났다. 대학생 5명 중 1명은 평소 책을 전혀 읽지 않는다고 답하기도 했다. 요즘 학생들이 책보다는 스마트폰과 게임을 즐겨하면서 독서가 취미라는 이야기는 고전이 되어 버렸다. 독서량이 절대적으로 부족하니 인문학적 소양과 사고가 부족한 경우가 많다. 자신의 생각을 표현하는 능력도 부족하지만 정확한 어법에 맞는 문장을 쓰는 능력이 떨어지는 경우가 많다. 이는 학교에서 발표와 과제작성, 그리고 시험에도 영향을 미친다. 학생들이 취업을 위해 작성한 입사지원서와 자기소개서를 보면 나

중에 회사에서 메일을 쓰고 문서작성을 어찌할 것인지 걱정이 되는 친구들이 상당수 있다. 방학을 독서기간으로 집중 활용하여 교양과 상식을 쌓는 것을 권한다.

(3) 취업지원부서 프로그램

학교마다 취업지원실 또는 인재개발원 등의 이름으로 학생들의 취업을 지원하는 부서가 있다. 재학생들을 대상으로 이력서와 자기소개서 작성을 위한 특강부터 1:1 첨삭지도, 이미지 메이킹, 모의면접 등 구직을 위한 지원프로그램을 운영하고 있다. 특히 방학 중에는 리더십캠프나 진로캠프 등의 연수프로그램과 학과 연계 프로그램을 실시하니 일정을 확인하여 참여하도록 하자. 졸업반이 되어서 혼자 취업을 준비하려면 막막하고 마음이 급해진다. 미리미리 준비해서 졸업과 동시에 취업할 수 있도록 방학을 활용하도록 한다.

(4) 현장실습

방학기간에는 학교와 협약을 맺은 기업들에 현장 실습을 나갈 수 있다. 학교 차원에서 선발을 통해 보내는 현장실습이 있고 학과 차원에서 실시하는 현장실습도 있다. 경우에 따라서는 학점과 연계되어 있거나 졸업을 위한 필수요건인 경우도 있다. 그리고 학교가 국고지원을 받는 사업에 선정된 경우 장학금을 받거나 최저임금을 받으면서 실습을 나갈 수도 있다. LINC사업, IPP 장기현장실습, 일학습병행제 등이 이에 해당한다. 현장실습은 학교에서 배운 것을 실제 현장에 적용해 볼 수 있고, 현장에서 필요로 하는 지식이나 기술이 무엇인지 알고 학교에 와서 필요한 능력을 키우는 기회가 될 수 있으니 적극 참여하도록 하자.

(5) 근로장학생

방학동안 아르바이트를 해서 사회경험을 쌓고 등록금을 준비하려는 학생들이 생각해 보아야 할 것이 교내 근로장학생이다. 학교에서 단기인력이나 시간제 인력이 필요한 부서에서 아르바이트를 고용하는 것인데 외부에서 일하는 것보다 비교적 처우가 좋다. 아르바이트 경험이 없는 학생들도 우리학교 학생이기에 일을 가르쳐 가면서 근무하기에 배우면서 일하기 좋은 제도이다. 학교라 근무시간이 명확하고 규정에 따라 급여를 지급한다. 학교 홈페이지를 통해 모집공고를 내니 자주 접속하여 공지사항을 확인하자.

2) 학교 밖의 보물찾기

(1) 인턴십

학교수업을 통하여 학습한 능력을 실제 기업 현장에서 종합적으로 경험하면서, 조직의 구성원들이 업무를 수행하는 실제 상황에서 그대로 직무를 배우고 수행하는 것을 말한다. 본인이 취업하고자 하는 분야의 직무를 배우고 실제 조직의 체계를 경험할 수 있다는 장점이 있다. 학교에서 배운 지식과 기술이 현장에서 어떻게 쓰이는지 알 수 있고, 본인이 취업을 하는데 현장에서 필요로 하는 역량이 무엇인지 알 수 있는 좋은 기회이다.

공기업이나 대기업의 인턴십은 종료 후 채용시 서류전형을 면제해 주거나 취업과 연계된 경우가 많아 경쟁률이 치열하다. 중소기업이나 스타트업처럼 규모가 작은 회사의 경우에는 인턴십이지만 실제 직원처럼 일하는 경우가 대부분이라 직무를 잘 배울 수 있다는 장점이 있다.

출처: 주)넥슨커리아.

출처: 넷마블게임즈(주).

(2) 워킹홀리데이

워킹홀리데이는 협정 체결 국가 청년(대체로 만 18~30세)들에게 상대 국가에서 체류하면서 관광, 취업, 어학연수 등을 병행하며 현지의 문화와 생활을 경험할 수 있는 제도이다. 호주, 캐나다, 뉴질랜드, 일본, 프랑스, 독일, 아일랜드, 스웨덴, 덴마크, 홍콩, 대만, 체코, 오스트리아, 헝가리, 포르투갈, 네덜란드, 이탈리아, 이스라엘, 벨기에, 칠레 워킹홀리데이와 영국 청년교류제도(YMS)에 참여할 수 있다. 자세한 정보는 외교부 워킹홀리데이 인포센터(http://whic.mofa.go.kr/index.do)를 참고하자.

출처: 외교부 워킹홀리데이 인포센터.

(3) 봉사활동

다른 사람을 돕는 봉사활동은 대학생들에게 일반화되어 있다. 학교에서 봉사활동 과목으로 학점을 부여하기도 하고 장학금 수혜자격으로 봉사활동을 명시하는 학교들이 많다. 졸업을 위한 요건을 갖추기 위해 봉사활동을 의무적으로 할 수도 있지만 자신의 재능을 필요로 하는 사람들에게 나누는 것은 개인적으로 보람된 일 일뿐만 아니라 사회의 구성원으로서 해야 할 도리이기도 하다.

봉사활동은 자신이 사는 지역 내의 복지관, 도서관, 공공기관 등에서 수시로 모집하고 있으며, 최근에는 다양한 기업에서 대학생 봉사단을 선발하여 프로그램화하여 운영하고 있다. 특히 정부부처나 정부출연기관에서 모집하는 봉사단과 해외봉사단의 경우 상당히 높은 경쟁률을 보인다.

지방자치단체 재능기부

대학생 단체 재능기부

정부출연기관 해외봉사단

(4) 공모전

'공개 모집한 작품의 전시회'를 의미하는 단어였으나 요즘은 전시회(Exhibition)의 의미가 사라지고 공모(Contest)의 의미로 사용되고 있다. 주로 미술, 문학 분야에서 사용되던 용어였으나, 최근에는 그 분야가 확대되어 마케팅, 광고, 디자인, 아이디어 등 거의 모든 분야에서 활용되고 있다. 특정한 주제의 아이디어, 제안, 기획 혹은 작품 등을 심사해 상금 혹은 상품을 비롯한 특전을 제공하는 콘테스트이다. 대학생을 대상으로 하는 공모전의 경우 인턴십이나 취업과 연계된 경우도 있어 학생들의 경쟁이 치열하다.

- 스펙업(http://cafe.naver.com/specup)
  국내에서 가장 빠른 채용정보와 대외활동 정보를 내세운 대학생 커뮤니티로 각종 공모전에 대한 소개와 공모전 공고를 확인할 수 있다. 카페 운영진들이 공모전 리스트를 정리하여 제공하며 공모전에 같이 참여할 팀원을 모집하는 공고도 올라온다.
- 캠퍼스몬(http://campusmon.jobkorea.co.kr)
  각종 공모전을 분야별, 주최사별, 응모대상별, 시상규모별로 체계적으로 분류해 놓아 자신의 전공분야나 관심분야에 대한 정보를 파악하기가 좋다.
- 유니브 엑스포(www.univexpo.net)
  대학생들의 니즈를 파악하여 강연, 공연, 멘토링, 동아리, 대외활동 등 대학생활에 관련된 콘텐츠를 모아 놓은 대학생활 박람회로 서울시의 후원을 받아 대학생들로 이루어진 기획단에 의해 자체적으로 기획 및 구성된다.

- 대티즌닷컴(www.detizen.net)
  각종 공모전을 분야별로 정리하여 제공하고 있으며 해외탐방, 봉사활동, 서포터즈, 인턴, 대학생 기자단 등의 대외활동 정보를 제공한다.

(5) 고용노동부 프로그램

고용노동부에서는 대학생들을 위한 다양한 진로프로그램을 실시하고 있다. 자신의 진로에 대해 탐색중이거나 정보가 부족한 경우 가까운 고용센터를 찾아가자. 직업상담사들이 상주하여 여러분의 진로에 대해 같이 고민하고 필요한 정보를 찾을 수 있도록 지원해 준다.

- 청년취업성공패키지(http://work.go.kr/pkq/young/index.do)
  개인의 성향, 목표 등을 진단하고 취업경로를 설정할 수 있게 도와주는 진로프로그램
  자가진단 내용을 바탕으로 개인 맞춤형 서비스를 제공
- 강소기업탐방 프로그램(http://www.work.go.kr/experi/index.do)
  거주지역의 강소기업을 방문, 해당 산업에 대한 이해도 및 근무여건 체험 가능
- 청년취업인턴제(http://www.work.go.kr/intern/)
  3개월 동안 기업에서 인턴사원으로 근무할 수 있는 기회 제공
  취업지원금(최대 300만 원) 수령 가능

(6) 창업지원 프로그램

최근에는 대학생을 대상으로 하는 창업지원 교육과 참여프로그램이 활성화되어 있으며 교육을 이수한 경우 창업지원금을 지원해주기도 한다. 창업에 필요한 절차와 아이템을 사업화하는데 필요한 전반적인 지원을 한다.

• **창업인턴제**(https://www.k-startup.go.kr/)
안정적으로 사업을 하고 있는 선배 창업자들의 기업에서 1년간 인턴으로 근무할 기회를 제공 인턴근무 이후 창업 시 평가과정을 거쳐 창업비용 최대 1억 원 지원

• **청년창업사관학교**(https://www.k-startup.go.kr/)
우수한 창업 아이템을 보유한 청년 예비창업자들을 대상으로 전국 5개의 창업사관학교의 창업준비 공간을 활용해 계획 수립부터 사업화까지 모든 과정을 지원하는 프로그램

• **한국청년기업가정신재단**(http://www.koef.or.kr/)
해외 기관의 우수한 기업가정신 프로그램을 한국 대학생이 직접 체험할 수 있는 인재양성 프로그램 운영

3. 학년별 방학계획

1) 저학년 방학계획

대학신입생부터 저학년까지는 먼저 자신의 전공에 적응하는 시간이 필요하다. 대부분의 학생들이 대학에 입학하는 것을 목표로 고등학교 시절을 보내지만 정작 전공을 염두에 두고 진학을 한 경우는 별로 없다. 그러다보니 자신의 전공에 대해 아는 바가 별로 없고, 문과 이과 교차지원을 한 경우에는 수학, 과학, 컴퓨터관련 수업을 따라가기 벅찬 경우도 생긴다. 전공 수업에 대한 이해가 부족하고 전공에 대한 확신이 들지 않으면 대학생활은 힘들어진다. 초·중·고등학교가 다양한 과목을 배우면서 지식을 학습하는 것과 달리 대학은 한 분야에 대한 깊이 있는 지식을 탐구하는 곳이기 때문이다. 따라서 신입생부터 저학년까지는 대학생활과 전공에 대해 알아가고 적응하는 기간으로 방학을 활용하는 것을 권한다.

(1) 전공적응기

수업을 수강함에 있어 필요한 지식과 기술을 익히도록 한다. 수업 참여에 필요한 프레젠테이션 능력과 문서작성 능력이 부족하다면 방학을 활용하여 보충하자.

전공과 상관없이 대학생활의 기본이 되는 능력은 갖추어야 한다. 전공수업이 어려웠다면 이를 보충하기 위해 필요한 공부를 해야 한다. 마음이 맞는 친구들과 전공 스터디를 하는 것도 좋고 필요한 경우 학원 수강을 하는 것도 좋다.

혼자서 방학을 알차게 보낼 수도 있지만 학과 친구들과 연락하며 함께 하는 일도 계획하기를 권한다. 특히 신입생이나 편입생의 경우 낯선 학교생활에서 친구를 사귀는 일이 무엇보다 중요하다. 전공 스터디나 졸업을 위한 자격증 스터디 등 공통의 관심사를 찾아 함께 방학을 보내면 개강 후 서로 의지하며 더 든든하게 학교를 다닐 수 있다.

(2) 전공기반 진로탐색

신입생부터 저학년까지는 일단 전공에 대해 탐색하는 시간이 필요하다. 대학입학을 목표로 공부하느라 자신의 적성과 흥미를 고려하지 못한 경우가 있을 수 있다. 전공교과목 개요와 강의계획서 등을 검색하여 앞으로 어떠한 내용을 배우는지 확인하고, 학과 졸업생들의 진학이나 취업한 기업을 알아보고 자신의 진로를 탐색하는 시간이 필요하다. 이를 위해 취업지원 부서의 프로그램에 참여하거나 진로상담을 받는 것을 권한다. 또한 전공과 관련된 아르바이트나 봉사활동을 통해 스스로 관심을 가지고 능력을 길러나가야 한다.

전과나 편입, 재수를 생각하고 있다면 지금 현재의 전공에 더 관심을 가지고 졸업 후 진로분야와 전망 등의 정보를 수집해야 한다. 20대 젊은 시절이지만 1년이라는 시간을 되돌려 생활한다는 것은 진지한 고민이 필요하다. 사람은 자신이 이미 가지고 있는 것의 소중함을 잘 모르고 당연하게 생각하는 경향이 있다. 지금 여러분이 있는 그 자리는 누군가 애타게 기다리다 차례가 오지 않았던 자리임을 상기하자. 지금은 같은 전공, 같은 학년의 동기들이지만 어떻게 진로 목표를 설정하고 실천하느냐에 따라 졸업 후 내딛는 첫발이 달라질 것이다.

(3) 다양한 경험

요즘은 학교 도서관이나 지역 도서관을 가보면 대부분의 학생들이 책상 앞에 앉아 토익 단어를 외우고 각종 수험서적을 붙잡고 시험 준비를 하고 있다. 이른바 책상에서 지식을 습득하는 것이 능력을 키우는 유일한 길이라 생각하는 것 같다. 그러나 시험용으로 정리된 수험서는 단편적인 지식을 효율적으로 제공한다는 점에서는 편리하지만 깊이 있는 사고와 경험을 통한 역량을 길러주기에는 한계점이 있다.

인간은 경험을 통해 두 종류의 학습이 가능한데 하나는 'nonreflective learning'이고 다른 하나는 'reflective learning'이 있다. 스스로 계획하고 모니터하며 우리의 경험을 반성하면서 이루어지는 'reflective learning'이 'nonreflective learning'보다 능동적인 학습인 동시에 능동적인 경험을 창출한다. 그런데 경험학습의 이론가인 Jarvis는 경험이 많으면 많을수록 경험으로부터 적게 배운다고 하였다. 그 이유는 우리가 익숙한 것들을 선택하고 새로운 것을 배우는 것을 부정하는 경향이 있기 때문이라고 하고 있다. 이를 극복하기 위한 대안으로 다양한 관점과 개방적인 시각, 활발하고 의식적인 사고의 과정이 필요하다. 따라서 20대 젊은 시절 다양한 경험을 통해 나와는 다른 사람들의 생각과 의견을 듣고, 다양한 관점을 통해 유연한 사고를 할 수 있는 안목을 지니기 위해서는 다양한 경험이 필수적이다. 방학기간 동안 몸으로 부딪혀가며 즐겁게 배울 수 있는 활동을 계획하자.

2) 고학년 방학계획

(1) 전공심화기

고학년이 되면 이제 전공을 기반으로 학교 밖으로 진출할 준비를 하는 시기이다. 제일 먼저 졸업을 위한 요건을 갖추었는지 점검해야 한다. 학점은 졸업 총학점뿐만 아니라 전공필수, 전공선택, 교양필수 등 영역별로 확인하고 부족한 부분을 반드시 계절학기로 보강해야 한다. 1학점 때문에 졸업을 하지 못하는 학생들이 실제로 학과 사무실에 나타나지만 학교의 학칙은 엄격하다. 학점이수를 잘 했다면 졸업에 필요한 어학성적이나 컴퓨터 관련 자격증을 확인해야 한다. 학과마다 요구하는 어학성적과 자격증의 종류가 다르고 입학년도에 따라 다를 수도 있으니 본인이 직접 졸업가능 여부를 확인해야 한다.

고학년 방학에는 전공심화 능력을 키우는 것이 필요하다. 학교 수업에서 배운 개론서 수준보다 더 심화된 지식과 기술을 갖추어야 한다. 특히 전공분야에서도 세부전공이 있다면 본인의 주특기가 될 수 있도록 준비하여야 한다. 그 준비의 결과물이 외적으로 나타나는 것이 학점과 관련 자격증, 공모전 입상경력, 인턴십 경력, 아르바이트나 봉사활동 경험이다. 학교생활에 충실했다면 학점 관리가 잘 되었을 것이다. 그 외에 전공과 관련하여 본인이 어떤 노력을 하였고 경험을 했는지

보여주는 결과물이 필요하다. 특히 졸업 후 입사지원을 위한 서류에 첨부할 수 있는 증명서의 형태가 될 만한 것이 무엇이 있는지 점검해 보자. 고학년의 방학은 대학생활의 결실을 거두는 시간으로 계획하여야 한다.

(2) 전공기반 진로목표 설정

고학년이 되면 졸업 후 취업을 할 것인지, 아니면 편입하거나 대학원에 진학하여 더 공부할 것인지를 결정해야 한다. 목표가 무엇이냐에 따라 방학동안 해야 할 일들이 달라지기 때문이다. 어떤 진로를 선택하든지 학점관리와 졸업요건은 공통적으로 갖추어야 한다.

취업을 목표로 설정한 경우, 전공분야의 취업시장 트렌드와 기업정보를 탐색하고 본인이 지원하고자 하는 분야에서 요구하는 지식, 기술, 태도, 즉 역량이 무엇인지 파악하는 것이 선행되어야 한다. 그 후 자신의 현재 역량 수준을 점검하여 그 차이를 분석하여 준비하고자 하는 기업이나 직무를 정하고 준비하여야 한다. 학교에서 진로관련 수업을 들으면서 기업이나 직무와 관련된 정보를 수집하고 이력서와 자기소개서 등 구직 기술을 배웠다면 방학기간 동안은 자신의 목표에 따라 해당 기업의 정보를 수집하고 구직 활동을 계획하여야 한다.

편입이나 대학원 진학을 준비하는 경우 해당 학교에서 요구하는 사항에 따라 시험 준비를 하여야 한다. 보통 어학시험과 전적대학 성적, 그리고 면접시험을 준비하며 대학원의 경우 4년제 학위를 요구한다. 요즘은 온라인이나 대학에서 시간제로 강의를 듣고 학점을 취득하는 독학사제도와 사이버대학으로의 편입이 잘 되어 있어 직장을 다니면서도 학업을 병행할 수 있다. 그리고 전문대학에서도 학점을 취득하여 4년제 학위를 받는 제도가 있어 어떤 방법으로 학업을 이어나갈지 본인 상황에 맞게 선택할 수 있는 여지가 넓어졌다.

(3) On-Spec 중심의 경험

취업포털 잡코리아가 인사담당자를 대상으로 한 조사에서 지원서를 봤을 때 가장 뽑고 싶은 지원자 1위는 '요구한 지원자격요건에 부합되는 지원자(56.9%)'가 차지했다. 2위는 '실무 경험이 충분해서 업무성과가 탁월할 것으로 예상되는 지원자(46.3%)'가, 3위는 '입사의지가 돋보이는 지원자(45.8%)'가 각각 차지했다. 이어 '회사의 인재상에 부합하는 지원자(33.0%)', '군더더기 없이 필요한 정보만 깔끔하게 정리해 지원서를 작성한 지원자(20.9%)', '학점, 학내 외 활동 등을 통해 성실성이 보여지는 지원자(18.6%)'도 인담자들의 호감을 불러일으키는 지원자로 꼽혔다. 반면 '이색 경력, 경험(11.1%)'이나 '넘치는 감각(8.8%)', '화려한 스펙(2.5%)'을 갖춘 지원자를 꼽는 응답은 상대적으로 적었다.

앞에서 학교에서 학점 이수 외에 할 수 있는 다양한 활동들이 있고 학교 밖에도 대학생 시기에만 경험할 수 있는 활동들이 있다는 것을 배웠다. 저학년 방학 시기는 다양한 경험을 통해 사고의 폭을 넓히고 다른 사람과 함께 어울릴 수 있는 기본 소양을 갖추는데 중점을 두었다면 고학년 방학 시기는 전공에 기반을 두고 전문인으로서 역량을 갖추는데 힘써야 한다. 졸업과 동시에 원하는 곳에서 일하고 싶다면 보다 전략적으로 방학을 보내야 한다.

스펙의 나열로 채워진 이력서와 자기소개서는 자신의 진로목표를 성취하는 데 큰 힘이 되지 못한다. 대학생활을 열심히 한 수많은 지원자 중 한 명으로 조직의 문을 두드릴 것인지 아니면 군계일학의 모습으로 깊은 인상을 줄 수 있는 지원자가 될 것인 생각해보아야 한다. 취업이라는 좁은 문을 준비하는 고학년 방학은 대학생활을 통해 준비해 온 자신의 역량과 예비 직업인으로서의 자세를 어떻게 보여줄 것인지 점검해 보는 시기이다.

졸업시기에 남들이 다 준비하는 OA자격증과 학점으로는 부족하다. 아직 준비가 덜 되어 불안하고 어떻게 학교 밖으로 나갈 준비를 하는지 막막하다면 학과 교수님을 찾아가자. 그동안 학교생활을 통해 여러분의 노력으로 성취한 것들이 의외로 많지만 의외로 학생들은 그 가치를 잘 모르는 경우도 있다. 전공분야와 관련하여 여러분에게 조언해 주고 지지해 주는 가장 가까운 전문가는 학과 교수님이다. 고학년 방학기간 동안은 자신이 원하는 기업과 직무에서 요구하는 On-Spec 중심의 경험을 쌓기 위해 집중해야 한다.

| 요약정리 |

1. 대학생활은 수업과 출석여부, 학점 등 졸업요건에 대한 규정은 명확하지만, 대학생 자신이 자율적으로 이를 수행해 나가고 책임을 진다는 점에서 이전의 초·중·고등학교 생활과 다르다.
2. 대학생활은 자기 스스로가 필요한 정보를 찾고 활용하고자 하는 의지가 중요하며, 본인의 선택에 따라 수업 이외의 일상을 만들어 나가는 것이 학생마다 다르다.
3. 대학생활에서 방학은 자신의 관심분야를 탐색하고 자기개발을 할 수 있는 좋은 기회이며, 개인적인 관심이나 흥미차원에서 볼 때 자신의 버킷리스트를 실현할 수 있는 즐거운 시간이다.
4. 방학기간 동안 학교 내에서 참여할 있는 활동은 교환학생 준비, 도서관 활용, 취업지원부서 프로그램 참여, 현장실습, 근로장학생 등이 있다.
5. 방학기간 동안 학교 밖에서 대학생들을 위한 활동으로는 인턴십, 워킹홀리데이, 봉사활동, 공모전, 고용노동부 프로그램, 창업지원 프로그램이 있다.
6. 저학년 시기에는 전공에 적응하고 전공기반으로 진로를 탐색하는 한편 다양한 경험을 통해 사고의 폭을 넓히고 다른 사람과 잘 지낼 수 있는 능력을 기르는 계획을 세우는 것이 바람직하다.
7. 고학년 시기에는 전공심화기로 졸업요건을 갖추었는지 점검하는 것이 가장 먼저 해야 할 일이며, 취업과 진학 중 진로목표를 결정짓고 준비하여야 한다.

Worksheet

다음 사례를 읽고 자신의 대외활동 경험을 조원들과 공유해 보자.

대학생 40% "인맥-스펙 위해 대외활동 참여"

캠퍼스 밖 활동 현황 (단위: %)

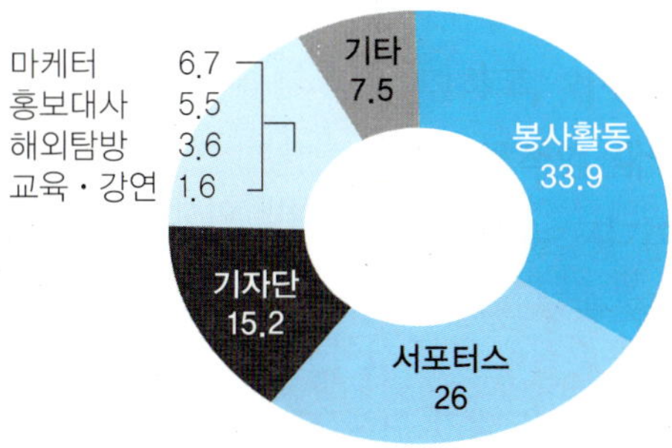

캠퍼스 밖 활동 참여동기 (단위: %)

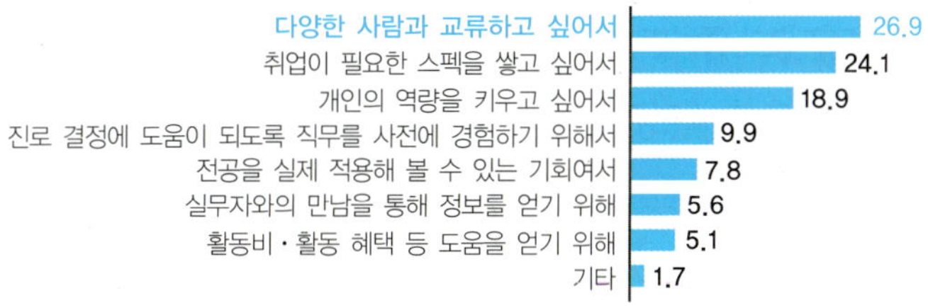

자료: 대학내일 20대 연구소

대학생 A 씨는 주중에 수업을 듣고, 전공인 사회복지학 공부를 하고, 아르바이트를 한다. 그 대신 주말시간은 인근 사회복지관에서 어린이를 가르치는 봉사활동에 쓴다. 미리 사회복지사 일을 경험해보고, 캠퍼스 밖에서 취업하고 싶은 분야의 인맥을 만들기 위해서다.

올해 대학생 10명 중 4명은 A 씨처럼 '캠퍼스 밖 활동'을 경험한 것으로 나타났다. 캠퍼스 밖 활동은 아르바이트, 인턴십을 제외하고 보수가 없는(또는 교통비나 실비만 지급되는) 사회참여 활동을 뜻한다. 대학생이 공공·민간기관에서 봉사활동이나 서포터스 같은 캠퍼스 밖 활동에 참여한 횟수는 1인당 평균 2.17회였다. 학업이나 동아리 같은 '캠퍼스 안 활동'도 아니고 돈을 버는 아르바이트도 아니지만 취업을 위한 '캠퍼스 밖 활동'이 대학생의 중요한 일상으로 자리 잡았음을 보여준다.

○ 1인당 캠퍼스 밖 활동 2.17회

20대 연구소가 올해 1월부터 10월까지 진행된 대학생 모집공고를 전수 조사했더니 캠퍼스 밖 활동은 1,464개로 집계됐다. 민간복지단체에서 368개(25.1%)를 운영해 가장 많았고 이어 정부 · 공공기관이 164개(11.2%), 교육 · 연구기관과 화장품 · 패션 회사가 109개(7.4%)로 뒤를 이었다.

대학생들의 캠퍼스 밖 활동도 봉사활동(33.9%) 비율이 가장 높았다. 다음으로 서포터스(26%), 기자단(15.2%) 순이었다. 반면 대학생들이 가장 선호하는 캠퍼스 밖 활동은 '해외탐방'(29.1%)이었다. 실제로 '해외탐방'에 참여한 경우는 3.6%에 그쳐 선호 활동과 경험에는 괴리가 있었다.

캠퍼스 밖 활동에 참여한 대학생의 절반 이상(52.9%)은 만족스럽다는 반응을 보였다. 대학생이 캠퍼스 밖 활동에 참여하는 이유는 △다양한 사람과 교류하고 싶어서(26.9%) △취업할 때 필요한 스펙을 쌓고 싶어서(24.1%) △개인 역량을 키우고 싶어서(18.9%) 순이었다. 즉 인맥과 스펙을 쌓기 위해 '캠퍼스 밖 활동'을 적극 활용하는 것. 본격적으로 진로 탐색을 할 수 있고 직무에 대한 경험을 쌓을 수 있다는 점에서 대학 생활에서 차지하는 비중이 점점 높아지고 있다고 연구소 측은 분석했다. 반면 캠퍼스 밖 활동에 참여하지 않는 이유로는 학업이 우선이기 때문(29.6%)이란 응답이 가장 많았다. 시간 부족(25.8%)과 능력 부족(10.2%)도 주요한 이유였다.

출처: 동아일보, 2013년 11월 27일자 기사
http://news.donga.com/3/all/20131126/59163289/1

1. 자신이 참가한 대외활동에 대해 설명해 보시오.

2. 대외활동을 통해 얻은 성과는 무엇이라고 생각하는지 설명해 보시오.

3. 친구들에게 추천해 주고 싶은 대외활동은 무엇입니까?

Chapter 11

대학생 때 갖춰야 할 3力

학습목표

1. 문제해결능력 향상을 위한 합리적 사고의 절차와 전략을 설명할 수 있다.
2. 대인관계능력 향상을 위한 관계형성 전략을 설명할 수 있다.
3. 의사소통능력으로서 프레젠테이션과 토론의 중요성에 대해 설명할 수 있다.

11

이 세상에 열정 없이 이루어진 위대한 것은 없다.

-게오르크 빌헬름-

1. 문제해결능력

1) 문제해결능력이란

우리의 일상은 다양한 문제들로 가득 차 있다. 사람들과의 관계에서 문제가 생기기도 하고 직장에서 업무를 하거나 학교에서 과제를 하는 과정에서 문제가 발생하기도 한다. 사용하던 가전제품이 작동하지 않아 문제가 되는 상황이 생기기도 하고 예상치 못한 지출이 생겨 생활에 문제가 생기기도 한다. 이러한 상황에서 이를 해결하는 방법은 수학문제를 푸는 것처럼 하나의 정답이 정해져 있지 않다. 이를 해결하는 과정에서 문제의 원인이 무엇인지 명확하지 않은 경우도 있고 경우에 따라서는 사람마다 원인을 다르게 인식할 수도 있다. 또한 상황을 해결할 수 있는 대안도 문제를 어떻게 인식했는가에 따라 다르게 나올 수 있다. 그렇다면 문제란 무엇일까?

문제란 일반적으로 사전에 접해 보지 못한 과제를 수행해야 하는 상황이나 세부적인 해결책이 주어지지 않은 상황을 의미한다. 이때 도달해야 하는 목표와 현재 사이에 간극이 있다고 해서 반드시 문제라고 볼 수는 없다. 그 사이에 바람직한 방향으로 도달하는데 있어 장애가 있어 목표 달성이 어려울 때 그러한 상황이나 해결해야 할 갈등을 문제라고 할 수 있다. 문제해결은 문제 상황에 대한 해결책을 만들어 내는 것으로 문제 및 장애 요소를 해결하기 위해 구체적인 행동으로 연계될 수 있는 방안을 찾아내는 능력이 문제해결능력이다.

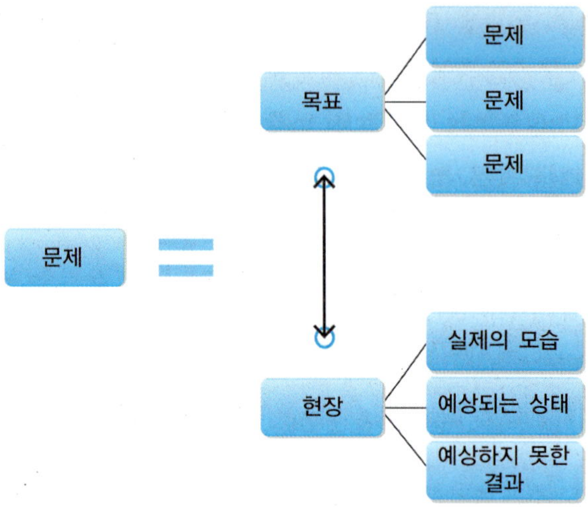

우리가 일상적으로 말하는 문제해결능력 외에 직무수행과 관련하여 정의된 문제해결능력도 있다. 국가능력직무표준(National Competency Standards)에서는 직업인으로서 갖추어야 할 10가지 직업기초능력을 표준화하였다. NCS 직업기초능력 10가지 중 하나인 문제해결능력은 직무를 수행하는 상황에서 발생할 수 있는 문제를 해결하는데 필요한 능력으로 다음과 같이 정의하였다.

• NCS 직업기초능력 문제해결능력 정의

문제해결능력이란 업무를 수행함에 있어 문제 상황이 발생하였을 경우, 창조적이고 논리적인 사고를 통하여 이를 올바르게 인식하고 적절히 해결하는 능력이다.

• 문제해결능력 구조

하위능력	정의	세부요소
사고력	업무와 관련된 문제를 인식하고 해결함에 있어 창조적, 비판적으로 생각하는 능력	• 창의적 사고 • 논리적 사고 • 사고
문제처리능력	업무와 관련된 문제의 특성을 파악하고, 대안을 제시, 적용하고 그 결과를 평가하여 피드백하는 능력	• 문제 인식 • 대안 제시 • 대안 적용 • 대안 평가

출처: 조민혁(2016). 조민혁의 합격을 부르는 NCS자소서 작성법.

문제해결능력은 생을 살아가는데 필요한 생애능력으로 의식주를 해결하는 기본 생활부터 학습과 관련된 상황, 그리고 직업생활을 포함한 개인의 모든 삶 속에서 발휘되어야 하는 역량이다. 생활 속에서 처리해야 할 일상의 작은 문제부터 학교 생활 전반에서 해결해야 하는 문제, 그리고 학교 밖으로 나가기 위한 진로에 대한 고민까지 다양한 문제들이 여러분의 일상에 있다. 개인이 처한 상황에 따라 문제를 인식하고 해결을 위한 방안을 찾아 이를 적용하는데 있어 상황의 특수성을 고려하여야 하나 문제를 대하고 해결해나가는 절차는 일반적으로 다음의 5단계를 거친다.

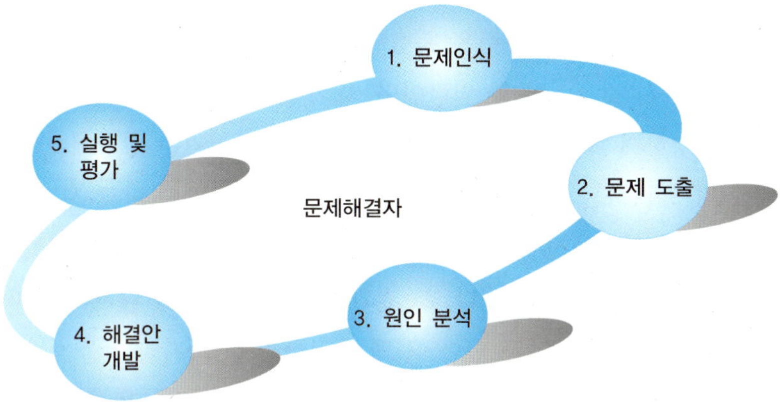

출처: 한국산업인력공단(2006). 문제해결능력 학습자용 워크북.

- 문제 인식 : 해결해야 할 전체 문제를 파악하여 우선순위를 정하고, 선정문제에 대한 목표를 명확히 하는 단계
- 문제 도출 : 선정된 문제를 분석하여 해결해야 할 것이 무엇인지를 명확히 하는 단계
- 원인 분석 : 파악된 핵심문제에 대한 분석을 통해 근본 원인을 도출하는 단계
- 해결안 개발 : 문제로부터 도출된 근본원인을 효과적으로 해결할 수 있는 최적의 해결방안을 수립하는 단계
- 실행 및 평가 : 해결안 개발을 통해 만들어진 실행계획을 실제 상황에 적용하는 활동으로 당초 장애가 되는 문제의 원인들을 해결안을 사용하여 제거하는 단계

문제 상황을 인식 → 문제를 명확하게 정의 → 문제의 원인 분석 → 대안을 제시 → 실행하기 위한 계획 및 그 수행결과에 대한 평가를 체계적으로 관리하는 절차를 거쳐 문제를 해결하는 방식이 익숙해지면 당황하여 일을 그르치거나 감정적으로 처리하지 않을 수 있다. 특히 성인으로서의 가치관이 형성되고 있는 대학시기에 문제해결을 위한 합리적 사고와 실행을 연습할수록 자신의 삶을 적극적으로 개척해 나갈 수 있다.

2) 대학생활과 문제해결능력

대학생 시기는 청소년기를 벗어나 사회에 진출할 준비를 하는 시간이다. 삶을 살아가는데 필요한 문제해결능력은 독립된 성인으로서 자신의 삶을 책임지고 살아가기 위해 반드시 갖추어야 할 역량이다. 대학생들이 문제라고 인식하는 상황은 학생들마다 다양하며 때로는 다른 사람들이 문제라고 여기는 상황에서 이를 인식하지 못하거나 회피하는 경향을 보이기도 한다. 초·중·고등학교 시기 입시위주의 주입식 교육에 익숙해진 학생들은 논리적이고 분석적인 사고로 대상을 비판적으로 보는 연습을 많이 하지 못했다. 그 결과 단편적인 지식을 암기하고 하나의 정답을 찾으려는 성향을 보이기도 한다. 선택 가능한 여러 가지 대안을 놓고 이를 적용했을 때 어떤 결과를 얻을 수 있는지 비교해 보고 조금 더 나은, 조금 더 타당한, 조금 더 합리적인 방식을 생각하는 것이 낯설게 느껴질 수 있다. 대학생활은 바로 이러한 연습을 통해 문제해결능력을 키워나가야 하는 시기다. 대학생활이라는 새로운 상황과 변화에 적응하고 여기에서 파생되는 문제들을 스스로 해결해 나가면서 문제해결능력은 길러진다. 이를 위해 제일 중요한 것은 문제 상황을 회피하거나 타인에게 의지하지 않고 스스로 해결해 나가려는 태도를 갖는 것이다.

대학생활을 통해 문제해결능력을 키우려면 먼저 정답에 대한 집착을 버리는 것이 필요하다. 수업시간에 하나의 현상에 대해 다양한 학자들의 관점과 이론을 강의하다보면 학생들로부터 제일 좋은 이론은 무엇이냐는 질문을 받기도 한다. 예를 들어 서로 경쟁하는 상반된 입장의 이론인 갈등이론과 기능론을 설명한 후, 특정 사회현상을 제시하고 이 현상을 설명하는데 더 적합한 이론은 무엇인지 자신의 의견을 밝히라고 하면 학생들은 많은 고민을 한다. 어떤 이론을 선택하느냐가 점수를 더 받는 것이 아니라 현상을 어떻게 인식하고 해석하는가에 대한 논리적인 부분을 평가한다고 공지하여도 정답을 골라내던 공부 방식 때문에 어려워한다. 대학생활의 문제해결능력을 기르기 위해서는 수업에서 주어지는 과제나 시험 문제에 대한 인식부터 바꾸어야 한다.

일반적으로 문제는 창의적 문제와 분석적 문제로 나뉜다. 이 두 가지 문제는 문제제시방법, 해결방법, 해답 수, 주요 특징에 의해 다음과 같이 구분된다.

〈표 11-1〉 문제의 유형

구분	창의적 문제	분석적 문제
문제제시 방법	현재 문제가 없더라도 보다 나은 방법을 찾기 위한 문제 탐구로 문제 자체가 명확하지 않음	현재의 문제점이나 미래의 문제로 예견될 것에 대한 문제 탐구로, 문제 자체가 명확함
해결 방법	창의력에 의한 많은 아이디어의 작성을 통해 해결	분석, 논리, 귀납과 같은 논리적 방법을 통해 해결
해답 수	해답의 수가 많으며, 많은 답 가운데 보다 나은 것을 선택	답의 수가 적으며, 한정되어 있음
주요 특징	주관적, 직관적, 감각적, 정성적, 개별적, 특수성	객관적, 논리적, 정량적, 이성적, 일반적, 공통성

출처: 한국산업인력공단. 문제해결능력 학습자용 워크북.

대학생활은 이전의 학교생활과 달리 스스로 자신의 일상을 계획하고 실천해야 하는 일들이 대부분이다. 이 과정에서 생기는 문제들을 해결하기 위해서는 다음과 같은 전략이 필요하다.

• 문제 상황을 불편하거나 불필요한 것으로 생각하지 말자.

자신이 겪고 있는 문제들은 그 시기의 사람이라면 누구나 겪는 통과의례와 같은 의미를 지닌 것일 수도 있다. 특히 신입생 시기 낯선 친구들을 만나 사귀고 자율적으로 움직이는 대학생활은 일상이 낯설고 서툴다보니 위축되기 쉽다. 하지만 스스로 해결해 나가면서 대학생으로 적응하는 과정이다.

• 열린 사고를 하자.

'백조는 하얗다'라는 것은 다른 색깔의 백조가 발견된다면 더 이상 지식으로서 가치를 잃게 된다. 이른바 확률적 지식이다. 같은 단어라 할지라도 전공에 따라 의미하는 것이 다를 수 있으며, 다양한 지역에서 다양한 방식의 전형을 통해 들어온 친구들은 저마다 가진 경험도 다르다. 대학은 다양성을 존중하는 곳이다. 상황을 바라볼 때 나와는 다른 사람의 관점을 배우고 이를 통해 문제를 바라보는 시각을 다각화 할 수 있다.

• 다른 사람과 협력하자.

요즘 학생들은 개인주의가 강해서 다른 사람과 함께 일하는 것을 힘들어하는 성향이 과거에 비해 강해졌다. 혼자서 제출하는 과제의 경우 열심히 해서 좋은 결과물을 내는 반면에 조별과제의 경우 '팀플 잔혹사'라는 말이 나올 정도로 힘들어 한다. 지금까지는 혼자서 지식을 습득하고 과제를 해결하는 일들이 대부분이었지만 대학 이후의 생활, 특히 직업인으로서 조직생활을 하게 되면 혼자서 하는 일은 거의 없다. 팀원들과 협력해서 공동의 목표를 달성하는 것이 직업인들의 문제해결방식이다. 대학생활을 통해 다른 사람과 협력하여 문제를 해결하는 것을 연습해야 한다.

〈사례 11-1〉 문제인식의 차이에 따른 해결방법의 차이

120만 달러 들여 '우주 볼펜' 개발? 연필 쓰면 되지!

일상에서 혹은 조직에서 발생하는 다양한 문제를 해결하기 위한 첫 단계는 문제를 제대로 정의하는 것이다. 문제 정의의 중요성을 보여주는 일화가 있다. 과거 우주 진출을 경쟁적으로 추진하던 미국과 소련은 우주에서 사용할 수 있는 생필품 개발에도 힘을 쏟았다. 그러던 중 우주에서 사용할 수 있는 필기구가 경쟁 대상이 됐다. 미국 항공우주국(NASA)은 우주 공간처럼 중력과 온도, 습도 등 조건이 완전히 다른 상태에서 쓸 수 있는 펜을 개발하기 위해 '스페이스 펜 프로젝트'를 진행했다. 결국 미국은 120만 달러(약 13억 원)의 자금을 투입해 우주 펜 개발에 성공했다. 미국 우주 비행사들은 의기양양했다. 그들은 이 펜을 자랑하기 위해 소련 우주비행사들을 찾았다. 미국의 자랑을 접한 소련 우주 비행사들은 "우리는 연필을 쓰는데 굳이 어렵게 우주 펜을 개발한 이유를 모르겠다"며 떨떠름한 반응을 보였다.

몇 백 원짜리 연필로도 충분할 것을 120만 달러나 들여 우주용 펜을 개발하는 낭비가 일어난 원인은 무엇일까. 미국이 문제 정의를 잘못했기 때문이다. 미국은 '무중력

상태에서도 볼펜을 쓸 수 있는 방법은 무엇인가'라고 문제를 정의했다. 따라서 문제를 해결하는 과정에서 막대한 돈이 들었다. 소련은 '무중력 상태에서 우주 실험을 기록할 수 있는 가장 효과적인 방법은 무엇인가'라고 문제를 정의했다. 문제에 적합한 답을 찾다 보니 돈 한 푼 들이지 않고 해결할 수 있는 방법이 있었다. 볼펜 대신 연필을 사용하면 문제가 해결됐다. 문제를 어떻게 정의하느냐에 따라 결과가 완전히 달라진다.

그렇다면 문제 정의를 잘하기 위해서는 어떻게 해야 할까. 첫째, 주요 질문(Key Question)을 정리한다. 해결해야 할 근본적인 질문이 무엇인지 고민해서 구체적이고 간결한 형태로 정리해야 한다. 둘째, 핵심 의사 결정자가 누구이며 그가 고려하는 의사결정 요소가 무엇인지 파악한다. 문제 해결 방안을 모색하는 일은 의사결정자를 이해시키고 설득해서 원하는 방향으로 이끌고 가기 위한 것이다. 셋째, 해결 방안의 범위를 정한다. 문제를 해결하기 위해 어떤 일을 할 수 있고 어떤 일을 할 수 없는지 명확히 정의해야 한다. 시간이나 돈, 사람 등 사용할 수 있는 자원이 얼마나 되는지 확인하는 일도 매우 중요하다.

출처: 동아일보, 2013년 1월 17일 기사
http://news.donga.com/3/all/20130117/52375444/1

2. 대인관계능력

1) 대인관계능력이란

사람은 사회적 동물이라는 말이 있듯이 혼자서 고립되어 살 수 없는 존재다. 톰 행크스 주연의 '캐스트 어웨이'(Cast away)에서 주인공 척 놀랜드는 약혼녀 캘리와 결혼을 앞둔 바쁜 직장인이다. 그는 크리스마스이브에 출장을 가는데 그가 탄 비행기가 추락하면서 외딴 섬에 고립된다. 비행기에서 흘러나온 나온 몇 개의 상자를 가지고 구조될 때를 기다리면 섬에서 버텨가는 그에게 혼자 있다는 것은 몸이 아픈 것 이상의 고통이다. 영화에서 그는 배구공에 사람의 눈, 코, 입을 그리고 '윌

슨'이라 부르며 이야기한다. '윌슨'에게 다정하게 말을 건네기도 하고 짜증을 부르기도 하는 그의 모습은 정신이 나간 사람 같을 때도 있지만 이를 보는 관객들은 웃음을 짓는다. 관계에서 단절된 외로운 인간의 전형을 보여주는 이 장면은 우리가 다른 사람과의 관계 속에서 존재하고 있음을 단적으로 보여주는 예이다.

이렇듯 다른 사람과 친밀한 관계를 형성하고, 지속적인 관계를 유지하면서 서로 도움을 주고받는 관계로 지내는 것, 바로 이것이 대부분의 사람들이 희망하는 대인관계일 것이다. 사람을 의미하는 한자 인(人)이 사람과 사람이 서로 기대어 의지하고 있는 모습에서 만들어졌다는 것은 우리가 다른 사람들과의 관계를 떠나 살 수 없음을 상징한다. 살면서 다양한 사람들을 만나고 이들과 갈등 없이 원만히 지내고 친밀하고 협력적인 관계를 맺는 것은 삶을 풍요롭고 행복하게 만들어 나가는 길이다.

흔히 대인관계와 인간관계를 혼용하여 사용하고 있다. 그러나 둘의 개념은 다소 차이가 있다. 인간관계(human relationship)라는 개념이 인간 사이에 형성되는 심리적인 관계의 모든 측면을 지칭하는 반면 대인관계는 사람을 대하는 대인의 보편적인 심리적 지향성이라는 측면에 소수인, 특히 두 사람 사이의 관계에 보다 중점을 두고 있다. Giberson은 인간관계를 '자신이 원하는 방향으로 행동하게끔 사람을 대하는 기술, 태도, 인격 및 행동의 원칙을 다루는 것'이라 하였다. Roethlisberger는 '자신의 주위를 둘러싼 사회환경에 자기 자신을 적응시키는 기술'이라고 보았다.

우리가 일상적으로 말하는 대인관계능력 외에 직무수행과 관련하여 정의된 대인관계능력도 있다. 국가능력직무표준(National Competency Standards)에서는 직업인으로서 갖추어야 할 10가지 직업기초능력을 표준화하였다. NCS 직업기초능력 10가지 중 하나인 대인관계능력은 조직의 구성원으로 다른 사람들과의 관계를 맺고 공동의 목표를 달성하기 위해 업무를 수행하는데 필요한 능력으로 다음과 같이 정의하였다.

• NCS 직업기초능력 대인관계능력 정의

대인관계능력이란 업무를 수행함에 있어 접촉하게 되는 사람들과 문제를 일으키지 않고 원만하게 지내는 능력이다.

• 대인관계능력 구조

하위능력	정의	세부요소
팀워크능력	다양한 배경을 가진 사람들과 함께 업무를 수행하는 능력	• 적극적 참여 • 업무 공유 • 팀 구성원으로서의 책임감
리더십능력	업무를 수행함에 있어 다른 사람을 이끄는 능력	• 동기화시키기 • 논리적인 의견 표현 • 신뢰감 구축
갈등관리능력	업무를 수행함에 있어 관련된 사람들 사이에 갈등이 발생하였을 경우 이를 원만히 조절하는 능력	• 타인의 생각 및 감정 이해 • 타인에 대한 배려 • 피드백 제공 및 받기
협상능력	업무를 수행함에 있어 다른 사람과 협상하는 능력	• 의견 수렴 • 가능한 실질적 목표 구축 • 최선의 타협방법 찾기
고객서비스능력	고객의 요구를 만족시키는 자세로 업무를 수행하는 능력	• 고객의 불만 및 욕구 이해 • 매너 있고 신뢰감 있는 대화법 • 고객의 불만에 대한 해결책 제공

출처: 조민혁(2016). 조민혁의 합격을 부르는 NCS자소서 작성법.

20대 이상 직장인을 대상으로 한 직장스트레스 현황 설문조사에서 "일보다 사람이 더 힘들다"는 말이 실제 직장생활 속 극명한 현실인 것으로 밝혀졌다. 직장인 48.2%가 업무 시 가장 스트레스 받는 요인으로 '사람 상대'를 응답, 직장인 둘 중 한 명은 직장 상사 및 동료와의 관계로부터 가장 큰 스트레스를 받는 것으로 나타났다. 갈수록 어려워지는 취업난 속에서 어렵게 직장에 들어갔지만 상사와 선후배, 동료와의 대인관계에서 생기는 어려움 때문에 직장을 그만두는 경우도 많다.

그런가하면 누군가는 인복이 참 좋다는 소리를 들을 만큼 주변 사람들과 좋은 관계를 맺고 잘 지내면서 도움을 받아가며 사는 사람도 있다. 그런 사람들의 공통점을 살펴보면 상대방에게 호감을 끄는 성격이나 관련된 분야에서 유능함을 지닌 경우도 있고 잘 생긴 경우도 있다. 사람들이 상대에게 매력을 느끼는 경우는 개인이 보여주는 성향이나 신체적 매력 등 다양한 요인이 있을 수 있지만 가장 기본이 되는 것은 진실성이다. 진정으로 사람을 대하고 스스로가 좋은 사람이 되려고 노력하는 것이 관계를 형성하고 유지하는데 있어 중요하다.

〈사례 11-2〉 대인관계의 어려움과 그 해법

"사람 사귀기 어려워요"… 대인관계 장애 겪는 신입생, 사회 초년생 해법은

"이제 와서 친구 사귈 수 있을까요?" 올해 서울시내 A대학에 다니는 신입생 최모씨(19)씨는 입학 후 2개월여가 지났지만 아직 함께 다니는 친한 친구가 없어 고민이다. 동기들은 벌써 학과, 동아리 등에서 여러 친구들을 사귀어 함께 놀기도 하지만 최씨는 아직 학교 밖에서 친구를 만난 적이 없다. 최씨는 "학과 학생회 활동도, 동아리 활동도 안 하다 보니 친구 사귈 기회가 많지 않았던 것 같다"며 "친구 사귈 시기를 놓쳐서 학교생활이 위축되다 보니 더더욱 먼저 다가가기가 어렵다"고 말했다.

최씨와 비슷한 고민을 하는 직장인도 있다. 지난달 경기도 소재 B회사에 입사한 신입사원 강모씨(29)는 동기와의 대인관계에 어려움을 겪고 있다. 대학생 때까지만 해도 사교성 있는 편이었던 강씨는 유독 회사에 적응하지 못하고 있다. 동기들에게 먼저 다가가려 노력해봤지만 그때마다 동화되지 않는다는 느낌을 받았다. 취미, 관심사가 달라 좀처럼 대화에 진척이 없었다. 강씨는 "역설적이게도 다가갈수록 어색해지는 걸 느껴서 더 이상은 안 될 것 같다"며 "이대로 오랫동안 지내기엔 무리겠지만 뾰족한 수가 없다"고 토로했다.

대인관계에 어려움을 겪는 것은 비단 소수의 문제가 아니다. 사회에 갓 발을 내디딘 신입생과 신입사원 중 대인관계에 어려움을 겪는 이들이 많다. 2015년 서울대 대학생활문화원이 신입생을 대상으로 스트레스를 느끼는 분야를 조사한 결과 대인관계 문제가 학업, 진로에 이어 3위를 차지했다. 또 지난해 온라인 취업포털사이트 사람인이 322개 기업을 대상으로 설문조사를 한 결과에 따르면 신입사원 조기퇴사자 중 19%는 대인관계 어려움으로 퇴사한 것으로 나타났다.

대인관계 장애가 발생하는 원인은 다양하다. 당사자의 성격이 주된 원인일 수도 있고, 환경적인 측면이 관계를 맺는데 장애물이 되기도 한다. 대인관계 문제를 해결하기 위해선 원인을 파악하는 것이 중요하다. 그러려면 자기 자신에 대해 명확히 파악하는 것이 선행돼야 한다. 이상 허그인 심리상담센터 부원장은 "'내가 무리에 끼지 못하나'란 의문이 들었을 땐 외로운 건지, 소외감을 느끼는 건지, 내 성향과 성격은 어떤지 등을 검토하는 것이 중요하다"며 "고쳐보고 싶다는 생각이 들면 대학생은 학내 상담센터, 직장인은 직장 내 혹은 외부 상담센터를 통해 원인을 파악하고 개선점을 찾아보는 것도 방법이다"라고 말했다.

욕심을 버리려는 자세도 필요하다. 신입은 학업, 업무는 물론 대인관계에서도 처음부터 잘해야 한다는 강박에 사로잡힐 수 있다. 그러나 전문가들은 처음부터 완벽을 추구하려는 것이 부담으로 작용해 오히려 독이 될 수 있으니 여유를 가져야 한다고 조언한다. 김정은 마인드 힐링 심리상담센터 센터장은 "너무 잘 하려는 자세는 대인관계를 불편하게 만들 수 있다"며 "본연의 모습으로 조직 분위기에 서서히 흡수될 때 사람들과 편안한 인간관계를 형성할 수 있다"고 말했다. 또한 김 센터장은 "직장 내 대인관계의 경우 너무 가깝지도, 멀지도 않은 안정된 거리를 유지하는 게 오히려 오래 직장생활을 하는데 도움이 된다"고 설명했다.

성격의 문제가 아닌 환경적인 요인에서 기인한 대인관계 장애일지라도 개선의 노력을 보일 수 있다. 가령, 대학 신입생의 경우 장시간 친구들과 함께 있는 고등학교와 대학은 환경이 다르기 때문에 교우관계를 맺는데 어려움을 호소할 수 있다. 이럴 땐 관계 개선을 위해 적극적인 자세를 취해야 한다. 김현정 고려대 학생상담센터 상담교수는 "선후배, 동기 등과 약속을 잡거나 동아리를 하는 등 적극적으로 만남을 가지려는 태도가 필요하다"며 "그래도 개선이 어렵다면 혼자서 앓기 보단 주변인들에게 도움을 청해야 한다"고 말했다.

그렇다고 해서 과도하게 상대방의 기대 혹은 기준에 자신을 맞추는 것이 능사는 아니다. 오히려 역효과가 발생할 수 있기 때문이다. 이 부원장은 "억지로 다른 사람에 맞춰 가면을 쓰다 보면 언젠간 그 가면이 깨질 날이 올 수 있다"며 "때로는 자기주장과 하고 싶은 일을 해보고 타인을 설득하는 과정도 필요하다"고 조언했다.

출처: 한국일보, 2017년 5월 18일 기사
http://www.hankookilbo.com/v/d4fd9348bb204968bb7c475ffe56948d

2) 대학생활과 대인관계능력

대학에 와서 새로운 친구들과 선후배들을 만나 생활하는 지금 여러분의 대인관계능력은 어떠한가? 우리의 삶은 어떤 시기에 어떤 사람을 만나느냐에 따라 삶의 방향이나 목표, 방식 등 전반에 걸쳐 영향을 받는다. 누군가를 만나 좋은 인연이 되면 참 좋겠지만 사람은 자기중심적인 속성이 있어 사람과 사람이 만나면 필연적으로 서로 대립하거나 갈등이 생기기도 한다. 이 과정에서 감정이 상하여 관계가 소원해지거나 심한 경우 관계가 단절되기도 한다. 그런 일들을 겪다보면 사람과의 관계에 대해 기대하는 바가 적어지고 거리를 두면서 피상적인 인간관계에 머무르게 된다. 이를 극복하기 위해서는 대인관계에도 기술과 노력이 필요하다.

요즘은 핵가족 시대에 형제가 많지 않아 집에서 귀하게 크다보니 자기중심적인 사고가 팽배하고 부모의 과잉보호 속에서 친구사귀는 일조차 관리를 받다보니 자연스럽게 인간관계를 맺고 관계를 유지하는 경험이 부족하다. 어려서부터 친구끼리 다투어도 다시 화해하고 더 돈독해지려는 노력이 필요한데 이러한 대인관계향상을 위한 기술을 습득하지 못하고 성인이 된 경우가 많다. 과거 대가족 시대에는 또래뿐만 아니라 어른들과 생활하면서 다양한 인간관계를 자연스럽게 배울 기회를 가졌지만 요즘은 학교와 학원생활로 다양한 인간관계를 맺을 기회가 부족하다.

대학에 와서 만나는 사람들의 나이와 성별 등 관계의 범위는 확장되지만 스스로 대인관계를 형성하는 능력은 부족하여 이로 인한 불안과 어려움을 겪는 학생들이 증가하고 있다. 같은 학번 동기라도 나이 차이가 나고 나보다 어린 선배 또는 나이 많은 후배가 생기기도 한다. 소수지만 직장생활을 하다 늦게 대학에 온 사회인, 아이들을 키워놓고 늦은 공부를 하러 오는 어머니들도 있다. 같은 또래인 동기들하고도 먼저 다가가 친해지기가 힘들다는 요즘 대학생들은 인간관계에 신경 쓰는 것보다 차라리 혼자 지내는 것을 택한다. 혼밥, 혼술이라는 신조어가 생기는 것도 이제는 하나의 문화인 것처럼 보인다. 혼자서도 씩씩하게 밥을 먹고 자기 볼 일을 보는 것은 독립적이라고 할 수 있지만 다른 사람과 관계를 형성하고 친밀한 관계를 유지하는 것이 어려워서 그렇다면 자신의 대인관계능력에 대해 생각해 보아야 한다.

발달심리학적 관점에서 보면 대학생 시기는 후기 청소년기와 초기 성인기에 속하는 과도기에 해당된다. 이 시기는 타인과 친밀감을 형성하고 성숙한 대인관계의 기초를 구축하는 중요한 심리 사회적 발달단계이다. 특히 성인으로서 사회적 관계를 경험하는 초기단계로, 이 시기에 친밀하고 효율적인 대인관계를 형성하고 그 관계를 유지하는 능력을 개발하지 못하면 고립감이나 공허감 등의 심리적 혼란도 겪게 된다고 Erikson은 말한다.

〈사례 11-3〉 인간관계의 어려움

인간관계에 염증··· '인맥 거지' 자처하는 청년세대

거미줄같은 인간관계에서 오는 피로감과 회의감은 현대인이라면 누구나 겪는 일이다. 경쟁사회에서 낙오하지 않기 위해 주변과의 관계를 끊임없이 의식하면서 동시에 고립감을 느끼는 이른바 '군중 속의 고독'은 일상이 된 지 오래다. 이에 "혼자가 편하다"며 주변인들을 과감하게 쳐내며 이른바 '인맥 거지'를 자처하는가 하면, 외로움을 달래줄 일회성 인맥을 찾는 이들이 적지 않다. 인간관계의 부담은 최소화하면서도 외로움은 해소하려는 현대인의 양면적 모습이 두드러지고 있다는 분석이다.

취업포털 인크루트가 지난 4월 성인남녀 2,526명을 대상으로 조사한 결과에 따르면, 절반 가량인 1,146명(46%)이 '인맥 다이어트를 한 적이 있다'고 응답했다. '생각은 했으나 실행으로 옮기지는 못했다'는 답변도 923명(36%)에 달했다. '타인에게 프로필을 공개하고 싶지 않아서', '진짜 친구를 찾기 위해서', '이름만 봐선 누군지 몰라서' 등 이유에서였다. 또 전체의 48%는 스스로를 '인맥 거지'라고 여기는 것으로 나타났다.

대학생 김모(26)씨도 '인맥 거지'를 자처한다. 학업, 취업준비 등 이유도 있었지만, 무엇보다 페이스북, 카카오톡 등 사회관계망서비스(SNS)를 중심으로 만들어진 관계에 염증을 느꼈기 때문이다. 그다지 친하지도, 잘 알지도 못하는 사람들과의 '단톡방'은 의미 없는 메시지와 이모티콘의 홍수였다. 김씨는 "(휴대폰 연락처에) 가족을 포함해 50여명밖에 남지 않았다"면서도 "남들의 모습을 몰래 훔쳐보던 전보다 지금이 낫다"고 말했다.

청년들의 이런 모습이 자연스러운 수순이란 시각도 있다. SNS 등으로 관계 맺기가 과거에 비해 훨씬 쉬워짐과 동시에, 개인이 감당하기 어려울 정도로 관계의 양이 많아졌기 때문이다. 전북대 설동훈 교수(사회학)는 "시간, 돈, 마음 등 인간관계를 꾸준히 유지하기 위해선 '여유'가 있어야 한다"며 "무수한 인간관계 속에서 '선택과 집중'을 통해 허용 가능한 범위에서 관계를 유지하려는 것"이라고 설명했다.

인간관계에서 오는 스트레스는 인맥 정리의 주된 이유다. 정서적인 유대감 등 일정 부분을 포기하면서 스트레스의 근원을 원천봉쇄하려는 것이다. 최근 수년 간 청년층을 중심으로 '혼밥', '혼술' 등 혼자 문화가 확산한 것도 그 이면에 관계에 대한 두려움, 스트레스가 있다는 게 대체적인 분석이다. 지난해 4,191명의 성인을 대상으로 한 조사에서, 전체의 42%가 형식적으로 인맥을 관리하고, 인맥 관리에 스트레스를 느낀다고 응답했다.

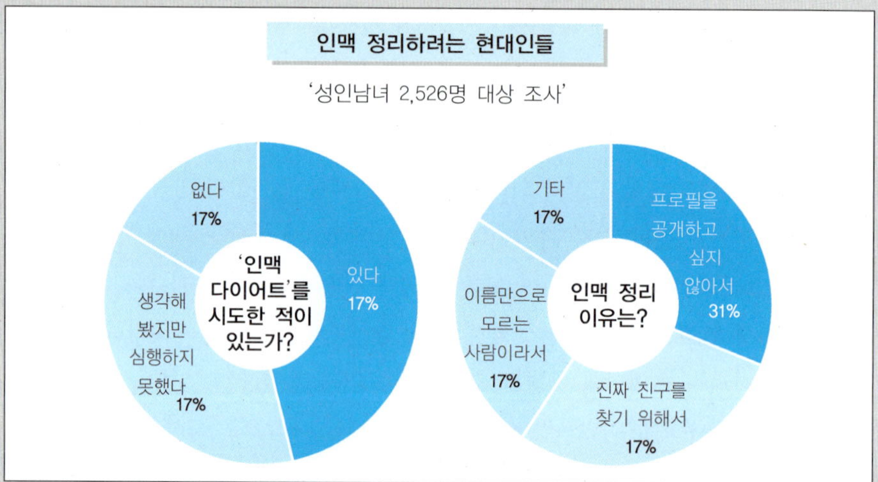

출처: 세계일보 2017년 6월 1일 기사
http://www.segye.com/newsView/20170601003576

다른 사람들과 친밀감을 형성하고 좋은 관계를 맺는데 있어 상대방의 호감을 유발하는 특성은 앞에서 언급한 성격, 유능함, 그리고 신체적 매력과 같은 개인적 특성 외에 상호관계에서 작용하는 특성이 있다. 상호관계에서 작용하는 특성으로는 근접성, 유사성, 상보성, 호혜성 등이 있으며 특징은 다음과 같다.

- 근접성 : 사람들은 지형적으로 가까운 거리에 있거나 같은 공간에서 생활하는 사람에게 끌림
- 유사성 : 나이, 인종, 종교, 사회적 지위, 경제력, 교육수준, 태도 등 비슷한 성향을 가진 사람들에게 매력을 느낌
- 상보성 : 서로 반대되는 성향이나 특징을 지니지만 자신의 부족한 점이나 욕구를 충족시켜줄 수 있는 상대에게 끌림
- 호혜성 : 사람은 자기를 좋아해주는 사람을 더 좋아하게 된다는 특성

출처: 숙명여자대학교 역량개발센터. 환영받는 인재. p.169.

대학생활에서 새로운 친구들과 선후배를 만나 친밀한 관계를 형성하려면 다음의 팁을 활용해 보자.

- 친해지고 싶은 사람에게 먼저 호감을 표시한다.
- 나에게 호감을 표시하는 사람에게 따뜻한 태도로 맞이한다.
- 서로 유사성을 찾거나 공통의 관심사에 대해 이야기한다.
- 상대방의 장점을 찾고 인정한다.
- 상대방에게 도움을 줄 수 있는 부분을 찾는다.
- 함께 수업을 듣는다.
- 학교생활에 필요한 정보를 공유한다.
- 조별활동이나 팀 과제를 함께 한다.
- 공모전, 자격증, 어학 스터디를 조직한다.

3. 의사소통능력

1) 의사소통능력이란

의사소통을 가리키는 커뮤니케이션(commuication)의 어원은 '공통의(common)' 또는 '공유(share)'라는 뜻의 라틴어 '커뮤니스(communis)'에서 유래되었으며, 공동체 또는 지역사회라는 뜻을 가진 영어의 '커뮤니티(community)'와 같은 어원에서 유래하였다. 커뮤니케이션이 어원에서도 알 수 있듯이 의사소통은 두 명 이상의 사람들이 서로 관계를 맺으면서 언어적 행위를 '함께 나누는 과정'을 전제로 한다.

과거에는 사람들이 자기가 태어난 지역 내에서 생활하면서 한정된 사람들과 면대면 접촉을 통해 서로 친밀하게 소통하였다. 오늘날 소셜 네트워크 서비스와 같은 미디어의 등장은 지리적 한계를 뛰어넘어 다양한 연령과 계층의 사람들이 소통할 수 있는 장을 열었다. 그럼에도 불구하고 한편에서는 소통의 부족과 소통의 부재가 문제로 등장하고 있다. 이는 의사소통수단의 발전으로 소통의 기회와 대상은 확대되었으나 진정한 의미의 소통이 이루어지지 못하고 있음을 의미한다. 부모님과 선생님, 학교 친구들과 선후배, 직장 상사와 동료들과 친밀한 관계를 맺으며 원만히 지내고, 서로에게 해야 할 책임과 의무, 그리고 보살핌을 행하면서 배려하고 공감하는 삶을 위해서는 소통이 중요하다. 서로에서 원하는 것을 잘 전달하고 이해하여 자신의 의사와 욕구가 수용되면 만족과 행복감을 느끼며, 묵살되거나 수용되지 못한 경우 거부당하거나 좌절을 느끼게 된다. 그렇게 되면 갈등이 생기거나 관계가 소원해지고 심각한 경우 관계가 단절되기도 한다.

우리가 일상적으로 말하는 의사소통능력 외에 직무수행과 관련하여 정의된 의사소통능력도 있다. 국가능력직무표준(National Competency Standards)에서는 직업인으로서 갖추어야 할 10가지 직업기초능력을 표준화하였다. NCS 직업기초능력 10가지 중 하나인 의사소통능력은 조직의 구성원으로 다른 사람들과의 관계를 맺고 공동의 목표를 달성하기 위해 업무를 수행하는데 필요한 능력으로 다음과 같이 정의하였다.

• NCS 직업기초능력 의사소통능력 정의

의사소통능력이란 업무를 수행함에 있어 글과 말을 읽고 들음으로써 다른 사람이 뜻한 바를 파악하고, 자기가 뜻한 바를 글과 말을 통해 정확하게 쓰거나 말하는 능력이다.

• 대인관계능력 구조

하위능력	정의	세부요소
문서이해능력	업무를 수행함에 있어 다른 사람이 작성한 글을 읽고 그 내용을 이해하는 능력	• 문서 정보 확인 및 획득 • 문서 정보 이해 및 수집 • 문서 정보 평가
문서작성능력	업무를 수행함에 있어 자기가 뜻한 바를 글로 나타내는 능력	• 작성 문서의 정보 확인 및 조직 • 목적과 상황에 맞는 문서 작성 • 작성한 문서 교정 및 평가
경청능력	업무를 수행함에 있어 다른 사람의 말을 듣고 그 내용을 이해하는 능력	• 음성 정보와 매체 정보 듣기 • 음성 정보와 매체 정보 내용 이해 • 음성 정보와 매체 정보에 대한 반응과 평가
의사표현능력	업무를 수행함에 있어 자기가 뜻한 바를 말로 나타내는 능력	• 목적과 상황에 맞는 정보 조직 • 목적과 상황에 맞게 전달 • 대화에 대한 피드백과 평가
기초 외국어 능력	업무를 수행함에 있어 외국어로 의사소통할 수 있는 능력	• 외국어 듣기 • 일상생활의 회화 활용

출처: 조민혁(2016). 조민혁의 합격을 부르는 NCS자소서 작성법.

의사소통은 언어적 표현뿐만 아니라 비언어적 메시지를 통하여 서로의 감정 또는 의도 및 사실이나 생각과 정보를 주고받으며 그 의미를 이해하고 공유하는 행위이다. 말하는 사람의 경우 자신이 전달하고자 하는 내용을 상대방이 잘 이해하도록 정확하게 전달하는 것이 목적이며, 듣는 사람의 경우 상대방이 전하고자 하는 바를 명확하게 파악하여 이해하는 것이다. 원활한 의사소통을 위해 자신의 생각과 의견을 쉽고 간결하게 표현하는 것이 바람직하며 듣는 사람의 나이와 경험, 관계 등을 고려하여 상대방이 어떻게 받아들일 것인지를 염두에 두어야 한다.

친구나 가까운 또래들끼리 사용하는 단어들을 어른에게 사용하는 경우 무슨 뜻인지 이해하지 못하는 경우가 있다. 의사소통의 수단 역시 직접 보고 말해야 하는 경우와 문자나 메일을 통해 전달해야 하는 것을 구분할 필요가 있다. 같은 내용이라 할지라도 사적인 자리에서 하는 대화와 여러 사람 앞에서 말하는 공식적인 말하기의 경우에도 사용하는 단어나 어투, 태도 등이 달라져야 한다. 의사소통은 일방적인 정보의 전달이 아니며 대화에 참여하고 있는 사람들이 공유할 수 있는 의미와 이해를 만들어 내기 위해 상호 노력하는 과정이다. 의사소통을 통해 우리는 상대가 나와 다름을 알 수 있고 서로 다른 견해를 확인함으로써 이해의 지평을 넓힐 수 있다. 이 과정에서 오고가는 내용도 중요하지만 의사소통에 참여하는 태도

에 따라 그 의미는 달라질 수 있다. 따라서 자신이 전달하고자 하는 바를 상대방의 감정이 상하지 않도록 배려하며 이야기할 수 있어야 한다. 그러기 위해서는 상대를 존중하는 태도와 상대방의 말에 귀를 기울이는 경청이 중요하다.

요즘은 우리나라로 유학 오는 외국인 학생들이 늘어나면서 다른 문화권의 학생들과 수업을 들을 수 있는 기회가 많아졌다. 유창한 외국어 실력이 있는 학생들도 그 나라의 문화를 이해하지 못하면 의사소통에 한계를 보인다. 외국인 유학생이 지도교수와 학교생활에 대해 이야기하는 동안 팔짱을 끼고 긴 시간동안 그 자세를 유지했는데 이야기가 끝날 무렵 어른이나 상사 앞에서 팔짱을 끼는 것이 우리 문화에서는 바람직하지 않다고 조언을 해주었다. 그 이야기를 들은 외국인 학생은 깜짝 놀라며 자신의 나라에서는 팔짱을 끼는 것이 상대방에 대한 존경을 나타내는 의미였다며 그래서 이야기 내내 그 자세를 유지했다고 하였다. 비단 외국인과의 대화에서만 이런 것이 아니다. 문화는 연령에 따라 세대 간의 차이가 있고, 조직에 따라 차이가 있으며, 지역에 따라 차이가 있을 수 있다. 이는 의사소통에 영향을 미치는 주요한 요인이기도 하다. 지금까지 살펴본 바와 같이 의사소통은 다음과 같은 특징을 지닌다.

- 음성언어와 비언어적 표현을 통해 의미를 전달한다.
- 의사소통은 상황의존성을 지닌다.
- 참여자들의 상호교섭을 통해 이루어진다.
- 의사소통을 통해 관계를 형성한다.
- 의사소통은 사회문화적 특성을 반영한다.

2) 대학생활과 의사소통능력

대학에 입학하면 대학국어, 언어와 의사소통, 발표와 토론, 글쓰기와 말하기, 프레젠테이션 등 의사소통과 관련된 과목을 이수하도록 되어 있다. 일상생활의 의사소통과 함께 토론과 프레젠테이션을 통해 자신의 의사를 전달하고 설득해야 하는 일들이 늘어나면서 학교 수업에서도 이를 적용하고 있다. 대학 이전의 학교생활에서도 발표와 토론을 해왔지만 대학수업에서는 자신이 학습하고 이해한 내용을 재구성하여 다른 사람들 앞에서 효과적으로 전달하는 것이 중요하다. 왜냐하면 대학교육은 단편적인 지식의 습득을 목표로 하지 않으며 고등사고의 함양을 전제로 하기 때문이다. 발표와 토론은 서로 다른 관점과 방식을 배우며 사고의 폭을 넓힐 수 있는 의사소통방식의 하나이다.

(1) 프레젠테이션

프레젠테이션의 사전적 의미를 살펴보면 '발표' 또는 '제시'로 '설명하거나 보여주는 방식'을 뜻한다. 여러 사람을 대상으로 메시지를 전달하는 발표는 공식적 말하기의 한 방식이다. 프레젠테이션은 '정해진 시간에 자신의 경험을 통해 안 것이나 연구한 내용, 자신의 의견, 의지, 학설, 상품 또는 서비스 등에 관해 전달하는 것으로 듣는 이들로 하여금 발표자가 원하는 방향으로 의사결정을 하도록 설명이나 제안, 설득하거나 판매를 도모하는 의사소통 행위'라고 할 수 있다.

대부분의 학교 수업에서 개인 발표나 조별 발표를 포함하고 있어 프레젠테이션은 대학생들에게 필수적이다. 프레젠테이션은 말하기를 주요 수단으로 하는 의사소통방식의 하나로 발표자와 다수의 청자가 직접 얼굴을 보며 이야기하는 것이다. 그럼에도 불구하고 학생들 중에는 준비한 PPT자료를 그대로 읽거나 발표원고를 별도로 작성하여 읽는 경우가 있다. 화면으로 보이는 내용을 그대로 읽어주는 경우 듣는 사람은 발표자에게 집중하지 못한다. 이미 제공된 내용 외에 새로운 정보가 나오지 않는다면 흥미를 느끼지 못하기 때문이다. PPT는 발표를 위한 보조 자료로 활용하는 것이 좋다.

열심히 자료를 수집하고 정리하여 과제를 작성하고 발표 자료를 만들었음에도 불구하고 사람들 앞에 나가 발표하는 것을 부담스러워하거나 심하게 긴장하여 본인이 알고 있는 것을 다 보여주지 못하는 안타까운 경우도 있다. 대부분의 수업에서 발표 점수를 반영하는 추세라 학점에도 영향이 있다. 가끔 발표를 잘하는 사람을 보고 말을 잘 한다고 생각하지만 이는 적절한 표현이 아니다. 발표는 자신이 말하고 있는 주제와 관련된 지식 기술, 태도를 총체적으로 보여주는 것이다. 그래서 수업시간에 과제와 시험뿐만 아니라 발표를 통해서도 평가하는 것이다.

발표 상황에서 아무리 경험이 많고 능숙한 발표자라도 긴장감을 느낀다. 다만 경험이 많기에 불안이나 긴장을 조절하려고 애쓰고 티를 덜 내는 것이다. 발표를 앞두고 대부분의 사람들은 다음 4단계의 긴장감을 느낀다고 한다.

- 1단계: 준비에 착수하면서 긴장감을 느끼기 시작함
- 2단계: 실행 직전이나 시작을 전후로 긴장감 정도가 최고조로 높아짐

• 3단계: 실행해 나가면서 그 상황에 적응하게 됨
• 4단계: 실행이 종료될 때쯤 모든 긴장감으로부터 벗어나게 됨

사람들 앞에서 발표를 한다는 중압감에 자꾸 의식하다 보면 긴장감은 두려움으로 변해가고 정도가 심해지면 평상시와는 다른 이상행동을 하게 된다. 이것이 바로 발표 불안증 또는 무대공포증이라고 부르는 것이다. 발표와 관련하여 무대공포증은 다음과 같은 현상을 보인다.

구분	주요행동
도피행동	발표를 피하고 싶다.
	발표할 때 청중을 똑바로 쳐다보지 못한다.
불안상태	긴장해서 말하는 것을 서두른다.
	불안해서 생각이 잘 안 떠오른다.
음성상태	평소보다 목소리가 작아진다.
	음성이 떨리고 불안정하다.
언어표현	말의 앞뒤가 맞지 않고 분명하지 않다.
	말이 자주 끊어지고 더듬거린다.
신체표현	손을 비비거나 자세가 불안정하다.
	머리를 자주 만지거나 얼굴이 상기된다.

평소 같이 수업을 듣는 친구들 앞에서 하는 발표는 해당 주제에 관하여 자신이 학습하여 이해한 내용을 이야기하는 것이라 생각하면 부담감을 줄일 수 있다. 내용적인 면에서 자료 수집은 핵심주제와 메시지를 뒷받침할 수 있는 내용으로 해당 분야의 이슈와 트렌드를 반영할 수 있도록 준비한다. 단순히 교재를 정리하는 것으로는 부족하다. 관련된 사례를 제시하거나 본인의 경험을 연결하여 발표한다면 자신의 색깔이 들어간 개성 있는 발표가 될 것이다. 발표 자료는 '보여주면서 말하기'를 위한 것으로 대본이 아니라 발표 내용을 이해하기 쉽도록 보여주는 것이어야 한다.

이상의 발표준비를 마치면 반복적인 연습이 중요하다. 왈터스(Lilly Walters)에 의하면 발표 불안은 사전준비와 연습을 통해 75%, 심호흡을 통해 15%, 마음의 준비를 통해 10% 정도 극복된다고 한다. 실제 발표시간에 맞추어 발표 자료를 넘기면

서 연습하는 것이 효과적이다. 특히 발표의 도입부분을 실수 없이 성공적으로 진행하면 여유와 자신감이 생긴다. 시작이 반이라는 말처럼 이 부분을 매끄럽게 넘어간다면 나머지 부분은 여유 있게 진행할 수 있으므로 반복해서 연습하는 것이 중요하다.

(2) 토론

토론은 다른 사람과 소통하는 과정을 통해 주제와 관련된 자료나 의견을 비교·분석하여 발전적인 의견을 도출하거나 보다 더 합리적인 결론을 선택하는 형태의 의사소통이다. 토론은 말하기와 듣기를 통해 정보를 선택·결합하고 비판적으로 자신의 의견을 정립하는 사고의 과정을 거치며 동시에 상대방을 논리적으로 설득시키는 과정이다. 자신의 지식과 경험을 드러내면서 동시에 토론에 참여한 이들의 지식과 경험을 체험할 수 있으며 비판적 사고와 논리적 사고를 함양할 수 있는 고차원적인 의사소통이다.

토론은 자신의 의견을 논리적으로 전달하는 것도 중요하지만 다른 참여자의 의견을 경청하고 핵심을 파악하는 것이 중요하다. 특히 비판적 사고와 논리적 사고를 통해 장점과 단점을 파악하여 의견을 개진하는 것이 토론의 핵심이다. 토론은 자신과 다른 생각을 가진 개인 또는 집단과 의견충돌이 발생했을 때 이를 해결해 나가는 방식이기도 하다. 학교 수업뿐만 아니라 직장에서 업무 수행 시 다른 사람과 협업하면서 일을 하는데 반드시 필요한 의사소통의 방식이며 사람들 간에 갈등이 생겼을 때 감정으로 대처하지 않고 문제를 해결하는데 도움이 되는 의사소통방식이다. 최근 기업에서는 직원채용 시 면접의 비중을 높이고 그룹토의와 경쟁프레젠테이션 등 다양한 형태의 의사표현능력을 통해 신입사원으로서의 역량과 기본소양을 평가하고 있다. 따라서 대학생 시기에 여러 교과목을 통해 다양한 주제를 가지고 토론에 참여하는 것이 앞에서 말한 능력들을 함양하는데 도움이 된다.

수업시간에 이루어지는 학생들의 토론을 보면 적극적으로 자신의 의견을 제시하거나 상대방의 의견에 대해 비판적으로 접근하는 것을 부담스럽게 생각는 경우가 있다. 자기주장이 강한 사람으로 비쳐지거나 다른 사람의 감정을 상하게 할까봐 배려하는 차원에서 토론에 소극적으로 임하는 학생도 있다. 그러나 이것은 토론에 대한 이해가 부족해서 그렇게 생각하는 것이다. 비판은 상대방 의견의 장점을 인정하고 부족한 부분은 무엇인지를 알리고 이를 보완할 수 있는 더 나은 의견을 제시하는 것이지 상대에 대한 인신공격이나 비난을 뜻하는 것이 아니다.

건전하고 발전적인 토론을 위해 다음의 사항을 유의하자.

- 적극적 경청
  토론은 자신의 의견을 전달하는 것으로 그치지 않는다. 자신의 의견에 대한 상대방의 지지나 반박하는 이유를 잘 듣고 논리적으로 대응해야 한다. 토론의 참여자가 다수인 경우 자신의 발언 차례를 준비하는 것에만 신경을 써서는 안 된다. 다른 참여자의 의견을 듣고 자신의 의견과 공통점, 차이점, 장점과 단점을 분석하고 의견을 개진하여야 한다.
- 일관성 유지
  토론의 주제와 벗어나는 발언은 의미가 없다. 자신의 입장을 뒷받침할 수 있는 실제 사례와 에피소드, 통계자료, 공신력 있는 기관이나 전문가의 의견을 활용하여 자신의 의견을 개진하도록 한다.
- 긍정적 표현
  상대방의 의견을 반박할 때 '그 의견은 틀렸다', '사실과 다르다', '그 의견은 아닌 것 같다'와 같은 부정적 표현을 최소화하고 긍정적으로 표현을 사용한다. 예를 들어 '그 의견에 대해 이의가 있다', '지금 제시한 내용과 반대되는 다른 사례가 있다', '그 의견은 이런 한계점이 있다'라고 표현한다면 상대방의 논리적 오류나 의견의 부족함을 지적하면서도 공격적으로 들리지 않는다.
- 두괄식 표현
  자신이 지지하는 입장이나 결론을 먼저 제시하고 그 이유를 설명하는 방식을 취한다. 상대방에게 빠르고 간결하게 자신의 의견을 명확하게 전달할 수 있는 방식이다.

| 요약정리 |

1. 문제해결은 문제 상황에 대한 해결책을 만들어 내는 것으로 문제 및 장애 요소를 해결하기 위해 구체적인 행동으로 연계될 수 있는 방안을 찾아내는 능력이 문제해결능력이다.
2. 문제해결능력은 생을 살아가는데 필요한 생애능력으로 의식주를 해결하는 기본생활부터 학습과 관련된 상황, 그리고 직업생활을 포함한 개인의 모든 삶 속에서 발휘되어야 하는 역량이다.
3. 문제해결은 문제인식, 문제도출, 원인분석, 해결안 개발, 실행 및 평가의 단계를 거친다.
4. 다른 사람과 친밀한 관계를 형성하고, 지속적인 관계를 유지하면서 서로 도움을 주고받는 관계로 지내는 것이 대인관계능력이다.
5. 대학 시기는 성인으로서 사회적 관계를 경험하는 초기단계로, 이 시기에 친밀하고 효율적인 대인관계를 형성하고 그 관계를 유지하는 능력을 개발하지 못하면 고립감이나 공허감 등의 심리적 혼란을 겪을 수 있다.
6. 다른 사람들과 친밀감을 형성하고 좋은 관계를 맺는데 있어 상대방의 호감을 유발하는 개인적 특성은 성격, 유능함, 그리고 신체적 매력이 있으며, 상호관계에서 작용하는 특성으로는 근접성, 유사성, 상호성, 호혜성이 있다.
7. 의사소통은 두 명 이상의 사람들이 서로 관계를 맺으면서 언어적 행위를 '함께 나누는 과정으로 지신의 의건을 제시하고 상대방의 의도를 파악하여 의미를 공유하는 능력'이 의사소통능력이다.
8. 의사소통은 상대방의 연령, 사회적 지위, 관계에 따라 사용하는 단어나 소통수단을 적절하게 선택해야 한다.
9. 프레젠테이션과 토론은 의사소통의 여러 가지 방식 중 하나로 다른 사람에게 자신의 의견을 전달하고 설득하는 말하기이다.

Worksheet

문제 상황에서 자신은 어떤 자세로 대처하는지 스스로 점검해 보자.

• 문제해결능력에 대한 나의 수준 점검하기

문항	전혀 그렇지 않다 (1점)	그렇지 않다 (2점)	보통이다 (3점)	약간 그렇다 (4점)	매우 그렇다 (5점)
나는 적극적으로 문제를 찾아내는 편이다.					
나는 문제 상황에 직면해도 포기하지 않고 해결하려고 노력한다.					
나는 다른 사람들보다 빠르게 문제를 인식하는 편이다.					
나는 문제가 발생하고 해결하는 것보다는 예상되는 문제를 미리 대비하는 편이다.					
나는 문제 상황에서 불평하기보다는 해결할 수 있는 방법을 찾는 편이다.					
나는 문제가 생기면 뒤로 미루지 않고 해결하려고 한다.					
나는 문제가 쉽게 해결되지 않아도 포기하지 않고 계속 노력하는 편이다.					
나는 관심분야나 전공분야와 관련하여 내 스스로에 대한 기대수준이 높은 편이다.					
나는 새로운 상황이나 변화에 도전하는 편이다.					
나는 다른 사람과 의견이 다른 경우 불편해 하거나 화를 내지 않는 편이다.					
합계					
총점					

• 진단결과

– 45 이상 매우 우수함

– 40~45 우수함

– 35~40 보통

– 35 이하 노력이 필요함

Chapter 12

창의적인 커리어포트폴리오

학습목표

1. 커리어포트폴리오의 정의를 설명할 수 있다.
2. 커리오포트폴리오 작성법을 설명할 수 있다.
3. 자기관리와 경력개발의 도구로서 커리오포트폴리오를 설명할 수 있다.

12

계획 없는 목표는 한낱 꿈에 불과하다.

-생텍쥐베리-

1. 커리어포트폴리오의 의미

1) 포트폴리오란

'포트폴리오'의 어원을 살펴보면 이탈리아어의 portare(나르다)라는 말과 foglio(종이)가 합쳐진 말로 '종이를 나르는 것'이라는 의미를 지니고 있다. 종이를 끼우는 도구, 종이를 나르는 서류 가방의 뜻이다. 르네상스 시대 화가들이 자신의 작품을 고객들에게 보여주기 위해 샘플 작업을 한 것에서 유래되었고 이후 예술가, 화가, 교사들이 자신의 경력, 자질 등을 보여주기 위한 수단으로 포트폴리오 작업을 하게 되었다. 오늘날 광고, 건축, 사진, 미술 등의 분야에서 자신의 작품을 주제별, 시기별 등 작가의 의도대로 묶어 놓는 작업을 지칭하며 이를 통해 자신의 작품세계를 사람들에게 알리는 소통의 도구로 사용하기도 한다.

최근 들어 포트폴리오는 다양한 분야에서 일반인들에게도 확산되고 있는데 특히 학교교육에 포트폴리오를 접목하는 사례가 늘고 있다. 학교에서 사용하는 포트폴리오는 목적에 따라 학습 포트폴리오(Learning portfolio), 진로 포트폴리오(career portfolio), 취업 포트폴리오(employment portfolio), 교수 포트폴리오(Teaching portfolio) 등이 있다. 이 중에서 교수 포트폴리오(Teaching portfolio)는 교수자가 자신의 교육철학과 교육경험에 대한 자료들을 조직화하고 이를 통한 학습 성과를 기록한다는 점에서 학생들이 주체가 되는 나머지 포트폴리오와 구분된다.

◎ 대학생활에서 사용하는 포트폴리오

- 학습 포트폴리오(Learning portfolio)
  - 학습성과 달성 및 평가를 목적으로 제작
  - 학습과정에 대한 평가와 학습결과에 대한 평가 분석
  - 학습활동 및 학습결과물을 중심으로 자료를 조직화
- 진로 포트폴리오(career portfolio)
  - 진로목표 설정 및 달성을 목적으로 제작
  - 자기이해와 직업세계 분석
  - 설정된 진로목표와 계획을 실천하기 위한 로드맵 중심으로 자료를 조직화
- 취업 포트폴리오(employment portfolio)
  - 취업준비를 목적으로 제작
  - 지원하는 기업과 직무에 대한 분석
  - 지원하는 직무와 관련된 역량 중심의 자료를 조직화

학교교육에서 사용하는 포트폴리오는 다른 전문영역에서 사용하는 포트폴리오와는 성격이 다르다. 전문영역에서 활용하는 포트폴리오는 전문가들이 자신의 영역에서 수행한 활동이나 작품 가운데 가장 우수한 내용을 보여주기 위한 것이지만, 학교에서 활용하는 포트폴리오는 제작과정을 통해 목표를 달성하고자 하는 내적 동기를 유발하고, 목표를 달성해 나가는 과정에서 학생의 발전하는 모습과 그 결과를 동시에 볼 수 있다. 그런 이유로 포트폴리오는 수행평가를 위한 도구로도 활용된다.

이 장에서 다루는 커리어포트폴리오는 자신의 진로와 관련하여 성취한 학습경험, 활동경험, 진로분야와 관련된 능력을 기록하고 관리하여 모아놓은 것을 말한다. 즉, 진로목표를 달성하는 과정과 그 과정에서 성취한 것들을 문서화하여 관리하는 것으로, 목표로 하는 직업과 관련된 능력을 갖추고 있음을 증명해 주는 자료들로 구성된다. 커리어포트폴리오에 관한 정의를 살펴보면 다음과 같다.

◎ 커리어포트폴리오에 대한 정의

- 학교에서 이루어지는 다양한 진로교육 활동의 결과를 축적할 수 있는 체계적이고 효율적인 방법
- 진로교육에서 학생의 역할을 중요시하며 결과뿐만 아니라 과정을 강조하고, 활동을 장려하여 자신의 현재 상태보다 앞으로의 발전가능성에 초점을 두는, 다양한 상황에 적용할 수 있는 활용가능성이 높은 방법
- 진로목표를 위해 진전을 보여주는 성취물(업적)으로서 오랫동안 학생이 관리한 수집물
- 개인의 직업능력을 가장 잘 표현할 수 있는 문서들이나 운반이 용이한 작품들을 모아놓은 것

커리어포트폴리오는 진로와 관련된 정규수업이나 비정프로그램을 수강하면서 진로탐색 활동을 통해 나오는 결과물을 모아 만들 수 있다. 자신이 제작한 커리어포트폴리오를 통해 자기 자신의 변화과정을 알 수 있고 자신의 장점이나 약점, 성실성 여부, 잠재 가능성 등을 스스로 인식할 수 있다. 그리고 진로상담을 하는 학과 교수와 진로컨설턴트가 커리어포트폴리오를 보고 진로와 관련된 준비상태를 쉽게 파악하고 실질적인 조언을 할 수 있는 근거자료가 될 수 있다.

대학에는 진로와 관련된 여러 수업이 있으며 비정규로 진행되는 진로캠프와 취업특강이 학기마다 있다. 이 수업을 통해 자기이해와 직업세계에 대한 탐색을 통해 자료를 수집할 수 있고 이를 바탕으로 진로목표를 설정하여 학교생활 동안 이를 달성하고자 하는 계획을 수립하고 실천해야 한다. 그러나 여러 수업을 통해 때로는 반복적으로 동일한 활동을 함에도 불구하고 졸업시기가 다가왔을 때 자신의 진로와 관련된 자료를 충분하게 가지고 있는 학생들은 그리 많지 않다. 취업을 앞두고 이력서와 자기소개서를 작성할 때 자신의 대학생활을 되돌아보면서 어떤 경험이 본인의 능력과 자질을 뒷받침해주는지 찾기에는 시간이 부족하다. 커리어포토폴리오를 통하여 자신에 대한 이해를 구체화하고 직업의 세계를 탐색한 후 이를 바탕으로 차근차근 진로를 준비하자.

2) 대학생활과 커리어포트폴리오

1979년 하버드 경영대학원 졸업생들에게 '명확한 장래 목표를 설정하고 기록한 다음 그것을 성취하기 위한 계획을 세웠는가?'라는 질문을 해 보았더니 졸업생의 단 3%만이 목표와 계획을 세웠다고 하였다. 그리고 13%는 목표가 있지만 그것을 직접 기록하지는 않았고, 나머지 84%는 학교를 졸업하고 여름휴가를 즐기겠다는 것 외에는 구체적인 목표가 없었다고 답하였다. 10년 후인 1989년 연구자들은 그들을 대상으로 다시 인터뷰를 하였다. 목표가 있었지만 그것을 기록하지 않았던 13%는 목표가 전혀 없었던 학생들보다 평균 2배의 수입을 올리고 있었으며, 명확한 목표를 기록했던 3%는 나머지 졸업생들보다 평균 10배의 수입을 올리고 있었다고 한다. 그들 사이의 유일한 차이는 졸업할 때 얼마나 명료한 목표를 세우고 그것을 글로 적었는가 하는 점이다.

커리어포트폴리오는 막연한 생각으로 자신의 미래를 생각하는 데 그치지 않고 문서화하고 체계적으로 관리할 수 있다. 졸업 후 진로에 대해 어떤 목표를 세우고 어떻게 준비할 것인가 탐색하고 방향성을 설정하여 실행할 수 있기 때문에 자신의 시간과 열정을 목표에 집중할 수 있다. 커리어포트폴리오는 대학생활 동안 자신이 어떻게 성장하고 발전했는가를 지속적으로 점검하는 도구이자 그 결과물이기도 하다. 이를 잘 활용하면 불필요한 스펙을 쌓는데 허비하지 않고 알찬 대학생활을 보낼 수 있다.

〈사례 12-1〉

공인영어성적 등 스펙 취업에 도움 안 된다.

취업준비생들은 토익 고득점, 자격증 취득, 공모전 등 취업에 성공하기 위해 다양한 스펙 쌓기에 열심이다. 하지만 취준생이 고생해서 쌓은 스펙이 취업에 실제로 도움이 되지 않는다는 조사결과가 나왔다.

취업포털 사람인이 기업 인사담당자 415명을 대상으로 조사한 결과 '신입 채용 시 불필요한 스펙을 갖춘 지원자'가 68.7%나 되는 것으로 나타났다고 밝혔다.

불필요하다고 판단하는 스펙으로는 '극기, 이색 경험'(47.7%, 이하 중복응답)이 1위

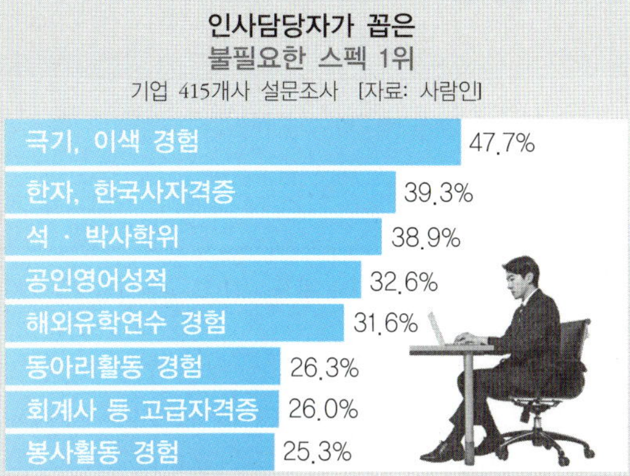

를 차지했다. 이외에 '한자, 한국사 자격증'(39.3%), '석 · 박사 학위'(38.9%), 공인영어성적'(32.6%), '해외 유학/연수 경험'(31.6%), '동아리활동 경험'(26.3%), '회계사 등 고급자격증'(26%), '봉사활동 경험'(25.3%) 등도 불필요한 스펙으로 꼽았다. 불필요하다고 판단하는 기준은 단연 '직무와의 연관성 부족'(81.1%)을 첫 번째로 꼽았다. 다음으로는 '변별력 없는 스펙'(56.1%), '자격조건을 과하게 넘김'(18.9%), '자격조건에 명시 안 된 스펙'(14%), '취득 시기가 오래됨'(6.3%) 등을 들었다.

인사담당자들이 지원자들이 꼭 갖춰야 할 스펙으로는 '인턴 경험'(31.1%)이 1위였다. 이어 '관련 전공'(28.7%), '아르바이트 경험'(19%), '창업 등 사회활동'(17.1%), 'OA 자격증'(17.1%), '학점'(16.1%), '제2외국어 능력'(13.7%) 등도 꼭 필요한 스펙으로 들었다. 꼭 필요한 이유로는 '실무에 필요한 스펙이어서'(64.9%)를 가장 많이 선택했다. '지원자의 성실성을 가늠할 수 있어서'(42.3%), '조직 적응력을 알아볼 수 있어서'(33.1%), '객관적으로 판단 가능한 기준이어서'(26%), '기업의 채용 기준이어서'(3.9%) 등의 순으로 나타났다.

출처: 국민일보, 2016년 10월 4일자 기사
http://news.kmib.co.kr/article/view.asp?arcid=0010972076&code=61141111&cp=nv

2. 커리어포트폴리오 작성과 활용

1) 포트폴리오 작성법

(1) 개발절차

일반적으로 포트폴리오는 계획 → 실행 → 평가의 3단계를 거쳐 작성한다. 각 단계별 세부 사항을 절차에 따라 살펴보면 다음과 같다.

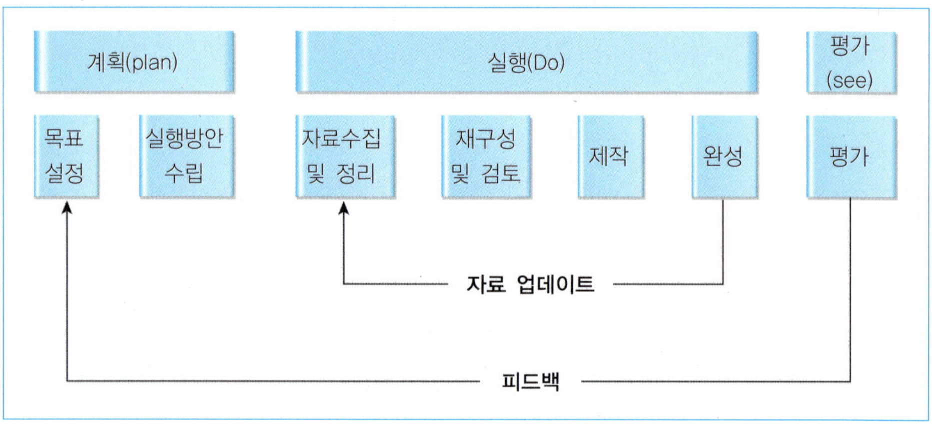

출처: 조성진(2015). 진로설계와 코칭리더십.

[그림 12-1] 포트폴리오 제작절차

① 목표설정

포트폴리오를 작성할 때 가장 중요한 것은 포트폴리오의 목적이다. 포트폴리오를 작성하는 목적에 따라 포트폴리오의 방향성이 결정되고 그에 따라 자료를 수집하고 내용을 조직화하기 때문이다. 예를 들어 커리어포트폴리오는 자신의 커리어 목표가 취업인가 아니면 진학인가에 따라 확연하게 달라진다. 취업을 목적으로 할 경우에도 구체적으로 어떤 분야, 어떤 기업, 어떤 직무를 목표로 두느냐에 따라 세부적인 내용이 달라진다.

② 실행방안 수립

커리어목표가 확정되었다면 그에 따라 포트폴리오를 어떻게 준비할 것인가 구상해야 한다. 취업을 준비하는 커리어포트폴리오라면 자신이 지원하는 분야의 채용일정을 확인하고 그 이전에 완료할 수 있도록 일정을 계획한다. 그리고 포트폴리오의 항목을 구성하고 해당하는 자료를 수합하는 방식을 정한다.

대학에서는 학생들의 진로를 위한 다양한 수업과 특강을 진행하고 있다. 자신이 수강하는 진로관련 수업의 강의계획서를 확인하고 주차별 활동내용과 그 결과물을 반영하는 것을 권한다. 자기이해를 위한 각종 검사와 활동, 직업정보 탐색, 이력서 작성법, 자기소개서 작성법 등 커리어포트폴리오를 구성하는 항목들이 진로수업에서 이루어지기 때문이다.

③ 자료수집 및 정리

포트폴리오의 자료는 양으로 승부하는 것이 아니다. 많은 자료가 있다고 좋은 것이 아니라 자신의 커리어목표와 관련 있는 자료를 수합하고 선별하여야 한다. 포트폴리오의 목표에 맞는 중요자료의 우선순위를 정하고 그에 맞게 증빙 자료들을 정리한다. 자료의 형태는 증명서 외에 다양한 형태로 나올 수 있다.

- 증명서 형태: 성적증명서, 장학금 수혜증서, 봉사활동 확인서, 프로그램 수료증 등
- 자격증 형태: 국가자격증, 민간자격증 등
- 일지 형태: 현장실습 일지, 교생실습일지 등
- 검사지 형태: 성격유형검사, 직업흥미검사, 학습유형검사, 직업가치관 검사 등
- 사진 형태: 실습과정이나 결과물 사진, 대회참가 사진, 활동현장 사진 등
- 보고서 형태: 프로젝트 보고서, 연구물 결과 보고서 등

④ 재구성 및 검토

포트폴리오의 목표에 따라 구성된 전체 내용을 검토하고 자신의 커리어목표에 따라 자료의 우선순위와 보충 여부를 계획한다. 커리어포트폴리오는 자신의 진로목표를 주제로 하는 하나의 스토리가 되어야 한다. 목표로 하는 기업이나 직무와 관련하여 일관성을 가지고 자신이 적합한 인재임을 확인시켜줄 수 있어야 한다. 포트폴리오를 작성할 때 학생들은 자신이 해 온 다양한 경험을 시간의 순으로 열거하는 경향이 있는데 이는 스토리가 될 수 없다. 일련의 사건들을 나열하는 것이 아니라 그 경험을 통해서 진로목표와 관련된 지식, 기술, 태도를 가지고 있음을 알릴 수 있도록 구성되어야 한다. 검토할 사항은 다음과 같다.

- 진로목표와 연관된 내용인가?

- 진로목표를 실현하기 위한 과정을 잘 보여주고 있는가?
- 진로목표를 실현하기 위한 과정에서의 성취를 잘 보여주고 있는가?
- 진로목표 실현을 위한 지식, 기술, 태도 등이 잘 드러나 있는가?
- 자신의 진정성을 잘 보여주고 있는가?
- 자료의 형식은 하나의 컨셉으로 통합되어 있는가?

⑤ 제작

검토를 통해 보완하고 재구성한 포트폴리오는 시각자료의 형태로 제작한다. 학생들의 경우 바인더를 활용하여 스크랩북을 만드는 형태가 일반적이다. 경우에 따라서는 입사지원 시 제출하기 위해 제본을 하는 경우도 있다.

대부분의 대학에서는 학교전산시스템으로 e-포트폴리오를 구축하여 놓고 학생들이 자신의 커리어포트폴리오를 입력하도록 지원하고 있다. 이 경우 정해진 항목에 따라 포트폴리오를 작성하기에 자신의 진로목표에 특화된 포트폴리오를 작성하기에는 한계가 있다. 하지만 처음 포트폴리오를 작성하는 학생의 경우 항목을 구성해서 기본적인 사항을 따라가는 것도 효과적이며 자료를 수집하는 단계에서는 유용하다. 그리고 입력을 마친 후 출력하여 스크랩을 한 후 자신의 진로목표에 맞추어 보강하는 방법도 있다.

⑥ 완성

포트폴리오의 완성은 완결을 의미하지 않는다. 자신의 진로목표를 실현할 때까지 앞에서 말한 단계들이 계속적으로 순환되어 진행된다. 특정 시점에서 지금까지 해왔던 작업을 최종적으로 점검하여 자신의 의도대로 제작되었는지 확인하는 절차로 보면 된다. 따라서 일정한 주기를 기점으로 자료를 점검하여 유효기간이 지난 증빙들을 삭제하고 새로운 내용을 추가한다. 갱신하거나 다시 취득해야 하는 자격이나 증빙들은 다시 실행방안에 반영하도록 한다.

⑦ 평가

커리어포트폴리오가 완성되었다면 지도교수님이나 학교에서 취업을 지원하는 부서를 찾아가 검토를 받는다. 자신의 진로목표가 무엇인지 설명하고 어떠한 방식으로 준비했으며 앞으로 이를 활용하는 방안에 대한 본인의 생각을 먼저 설명하는 것이 좋다. 진로목표와 관련하여 자신이 충분한 역량을 갖추었는지에 대한 점검과 더불어 이미 보유한 능력과 자질에 대한 내용들이 누락되어 있는지 확인한다. 평가는 포트폴리오 제작 절차나 형식에 대한 피드백을 받는 것도 중요하지만 자신의 진로목표와 해당 역량의 수준차이를 파악하는 것이 더 중요하다.

〈사례 12-2〉

학생 포트폴리오 작성 시 유의사항

학생 포트폴리오는 단시간에 작성하는 것이 아닙니다. 또한 단기간에 이룬 성과를 제시하는 것도 아닙니다. 학생 포트폴리오는 시간적 여유를 충분히 갖고 어떤 흐름을 갖고 내용을 구성할지에 대해 생각한 후 차별화 전략을 세워 프롤로그부터 에필로그까지 통일감 있게 작성해야 합니다. 특히 학생 포트폴리오는 목표를 설정하고, 자료수집을 체계적으로 하며, 핵심적인 증빙자료를 선별하고 최대한 목표에 맞도록 창의적으로 개성 있게 만들어야 합니다. 그런 후 작성된 내용을 바탕으로 평가하고 다른 사람들에게 조언을 구한 것을 재 반영하며, 매번 최신의 자료를 업데이트 시켜야합니다.

학생 포트폴리오는 크게 취업 혹은 진학에 맞게 구성하고 작성합니다. 그러므로 다음과 같은 유의사항을 확인하면서 자료를 모으고 정리하면 좋은 평가를 받을 수 있습니다.

1) 취업 혹은 진학하고자 하는 곳에 맞게 목표를 설정했는가?
2) 지원 대상에 맞는 핵심자료를 요약본으로 선정했는가?
3) 자료는 충분히 수집하고 구조화하여 정리했는가?
4) 자신의 능력이 잘 드러나도록 객관적이고, 논리적으로 정리했는가?
5) 구성목차는 일목요연하게 정리했는가?
6) 지원하려는 것에 맞도록 자료를 창의적이고 개성 있게 표현했는가?
7) 제3자로부터 검토를 받고 수정 보완했는가?

출처: 이태현(2015). 2015 학생포트폴리오 작성가이드. p.18.

(2) 포트폴리오의 기본요소

① 문서화(documentation)

포트폴리오는 자기 자신의 능력과 자질을 입증할 수 있는 모든 자료를 선별하여 체계적으로 정리해야 한다. 이때 중요한 기준은 진로목표와의 연관성 여부이다. 개인 정보와 자신이 이수한 교과의 내용 및 그 과정에서 만들어진 결과물을 문서로 정리하고, 학업 이외에 활동 내용도 기록하여 문서화하여야 한다. 증빙서류를 갖추는 것 외에도 사진이나 일지를 활용하는 것도 방법이다.

② 성찰(reflection)

포트폴리오는 결과에 대한 내용을 기록하는 것이 아니라 자기성찰을 통해 자신이 정말로 하고 싶은 것은 무엇인지, 왜 그 일을 해야 하는지, 어떠한 방법으로 실행할 것인지, 어느 시기에 실행할 것인지 등에 대한 내용을 담고 있다. 자기 자신을 객관화하여 일정한 거리에 두고 객관적 평가를 하는 것이 중요하며 목표달성을 위해 어떻게 해야 하는가에 대해 분석해야 한다. 또한 포트폴리오는 학교생활에 대한 평가와 더불어 자신의 생애발달과정에 대한 평가와 점검이 이루어져야 한다.

③ 전달(communication)

포트폴리오는 자신의 작품세계를 사람들에게 알리는 소통의 도구로 사용하기도 한다고 앞에서 언급하였다. 그런 관점에서 본다면 포트폴리오를 통해 자신이 어떤 사람인가를 알릴 수 있어야 한다. 보는 사람으로 하여금 이 포트폴리오 당사자의 진로목표는 무엇이고 그에 합당한 능력을 갖춘 준비된 인재라는 것이 전달되어야 한다.

[그림 12-2] 포트폴리오의 기본요소

(3) 포트폴리오 구성

커리어포트폴리오의 항목 구성은 정형화되어 있지 않다. 자신의 경험을 바탕으로 진로목표에 맞게 항목을 구성하면 된다. 대학생활 동안 진로목표를 실현하기 위해 자신이 한 노력의 과정과 그 결과를 효과적으로 보여주는 방식은 전공에 따라 다르고 같은 전공이라도 진로목표에 따라 다르다. 일반적으로 커리어포트폴리오는 목차, 개인정보, 자기이해, 교과과정 이수현황, 교내활동, 교외활동, 자격증 및 외국어성적 등을 포함하며 자신의 진로목표에 따라 내용을 추가할 수 있다.

① 표지

자신의 사진을 활용하거나 포트폴리오 성격을 고려한 표지 디자인을 추천한다. 자신의 지원 분야나 장점을 염두에 두고 제목을 붙이는 것도 좋다.

② 목차

목차는 맨 처음 구상하는 것이 좋으나 실제 포트폴리오를 작성하면서 수정할 수 있다. 목차를 구성할 때는 꼭 들어가야 하는 내용을 먼저 작성한 후 세부 항목은 마지막에 점검을 통해 최종단계에 작성하는 것도 무방하다.

③ 기본정보

- 사진, 학번, 이름, 생년월일, 전공, 이메일, 전화번호
- 이력서 : 제목, 출력양식, 지원구분, 병력, 학력, 경력, 자격사항 등
- 자기소개서 : 성장배경, 학창시절, 성격의 장단점, 지원동기 및 입사 후 포부 등

④ 자기분석

- 자기진단 : 성격유형검사, 직업흥미검사, 직업가치관검사, 학습유형검사 등 결과지
- 자기분석 : 나의 목표, SWOT 분석, 자기 분석 및 성찰
- 장기목표, 단기목표, 세부목표, 세부목표 관리

⑤ 능력증빙

능력증빙은 단순히 증명서를 출력하여 스크랩하는 것을 말하는 것이 아니다. 해당 능력을 기르기 위해 자신이 한 노력을 구체적 행동으로 서술하고 그 과정에서 어려웠던 점을 어떻게 해결하고 결과를 성취했는지를 글로 작성하여 정리하는

것이 좋다.

- 학점이수현황, 성적증명서, 장학증서
- 어학자격증, 각종 자격증
- 각종 수상내역

⑥ 활동증빙

활동증빙의 경우 활동한 기간과 활동내용을 활동기관에 대한 간략한 설명과 함께 작성한다. 활동현장 사진, 포스터, 참가기념품, 자신의 활동 결과물 등을 사진으로 첨부하고 자신이 담당했던 역할과 활동 내용을 요약 보고서 형식으로 작성한다.

- 교내 봉사활동, 교환학생, 학생회활동, 동아리활동, 근로장학생
- 공모전 참가, 프로젝트 참여
- 인턴십, 현장실습 경력
- 연수참가, 서포터즈, 대학생 기자단 활동 등

2) 커리어포트폴리오 활용법

(1) 이력관리

대학생활을 하면서 자신의 학업과 교내 활동, 외부 활동 등을 관리하고 기록하는 학생들은 그리 많지 않다. 열심히 하루하루 생활하지만 진로목표에 초점을 두고 장기계획과 단기계획을 세우고 목표를 실현하기 위한 세부 전략을 세워 실천하는 것이 필요하다. 그러기 위해서는 자신에 대한 자료를 수합하고 주요 사건들을 기록하는 습관을 들여야 한다.

커리어포트폴리오는 대학생활 동안 자신의 활동 전반에 대하여 기록하여 문서화할 수 있다. 또한 자신의 진로목표에 초점을 두고 기업과 직업에 대한 정보를 수집하면서 취업시장의 변화를 이해하고 직무수행에 필요한 지식, 기술, 태도에 근거하여 자신의 강점분석을 할 수 있다. 포트폴리오는 진로목표를 실현하기 위한 계획에 맞추어 자신이 행동으로 실천하고 있는지 점검하는 도구의 역할을 한다. 즉, 자신의 이력을 스스로 관리할 수 있는 도구로 활용할 수 있다.

(2) 진로상담 자료

커리어포트폴리오는 진로상담을 할 때 자신에 대한 정보를 제공하는 자료로 활용할 수 있다. 학과 교수님과 상담할 때도 막연히 자신의 꿈이나 학교생활에 대해 이야기하는 것보다는 자신이 관심 있는 진로분야에 대한 자료, 학점이수 현황, 교내 활동과 각종 외부 활동 경험을 제시하면서 이야기한다면 현실적인 조언을 받을 수 있다.

교수자의 입장에서는 평소 수업시간을 통해 보여주는 모습 외에 다른 학교생활이나 외부 활동 등을 어떻게 하고 있는지 알 수 있고, 새로운 정보를 통해 학생의 장점과 가능성을 찾는 기회가 될 수 있다.

(3) 입사지원 자료

커리어포트폴리오는 자기진단 및 분석을 통한 자기이해를 기반으로 진로목표를 설정하고 목표관리를 실행해 나갈 수 있다. 그 과정에서 학업계획, 경력개발 등 졸업 후 취·창업, 진학 및 유학 등에 필요한 역량을 키워나가게 된다. 커리어포트폴리오는 이러한 과정과 결과를 동시에 보여주는 역할을 한다. 특히 입사지원을 위한 이력서와 자기소개서를 작성하는 데 있어 자신만의 스토리를 만들 수 있는 좋은 소재가 된다. 대기업과 달리 입사지원 서류가 정형화되어 있지 않은 중소기업이나 기타 전문분야의 경우 커리어포트폴리오는 준비된 인재로 평가받는데 기여할 수 있다. 즉, 커리어포트폴리오 내용을 기반으로 자신의 학습과정과 다양한 활동에 대한 성과와 발전과정을 보여줌으로써 학습역량과 취업역량을 모두 보여줄 수 있다.

준비된 지원자로서 외적으로 직업에 대한 진정성을 보여주는 것은 말끔한 외모와 멋진 말솜씨가 아니다. 직무를 수행하는 데 필요한 지식, 기술, 태도를 보유하고 있는지가 중요하다. 이를 외적으로 증명하기 위해 기록하고 문서화한 것이 커리어포트폴리오인 것이다.

3. 커리어포트폴리오를 통한 자기관리

1) 자기관리

외환위기 이후 기업들은 규모를 줄여 경영상의 효율성을 극대화하는 추세이다. 조직의 형태는 보다 작아지고 운영은 유연하게 하기 위해 인적자원을 관리하고 있다. 과거보다 적은 선발인원과 구조조정을 통한 인원감축 등이 일반적이다. 정년을 보장하는 직장은 점점 사라지고 있는 반면, 100세 시대에 진입하면서 일을 하고자 하는 욕구와 필요성은 점점 더 늘어나고 있다. 평생직장은 사라졌지만 평생직업인으로서 살아야 하는 시대에 들어선 것이다. 결혼은 선택이라는 생각이 확산되고 있지만, 직업인으로서의 삶은 남녀 모두에게 필수적인 것으로 인식되고 있다. 개인의 입장에서 '행복한 삶'과 조직의 구성원으로서 '능력 있는 삶', 그리고 사회의 구성원으로 '좋은 삶'을 살아가기 위해 자신이 원하는 직업을 갖는다는 것은 대단히 중요하다.

이러한 시대적 흐름에 속에서 개인은 자신의 다양한 여건들을 효과적으로 관리하고, 변화된 상황에 대응하기 위해 끊임없이 자신을 개발할 수 있는 능력이 강조되고 있다. 즉, 자신을 스스로 관리하고 개발하는 자기관리능력이 이 시대를 살아가는 데 있어 필수적인 요건이 되고 있다. 요즘은 대학 입학과 동시에 진로에 대한 수업을 듣고 취업에 관한 정보에 접하게 된다. 저학년 시기부터 잘 준비하여 졸업할 무렵에는 자신이 원하는 분야에 진출할 수 있는 준비를 갖추도록 학교에서도 지원하고 있다.

자기관리는 자신의 비전과 목표를 수립하고, 자신에게 주어진 역할과 능력을 분석하여 실천해야 할 과제를 발견하며, 이에 따른 일정을 계획하고 실천하는 절차로 이루어진다. 그리고 그 결과를 지속적으로 성찰하고 피드백하는 과정을 거친다.

1단계 비전 및 목표 수립	→	• 자신에게 중요한 것 파악 • 가치관, 원칙, 삶의 목적 • 삶의 의미
2단계 실천 과제 발견	→	• 현재 주어진 역할 및 능력 • 역할에 따른 실천 목표 • 우선순위 설정
3단계 일정 수립	→	• 연간 계획 • 월간 계획 • 주간 계획
4단계 실천	→	• 실천과 관련된 요소 분석 • 수행방법 찾기
5단계 성찰 및 피드백	→	• 수행결과 분석 • 피드백

출처: 김경진 외(2017). NCS 직업기초능력 자기개발능력.

[그림 12-3] 자기관리 5단계

커리어포트폴리오는 자기관리를 위한 도구이며 동시에 자기관리의 결과물이기도 하다. 초기 커리어포트폴리오 작업을 시작할 때는 진로목표를 설정하기 위한 자기이해의 과정과 진로에 관한 정보를 수집하는 자료 수집활동을 중점적으로 한다. 진로목표 설정이 완료되면 이를 기반으로 장기계획과 단기계획을 수립하여 이를 실현할 수 있는 방안을 모색하고 이를 실천하게 된다. 커리어포트폴리오는 진로목표 달성에 필요한 역량을 어떻게 개발해야 하는지를 그리는 지도와 같다. 이 지도를 따라 각 단계를 실천하면서 얻어낸 결과물들을 기록하여 문서화한 후 자신이 본래 계획했던 대로 커리어를 만들어가고 있는지 스스로 검토하고 수정·보완하는 작업이 이루어진다. 즉, 자기관리의 결과물을 토대로 다시 자기관리를 하는 것이다. 이러한 자기관리의 과정은 자신의 진로목표를 성취할 때까지 반복적으로 이루어진다.

2) 경력개발

경력개발은 한 개인이 일생에 걸쳐 일과 관련하여 얻게 되는 경험을 통해 직무 관련 태도, 능력, 성과를 향상시켜 나가는 과정을 의미한다. 평생직장이 사라지고 평생직업인으로 살아가는 시대에 자신의 진로에 대하여 단계적 목표를 설정하고 목표성취에 필요한 역량을 개발해 나가는 것이 중요하다. 경력개발은 특정 전문직업인에만 해당되는 것이 아니라 일을 하고자 하는 사람이라면 누구나 추구해야 할 활동이다.

〈전통적 경력발달 모형〉

단계	구분	내용
1단계 (0~25세)		직업선택
	주요 과업	직업관련 자아 이미지 개발, 다양한 직업대안의 고려 및 평가, 초기 직업의 선택, 필요 교육의 이수
2단계 (18~25세)		조직입사
	주요 과업	희망 직장 입사, 정확한 정보에 근거한 적합한 직업 선택
3단계 (25~40세)		경력초기
	주요 과업	일터학습, 조직 규칙학습, 선택한 직업과 조직에 적용, 역량의 개선 '꿈'의 실현을 위한 노력
4단계 (40~55세)		경력중기
	주요 과업	초기 성인기 및 초기 경력의 재평가, '꿈'의 재확인 혹은 수정, 중기 성인기에 적합한 경력 선택, 생산적 직업생활 유지
5단계 (55~은퇴)		경력말기
	주요 과업	생산적 직업생활 유지, 자기 존중감 유지, 계획적인 은퇴 준비

대학생 시기는 경력발달 모형에서 첫 단계로 직업 선택을 위한 준비의 기간에 해당된다. 이 단계는 자신에게 적합한 직업이 무엇인지를 탐색하고 이를 선택한 후, 여기에 필요한 능력을 키우는 과정이다. 이를 위해서 자신의 장단점, 흥미, 적성, 가치관 등 자신에 대한 탐색과 자신이 원하는 직업에서 요구하는 능력, 환경, 가능성, 보상 등 직업에 대한 탐색이 동시에 이루어져야 한다. 이를 고려하여 자신에게 적합한 직업을 선택하고, 교육을 이수하거나 관련 자격증을 취득하는 등 진로목표와 연관된 능력을 키워야 한다.

경력개발은 직무정보 탐색 → 자신과 환경 이해 → 경력목표 설정 → 경력개발 전략 수립 → 실행 및 평가의 단계를 통해 이루어진다. 각 단계별로 탐색한 정보를 커리어포트폴리에 정리하고 목표를 설정한 후 실행 전략을 수립하고 실행한다. 이 과정에서 커리어포트폴리오는 경력개발을 위한 실행계획서이며 동시에 실행의 결과물이기도 하다.

1단계 직무정보 탐색	• 관심 직무에서 요구하는 능력 • 고용이나 승진전망 • 직무 만족도
2단계 자신과 환경 이해	• 자신의 능력, 흥미, 적성, 가치관 • 직무관련 환경의 기회와 장애요인
3단계 경력목표 설정	• 장기목표 수립 : 5~7년 • 단기목표 수립 : 2~3년
4단계 경력개발 전략수립	• 현재 직무의 성공적 수행 • 역량 강화 • 인적 네트워크 강화
5단계 실행 및 평가	• 실행 경력목표, 전략의 수정

출처: 한국산업인력공단. 자기개발능력 학습자용 워크북.

[그림 12-4] 경력개발 5단계

대학 시기는 직업 선택을 위한 시기이지만 졸업과 동시에 진로목표를 달성하는 학생들의 비율은 그리 높지 않다. 졸업 후에 흔히 말하는 취업 준비생이 되는 것이다. 대학생활 동안 최선을 다해 자신의 진로목표를 준비하여 졸업과 동시에 원하는 분야에 진출하는 것이 가장 바람직하다. 하지만 많은 학생들의 바람과 달리 현실은 그리 쉽지만은 않다.

한국고용정보원에 따르면, 청년층의 취업과 독립은 과거에 비해 점차 늦어지는 경향을 보이고 있다. 대학을 졸업하는 데에는 평균적으로 5년 10개월이 걸리는데,

군대 복무를 해야 하는 남성들은 이보다 길어 7년 정도가 걸리는 것으로 나타난다. 결혼은 남성은 평균 32세, 여성은 평균 29세 정도에 하는 것으로 나타나고 있다. 여성들의 첫 출산 평균 연령은 30.5세이다. 약 20여 년 전인 1990년 평균 결혼 연령이 남성 27.8세, 여성 24.8세인 것과 비교하면 매우 늦은 셈이다. 이제까지의 경향으로 볼 때 이러한 추세는 앞으로 더 심화될 것으로 예상된다. 취업과 관련해 보면 졸업 후 일자리를 잡는데 평균적으로 10~11개월이 걸린다. 그러나 첫 직장에 취업한 후 4년 이후에도 그 직장에 계속 다니는 비율은 절반 이하(40.5%)에 불과하다. 독립과 관련된 주요 생애사건, 즉 대학졸업, 취업, 결혼은 점차 늦어지는데 비해서 일자리 잡기는 어렵고 고용상태는 변동이 잦고 안정성이 떨어지는 것이 현재 20대가 처한 상황이다.

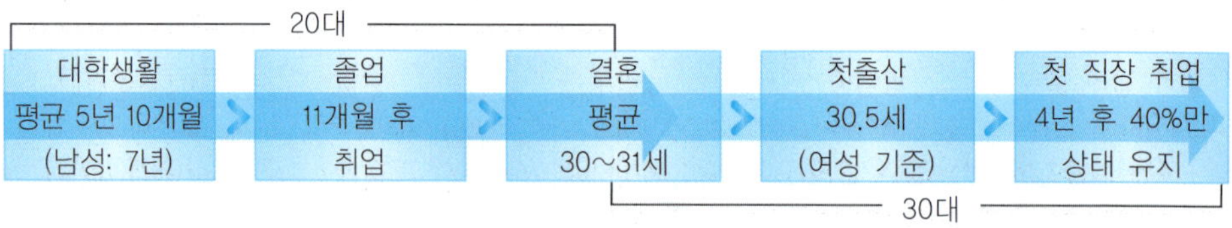

출처: 한국고용정보원(2014). 대학생을 위한 취업교육.

[그림 12-5] 20대와 생애 사건들

이런 상황에서 커리어포트폴리오는 졸업 이후의 구직활동과 경력개발에 내비게이션 역할을 해준다. 특히 학교를 졸업한 후에는 학교의 취업지원을 받을 수가 없기 때문에 혼자서 준비를 해야 한다. 재학시절부터 커리어포트폴리오 작업을 하면서 취업준비를 한다면 졸업 후에도 그 연속선상에서 체계적으로 구직활동을 할 수 있다.

| 요약정리 |

1. 커리어포트폴리오는 자신의 진로와 관련하여 성취한 학습경험, 활동경험, 진로분야와 관련된 능력을 기록하고 관리하여 모아놓은 것을 말한다.
2. 커리어포트폴리오는 대학생활 동안 자신이 어떻게 성장하고 발전했는가를 지속적으로 점검하는 도구이자 그 결과물이기도 하다.
3. 포트폴리오는 계획 → 실행 → 평가의 3단계를 거쳐 작성하며 세부적인 단계에서는 목표설정, 실행방안 수립, 자료수집 및 정리, 재구성 및 검토, 제작, 완성, 평가의 단계를 포함한다.
4. 포트폴리오는 자기 자신의 능력과 자질을 입증할 수 있는 모든 자료를 선별하여 체계적으로 기록 문서화하고, 자기 자신을 객관화하여 일정한 거리에 두고 평가하여 목표달성을 위해 어떻게 해야 하는가에 대해 스스로 분석하는 성찰이 필요하며, 포트폴리오 당사자의 진로목표는 무엇이고 그에 합당한 능력을 갖춘 준비된 인재라는 것이 전달되어야 한다.
5. 커리어포트폴리오는 목차, 개인정보, 자기이해, 교과과정 이수현황, 교내활동, 교외활동, 자격증 및 외국어성적 등을 포함하며 자신의 진로목표에 따라 내용을 추가할 수 있다.
6. 커리어포트폴리오를 통해 자신의 이력을 관리할 수 있으며, 진로상담 시 자료로 활용될 수 있고, 입사지원을 위한 이력서와 자기소개서를 작성하는 데 있어 자신만의 스토리를 만들 수 있는 좋은 소재가 된다.
7. 커리어포트폴리오는 진로목표 실현을 위한 자기관리를 위한 도구이며 동시에 실현과정에서 성취한 자기관리의 결과물이기도 하다.
8. 커리어포트폴리오를 통해 대학시기 직업을 선택하고 조직에 입사하는 것부터 대학 졸업 이후의 이직, 전직 등 경력개발을 관리할 수 있다.

Worksheet

500대 기업 인사담당자가 제안하는 취업 노하우 팁!

"채용과정에서 인사 담당자가 합격을 판단하는 기준은 과연 무엇일까?" 취업준비생이라면 누구나 한번쯤 궁금해 할 이런 질문에 대하여 필요한 내용을 간추려 제공하는 취업가이드북이 나왔다. 고용노동부와 한국고용정보원은 청년들을 대상으로 체계적인 취업 준비 방법과 주요 기업들의 채용경향을 한눈에 확인할 수 있는 '내 일을 잡자! 취업 내비게이션'을 발간하였다.

'내 일을 잡자! 취업 내비게이션'은 경력개발프로세스, 진로·취업 정보 가이드, 워크북 등 3가지 영역으로 구성하여, 취업준비생들이 스스로 취업 성공을 위한 계획을 수립할 수 있도록 다양한 정보를 제공하는 가이드북이다. 우선 대학생들은 '취업가이드'를 통해 나의 위치를 점검하고, 각 학년단계별로 본인이 준비해야 할 내용이 무엇인지 확인할 수 있다. 대학교 1학년부터 4학년까지 단계별로 성공적인 취업을 위해 필요한 주요 활동을 확인하고, 주요 정보를 얻을 수 있는 인터넷 사이트들을 안내받을 수 있다.

'진로·취업 정보가이드'에서는 50개 기업의 채용경향을 분석하고 그 결과를 바탕으로 청년들에게 필요한 채용 단계별 주요 준비 사항, 인사담당자들의 조언 등을 제시하였다. 서류전형, 필기시험, 면접전형 등의 각 채용과정에서의 주안점 및 선별기준, 판단요소, 반영 정도 등을 파악할 수 있으며, 취업컨설팅, 이미지메이킹 등 청년들의 취업준비 요소가 채용과정에서 어떠한 영향을 주고 있는지에 대한 인사담당자들의 조언을 담고 있다.

아울러, 24대 산업분야와 5대 대표 직무를 총괄적으로 소개하였으며, 국내의 산업별·지역별 일자리 정보를 도식화하여, 주력 산업과 일자리 수요를 참고할 수 있도록 하였다. 또한, 가이드북을 통해 청년들은 자신만의 취업준비 포트폴리오 워크북을 작성해볼 수 있다. 학생들은 자신의 취업 준비 상황을 자가 점검하고, 이력서 및 자기소개서 작성, 면접도 워크북을 통해 체계적으로 준비할 수 있다. 특히, 14가지 면접 체크포인트를 제시하여 면접 태도·자세, 표현력, 직업관 등에 대해 본인 스스로를 평가할 수 있게 하여 면접 준비 상태를 점검할 수도 있다.

고영선 고용노동부 차관은 "취업에 어려움을 겪고 있는 학생들은 어느 시점에 어떤 정보가 필요한지를 판단하는데 혼란스러워 하는 경우가 많은 것으로 알고 있다."고 하면서, "따라서, 이번에 발간되는 '내 일을 잡자! 취업 내비게이션'이 성공적인 취업 준비의 내비게이터 역할을 하여 청년들의 취업준비기간을 단축시킬 수 있는 단초가 될 것으로 기대한다."고 하였다. '내 일을 잡자! 취업 내비게이션'는 3월 말부터 전국 각 대학창조일자리센터 등에 배포 예정이며, 향후 워크넷, 한국고용정보원, 사이버진로교육센터 홈페이지 등에서도 확인해 볼 수 있다.

출처: 데일리그리드 2017년 3월 22일자 기사
http://www.dailygrid.net/news/articleView.html?idxno=49450

1. '내 일을 잡자! 수업 내비게이션' 가이드북을 다운로드 하시오.

2. 가이드북을 참고하여 자신의 학년에 맞추어 준비해야 할 내용을 체크하시오.

3. 취업 정보를 수집할 수 있는 인터넷 사이트를 목록을 정리하시오.

[참고문헌]

강원대학교 취업지원과(2014). 대학생활 & 취업매뉴얼.

강재성(2009). 프로세스 씽킹. 이콘출판.

고봉익 · 윤정은(2014). 내꿈을 현실로 만드는 진로로드맵. 웅진윙스.

공병호(2008). 미래인재의 조건. 21세기북스..

교육학용어사전. 하우동설.

국민일보. 공인영어성적 등 스펙 취업에 도움 안 된다. 2016년 10월 4일자 기사.
http://news.kmib.co.kr/article/view.asp?arcid=0010972076&code=61141111&cp=nv

권대봉 · 이현정(1997). 관리자의 리더십교육연구사례연구. 교육논총, 제7권 12월호.

권석만(2009). 젊은이를 위한 인간관계의 심리학. 학지사.

권석만(2010). 인생의 2막 대학생활. 학지사.

권석만(2011). 인간의 긍정적 성품 : 긍정 심리학의 관점. 학지사.

김경섭 옮김(2013). 성공하는 사람들의 7가지 습관. 김영사.

김경진 · 금진호 · 김유진 · 서순해 · 임영수(2017). NCS 직업기초능력 자기개발능력.

김광수 외(2003). 대학생과 리더십. 학지사.

김대규 · 이준한 · 정기억(2000). 리더십. 삼우사.

김동일 외 5인(2009). 대학교수가 바라본 고등교육에서의 대학생 핵심역량-서울대학교 사례를 중심으로. 아시아교육연구, 제10권 2호.

김동일 · 라수현 · 이혜은(2016). 메타인지전략의 효과에 관한 메타분석. 아시아교육연구, 제17권 3호, pp.21-48.

김미선(2005). 유아 셀프리더십 프로그램의 효과에 관한 연구. 숙명여자대학교 교육대학원 석사학위논문.

김민정(2007). 대학생의 셀프리더십 개발에 영향을 미치는 학습자 변인 연구. 이화여자대학교 대학원 박사학위논문.

김봉환 · 강은희 · 강혜영 · 공윤정 · 김영빈 · 김희수 · 선혜연 · 손은령 · 송재홍 · 유현실 · 이제경 · 임은미 · 황매향(2013). 진로상담. 학지사.

김석우(2000). 포트폴리오 평가의 이론과 실제. 학지사.

김영채(1998). 사고력: 이론, 개발과 수업. 교육과학사.

김외숙 · 조희금 · 두경자(2000). 시간의 사용과 관리. 교문사.

김윤중 (2015). 4년제 대학생의 취업목표설정이 취업준비행동에 미치는 영향. 한국산학기술학회, 제16권 11호, pp.7293-7299.

김재연(2014). 대학사용법. 세종서적.

김종술・문재승・박계홍(2013). 직무 임베디드니스가 조직시민행동에 미치는 영향과 진정성 리더십의 조절효과. 한국인적자원개발학회, 제20권 5호, pp.63-84.

김중진・김한준・김진관・박가열・최영순(2016). 국내외 직업 비교분석을 통한 신직업 연구. 한국고용정보원.

김춘구(2010). 진로상담의 실제. 2010진로와 직업 교과 지도과정 직무연수 교재. 대구: 경북대학교 교육연수원.

김충기(2009). 현대진로상담. 학지사.

김충기・황인호・장성화・김순자・윤향숙(2012). 진로상담과 진로교육. 동문사.

김한준・최영순(2015). 인문계열 진출직업. 한국고용정보원.

김현기(2007). 선택과 집중의기술. 한스미디어.

김현수. 우리아이 성격의 비밀. 블루트리. EBS 다큐프라임 당신의 성격제작팀.

나카지마 타카시. 김정희 역(2003). 부자와 가난뱅이의 차이는 시간관리. 조형사.

네이버 지식 용어사전.

노용관(2017). 4차 산업혁명과 고용 변화 전망. 산은월보(KDB monthly), 제738호.

노컷뉴스. 인사담당자가 꼽은 '혹'하는 지원자 vs '헉'하는 지원자. 2016년 9월 26일자 기사. http://www.nocutnews.co.kr/news/4659601

다니엘 핑크(Danie Pink). 김명철 옮김(2006). 새로운 미래가 온다. 한국경제신문.

데일리그리드. 500대 기업 인사담당자가 제안하는 취업 노하우 팁! 2017년 3월 22일자 기사. http://www.dailygrid.net/news/articleView.html?idxno=49450

동아일보. 120만 달러 들여 '우주 볼펜' 개발? 연필 쓰면 되지!, 2013. 01.17. 기사. http://news.donga.com/3/all/20130117/52375444/1

로타르 j. 자이베르트. 박기안 역(2003). 시간관리. 미래사.

마에다 가마리. 박주희 역(2017). 한번에 OK나는 보고서. 알에이치코리아. MBTI연구소.

박인숙(2010). 메타인지 기능을 강화한 과학 창의적 문제 해결 능력 신장 프로그램 개발과 적용. 이화여자대학교 대학원 박사학위논문.

박철균(2011). 오! 돼지 청소년 진로설정 워크북. 옥스비.

배리슈워츠, 김고명(2015). 점심메뉴 고르기도 어려운 사람들 : 선택의 스트레스에서 벗어나는 법. (주)위즈덤하우스.

백순근(2000). 수행평가의 원리. 교육과학사.

서영근(2016). 셀프리더십. 좋은땅.

손경숙(2017). 대학생들의 대인관계능력과 문제해결능력에 관한 연구. 임상사회사업연구, 제14권, pp.1-27.

송원영 · 김지영(2009). 커리어포트폴리오를 통한 대학생의 진로설계. 학지사.

숙명여자대학교 역량개발센터(2012). 환영받는 인재. 시그마프레스.

스티븐 코비. 박재호 등 역(1994). 성공하는 사람들의 7가지 습관. 김영사.

시미즈 구미코. 박재현 역(2013). 보고서 잘 쓰는 법. 21세기 북스.

신상진(2015). 직업의 이동-IT기술과 인구변화가 만드는 업의 소멸과 탄생. 한스미디어.

신소영 · 박양근(2006). 대학 신입생의 진로목표 설정을 위한 blended learning program 개발 및 운영사례 연구. 진로교육, 제19권 1호, pp.59-74.

신용국(2009). 셀프리더십 척도(Revised Self-Leadership Questionnire) 타당화 연구 : 우리나라 대학생을 중심으로. 호서대학교 대학원 박사학위논문.

신정호 · 최원식(2007). 메타인지의 영역 일반성과 영역 특수성비교. 교육심리연구. 제21권 제1호, pp.89-104.

양미경(2015). 교육적 주체로서의 인간: 개념화의 난점과 과제.

오세성 · 박대연 · 김창훈 · 이송현(2013). 대학생활 사용 설명서. 팬덤북스.

유대원(2003). 선과 셀프리더십과의 관계. 고려대학교대학원 박사학위논문.

유성은(2007). 시간관리와 자아실현. 중앙경제평론사.

이강헌(2005). 운동행동과 스포츠 심리학. 대한미디어.

이데일리. 대학생 독서시간 하루 평균 30분도 안 돼. 2016. 10.06. 기사.
http://www.edaily.co.kr/news/news_detail.asp?newsId=01728566612810296&mediaCodeNo=257&OutLnkChk=Y

이데일리. 직장인 스트레스 1위? 일하는 것 보다 '이것' 때문에 더 힘들다. 2015. 05.18. 기사.
http://www.edaily.co.kr/news/news_detail.asp?newsId=01577686609370232&mediaCodeNo=257&OutLnkChk=Y

이랜드그룹 인재채용 직무소개 참고.

이미정(2014). 의사소통 심화 과정으로서의 토론 수업 방안 연구: 전문대학 교양국어를 중심으로. 교양교육연구, 제8권 6호, pp.559-583.

이상호(2009). 조직과 리더십. 북넷.

이시균 · 공정승 · 김혜민(2015). 미래 일자리 세계의 변화. 한국고용정보원.

이시균 · 정순기 · 방글 · 이병훈 · 손영우 · 황규성 · 이상돈 · 허재준 · 남기곤 · 김기헌 · 박소영 · 진숙경(2016). 대학 전공계열별 인력수급 전망 2015-2025. 한국고용정보원.

이양기(2005). 메타인지적 사고가 문장제 문제 해결에 미치는 영향. 단국대학교 대학원 박사학위논문.

이재희 · 임영수 · 김미선 · 박연희 · 김경진(2016). NCS 직업기초능력 의사소통능력. 양성원.

이제경 · 김동일(2004). 한국대학생의 취업준비행동과 심리적 특성. 상담학연구, 제5권 4호, pp. 993-1016.

이종원(2015). 청년대학생 취업 Cheer up!. 서강대학교출판부.

이태현(2015). 2015 학생포트폴리오 작성가이드. 선문대학교 공학교육혁신센터.

이태현 · 최석규(2017). 대학생활과 진로설계. 선문대학교 출판부.

임석빈 · 황정희(2017). 진로설계와 입사전략. ㈜신영사.

장옥경(2010). 내 아이 숨은 재능 출생코드에 있다. 글로세움.

정상철(2013). 청춘의 진로나침판, 매일경제신문사.

정윤경 · 이지연 · 김나라(2005). 중 · 고등학생용 커리어포트폴리오. 한국직업능력개발원.

조민혁(2016). 조민혁의 합격을 부르는 NCS자소서 작성법. 위포트.

조성진(2015). 진로설계와 코칭리더십. 정민사.

조용개(2016). 대학생의 학습이력 및 경력 관리를 위한 e-학생 포트폴리오 시스템 개발과 활성화 방안. 학습자중심교과교육연구, 제 16권 11호, pp.79-109.

조정희(2013). 캠퍼스 라이프 특강. 라온북.

좋은 생각 2009년 12월호. 김용규.

최은수 외(2013). 뉴리더십 와이드. 학지사.

최인선(2015). 대학생활 적응이 진로준비행동에 미치는 영향 -셀프리더십과 사회적 지지의 매개효과. 호서대학교 대학원 박사학위논문.

커리어넷. 학과정보 참고.

퀀튼 신들러(2009). 성공한 사람들의 시간관리 습관. 문장.

통계청. 2015 기대수명 수치.

하순복(2007). 셀프리더십의 선행요인과 결과요인에 관한 연구. 서울대학교 대학원 석사학위논문.

하워드 가느너. 문용린 · 유경재 역(2007). 다중지능. 웅진 지식하우스.

한국고용정보원. CAP+프로그램 자료.

한국고용정보원(2014). 대학생 진로교육.

한국고용정보원(2014). 대학생을 위한 취업교육 : 진로계획 수립과 노동시장의 이해.

한국산업인력공단, 직업기초능력 대인관계능력 학습자용 워크북.

한국산업인력공단, 직업기초능력 문제해결능력 학습자용 워크북.

한국산업인력공단, 직업기초능력 의사소통능력 학습자용 워크북.

한국산업인력공단, 직업기초능력 자기개발능력 학습자용 워크북.

한국일보. "사람 사귀기 어려워요." 2017.05.18. 기사.
http://www.hankookilbo.com/v/d4fd9348bb204968bb7c475ffe56948d

홍경자(2007). 의사소통의 심리학. 학지사.

홍석준(2013). 차별화의 법칙. 21세기 북스.

홍순정(1999). 지능과 창의성. 양서원.

홍행화(2015). 과학교사 수업개선을 위한 메타인지 점검표 개발과 적용. 전남대학교 박사학위 논문.

황매향(2006). 진로탐색과 생애설계. 학지사.

Calvin C. Newport. How to win at College. 이영선 역(2005). 성공하는 사람들의 대학생활백서. 한언.

Clark, Jonathan(2001). How to Make the Most of Your Workday. CareerPress.

Flavell, J. H.(1987). Speculations about the nature and development of metacognition. In F. E. Weinert . Kluwe(& R. HEds.), Metacognition, Motivation, and Understanding, (pp.21-29). Hillside, N.J.: Lawrence Erlbaum.

Flavell, J. H. Friedrichs, A. G., & Hoyt, J. D.(1970). "Developmental changes in memorization processes". Cognitive Psychology, 1, pp.324-340,

Flavell, J. H.(1971). First discussant's comments : What is memory development. The development of Human Development the development, 14, pp.272-278.

Flavell, J. H.(1976). Metacognitive Aspects of Problem Solving. Resnick, L.(Ed.), Nature of Intelligence, Erlbaum, Hillsdale : LEA.

Gross, I. H., Crandall, E. W., & Knoll M. M.(1980). Management for modern Families (4th ed). Englewood Cliffs : Prentice Hall. Inc.

Houghton, J. D., & C. P. Neck(2002). The Revised Self-leadership Questionnaire: Testing a Hierarchical Factor Structure for Self-leadership. Journal of Managerial Psychology, 17(8), pp.672-691.

Jist Works. My Portfolio. 김양수 역(2010). 마이포트폴리오. 링커스그룹.

Manz, C. C. & Sims, H. P.(1989). Super Leadership. New York, p.69.

Manz, C. C. & Sims, H. P.(2001). Super leadership: Beyond the myth of heroic leadership, by R. P. Vecchio(Ed.), In, Leadership: Understanding the Dynamics of Power and Influence in Organizations(p.411-421). Indiana: University of Notre Dame Press

Manz, C. C. & Sims, P. Jr. The New Super Leadership, 김남현 역(2002). 경문사.

Marzano, R. J.(1998). A theory-based meta-analysis of research on instruction. Aurora, CO: McREL.

www.mcrel.org/PDF/Instruction/5982RR_InstructionMeta_Analysis.pdf* .

Napolitano, C. S. & L. J. Henderson(1998). The Leadership Odissey: A Self-Development Guide to New Skills for New Times. San Francisco: Jossey-Bass.

Paulena Nickell and Jean Muir Dorsey(1967). Management in Family Living (4th ed.). New York: John Wiley & Sons. Inc.

Rimke, H.(2000). Governing citizens through self-help Literature, Cultural Studies. 14(1), pp. 61-78.

Seiwert, L. J. 박기안 역(1993). Time is money - Save it, 시간관리학. 서울 : 유나이티드 컨설팅 그룹.

Sharan B. Merriam, Rosemary S. Caffarella, & Lisa M. Baumgartner(2007). Learning in Adulthood John Wiley & Sons Inc.

Shelton, K.(1997). Beyond Counterfeit Leadership: How can you Become a More Authentic Leader. Provo, UT: Executive Excellence.

Shucksmith(1984). The Seventh Sense (p6) SCRE Publications.

Swanson, A. S. & S. M. Tucker(1990). Family Life Management. NY: Macmillan. Pub.

Tishman, J, E. Jay & D. N. Perkins. (1992). Teaching thinking dispositions: From transmission to enculturation. Cambridge, MA: ALPS.

http://learnweb.harvard.edu/alps/thinking/docs/article2.html*.

◉ 직업정보 제공 사이트

사이트명	정보내용
커리어넷(www.careernet.re.kr)	직업사전, 분야별 직업세계, 미래의 직업세계
한국직업능력개발원(www.career.go.kr)	직업과 관련된 적성, 흥미 등 표준화검사
워크넷(www.work.go.kr)	한국직업사전, 한국직업전망, 영화로 보는 직업
한국직업정보시스템(know.work.go.kr)	신생 및 이색직업

[찾아보기]

저 | 자 | 소 | 개

이태현

경기대학교 직업학석사, 한국기술대학교 HRD 클러스터 고용전공 박사 수료

현) 선문대학교 상담심리 사회복지학과 교수
  한국진로취업협회 부회장

저서) 취업과 직장생활, 취업과 창업전략

김경진

숙명여자대학교 대학원 교육학박사 수료

현) 연세대학교 원주캠퍼스 인재개발원 IPP 사업단 신학협력중점교수
  한국산업인력공단 NCS 기업활용컨설팅 전문가

저서) 자기개발능력, 직업윤리, 취업과 창업전략 외

김명진

경기대학교 대학원 직업학석사

현) 선문대학교 외래교수, 경기대학교 외래교수
  커리어넷 온라인 진로상담 전문위원(대학생/성인대상)
  서경대학교 취업지원센터 컨설턴트

정은희

백석대학교 대학원 교육학박사

현) 서일대학교 진로설계상담 외래교수, 대림대학교 외래교수

저서) 한권의 책으로 본 평생교육현장실습, NCS 기반 긍정심성과 자기계발,
  NCS 기반 대인관계능력

허현자

세종대학교 일반대학원 교육학박사 수료

현) 서일대학교 진로설계상담 외래교수, 대림대학교 외래교수
  한국긍정심리연구소 교육본부 이사

저서) 아이의 행복플로리시, 한권의 책으로 보는 평생교육현장실습,
  NCS 기반 긍정심성과 자기계발, NCS 기반 대인관계능력

최인희

경주대학교 대학원 관광경영학박사

현) 배화여자대학교 외래교수, 경기대학교 서비스경영대학원 초빙교수

저서) 퍼스널 이미지와 매너, 생애설계와 취업전략, 비즈니스 커뮤니케이션

성공할 수밖에 없는

대학생활과 진로설계

1판 2쇄 인쇄 — 2018년 3월 2일
1판 2쇄 발행 — 2018년 3월 5일

저　　자 - 이태현 김경진 김명진 정은희 허현자 최인희
발 행 인 - 강 철 원
발 행 처 - 양 성 원
주　　소 - 경기도 파주시 검산로 173번길 29-20
전　　화 - 031-946-3861(代)
팩　　스 - 031-946-3864
이 메 일 - tnwpub@naver.com
홈페이지 - tnwpub.co.kr
출판등록 - 2015년 8월 31일 제 2015-000211 호

ISBN 979-11-6126-088-4

정가 17,000원